KB204346

선 리 연 구

(禪門五宗綱要私記)

김 호 귀

목 차
Contents

제1장 머리말 ································· 7

제2장 禪宗五家의 형성과 그 선리 ············ 12
  1. 선종오가의 형성 ····················· 12
  2. 선종오가의 선리 ····················· 18
    1) 임제종 ························· 18
    2) 위앙종 ························· 19
    3) 조동종 ························· 20
    4) 운문종 ························· 22
    5) 법안종 ························· 23

제3장 『禪門五宗綱要私記』의 원류 ·········· 25
  1. 晦巖智昭와 『人天眼目』 ·············· 25
  2. 天頙과 『禪門綱要集』 ··············· 31
  3. 喚醒志安과 『禪門五宗綱要』 ·········· 40
    1) 喚醒志安 ······················ 40
    2) 『禪門五宗綱要』의 편제 ··········· 42
    3) 환성지안과 禪宗五家 ·············· 46
  4. 白坡亘璇과 『禪門五宗綱要私記』 ······· 52

1) 백파긍선의 선풍 ································ 52

2)『禪門五宗綱要私記』의 체재 ················ 56

제4장 臨濟宗의 교의 ···························· 60

1. 백파의 臨濟三句 해석 ···················· 60

1) 本分과 新熏의 삼구 ···················· 62

2) 理事와 權實의 삼구 ···················· 74

3) 선종오가와 임제삼구 ···················· 80

2. 四照用과 四料揀 ························ 86

1) 사조용 ····························· 86

2) 사요간 ····························· 89

3. 四賓主와 四大式 ························ 91

1) 사빈주 ····························· 91

2) 사대식 ····························· 98

4. 四喝과 八棒 ·························· 100

1) 사할 ····························· 100

2) 팔방 ····························· 101

제5장 雲門宗의 교의 ·························· 105

1. 백파의 雲門宗旨觀 ····················· 105

2. 백파와 雲門三句 ······················ 107

1) 운문삼구의 원형 ····················· 107

2) 운문삼구와 임제삼현 ·················· 115

3) 백파의 운문삼구 이해 ················· 124

　　3. 抽顧와 一字關 ································· 134

　　4. 巴陵三句 ····································· 136

제6장 曹洞宗의 교의 ································· 140

　1. 백파의 曹洞宗旨觀 ···························· 140

　2. 偏正五位 ··································· 141

　3. 君臣五位와 功勳五位 ························· 152

　4. 조산의 三種墮 ······························· 162

　5. 洞山의 三種滲漏와 三種綱要 ················· 166

　　1) 동산의 삼종삼루 ························· 166

　　2) 동산의 삼종강요 ························· 169

제7장 潙仰宗과 法眼宗의 교의 ····················· 173

　1. 潙仰宗旨의 이해 ···························· 173

　　1) 백파의 潙仰宗旨觀 ······················ 173

　　2) 三種生 ································· 177

　2. 法眼宗旨의 이해 ···························· 179

　　1) 백파의 法眼宗旨觀 ······················ 179

　　2) 六相 ··································· 181

　　3) 天台德韶의 四料揀 ······················ 184

제8장 백파와 선종의 雜說 ························· 187

　1. 圓悟克勤의 五宗綱要 ······················· 187

　2. 三種師子 ································· 191

3. 汾陽善昭의 삼구 ································· 193

4. 岩頭全豁의 四藏鋒 ························· 195

5. 六代祖師의 問答 ···························· 196

6. 十無問答 ·· 199

7. 四異類 ·· 202

8. 趙州從諗의 三門 ···························· 204

제9장 『禪門五宗綱要私記』의 사상적 특징 ················· 211

1. 大機와 大用에 근거한 해석 ················· 211

2. 臨濟宗旨의 정통성에 근거한 해석 ············ 221

1) 『선문오종강요사기』와 임제의 삼구 ········ 221

2) 『선문오종강요사기』와 임제의 사요간 ········ 227

제10장 마치는 말 ·································· 233

[부 록]

『禪門五宗綱要私記』 ······························ 243

제1장 머리말

흔히 선의 종지를 不立文字 教外別傳 直指人心 見性成佛이라는 용어로 표현하기도 한다. 이것은 선이 지니고 있는 성격을 드러낸 것으로서, 달마의 도래 무렵부터 부처님의 心法을 전승한다는 의미에서 佛心宗이라 불렀다는 것과도 관련이 있다. 그와 같은 심법을 전승하는 일군의 무리를 禪者라고 부르기도 하였다. 이들 선자를 중심으로 하여 중국선의 역사에서 본격적으로 선종[1]이 형성된 것은 道信과 弘忍의 선풍을 지칭했던 소위 東山法門으로부터 가능하였다. 그것은 인도로부터 전래된 선법이 일정한 사람들이 모여서 일정한 지역에 정착생활을 하면서 형성된 것을 가리킨다. 이로써 선종은 수나라 말기 당나라 초기에 출현한 것으로 간주되어 왔다.

동산법문으로부터 비롯된 이들 선종은 점차 여러 집단이 형성됨에 따라서 각각의 특징을 드러내기도 하였다. 圭峯宗密의 『도서』에 의하면 "宗義로 구분하면 열 가지가

---

[1] 禪宗이란 선의 근본적인 종지라는 의미 및 선을 중심으로 하고 있는 교단 내지 종단이라는 의미를 지니고 있다. 여기에서 말하는 선종은 후자의 경우에 해당한다. 이런 점에서 선종의 형성은 인도불교에서는 찾아볼 수가 없고 중국불교에서 처음으로 출현된 종파이다. 곧 東山法門으로 불리우는 道信과 弘忍의 선법을 그 시초로 간주할 수가 있다.

있다. 곧 마조도일(709-788)의 강서종, 하택신회(670-762)의 하택종, 대통신수(606-706)의 북종, 南侁智詵(609-702) 계통의 정중종, 우두법융(594-657)의 우두종, 석두희천(700-790)의 호남종, 보당무주(714-774)의 보당종, 果閬宣什의 남산염불문선종, 僧稠(480-560) 및 구나발타라, 천태지의(538-597)의 천태종 등이다."2)는 말처럼 다양했음을 알 수가 있다.

그러나 중국의 선종사에서 본격적인 선종의 전개와 발전은 9세기 중반부터 10세기 중반에 걸쳐 형성된 소위 선종오가에서 찾아볼 수 있다. 이들 선종오가는 각각 인물을 중심으로 전개된 것으로 인물에 따라서 그들이 주장하고 전개했던 선풍의 다양성은 선종사에서 가장 화려한 역사를 출현시켰다. 송대에는 이들 선종오가에 대한 선풍의 특징과 그 전승에 대하여 오가와 관련된 傳燈史書들이 출현함으로써 선종오가에 대한 비평적인 모습을 엿볼 수가 있게 되었다.

이 가운데 송대에 晦巖智昭가 편찬한 『人天眼目』은 선종오가에 대한 교의를 집대성한 것으로 가장 잘 정비된 것이었다. 『인천안목』에서는 선종오가에 대한 중요한 교의를 체계적으로 정리했을 뿐만 아니라 오가에 대한 총평을

---

2) 『禪源諸詮集都序』 卷上之一, (『大正新脩大藏經』 48, p.400中-下) "宗義別者猶將十室 謂江西荷澤北秀南侁牛頭石頭保唐宣什及稠那天台等"

붙여서 오가의 특징을 고스란히 보여주고 있다.

이와 같은 『인천안목』의 오가에 대한 교의의 정리 내지 주장은 고려시대에 천책의 저술로 간주되는 『禪門綱要集』에서도 보인다. 그러나 『선문강요집』은 임제종과 운문종에 대해서만 기록된 것으로 완전한 오가의 강요서는 아니다. 그렇지만 『선문강요집』은 이후 조산시대 후기에 환성지안이 『선문오종강요』를 편찬하는 데 기여를 하였을 뿐만 아니라 우리나라에서 출현한 최초의 선종오가의 교의에 대한 찬술서라는 의의를 지니고 있다.

喚醒志安의 『禪門五宗綱要』는 선종오가에 대한 완전한 강요서로서 『인천안목』과 『선문강요집』의 영향을 받았지만 그들 강요서와 비교하면 약간 다른 측면에서 선종에 대한 강요서를 출현시켰다는 점을 들 수가 있다. 선종의 오가에 대하여 이와 같이 여러 종류의 강요서가 출현하였지만 이들 강요서는 모두 교의에 대한 기록과 분류 등을 그 특징으로 하였다. 그와는 달리 백파긍선의 『선문오종강요사기』는 각 오가의 교의에 대하여 나름대로 평가를 내리고, 궁극적으로는 임제종지의 주장을 위하여 전체적으로 大機와 大用의 범주에 근거하여 저술했다는 점을 들 수가 있다.

따라서 본서에서는 이와 같은 특징을 지니고 있는 『禪門五宗綱要私記』에 드러난 백파긍선의 선종사관 및 선종오가에 대한 낱낱의 교의에 대한 견해와 그 특징들에 대하여 살펴보고, 그 의의에 대하여 고찰해보았다. 이제 본서에서는 위에서 언급한 몇 가지 목적을 바탕으로 하여 선종오가에 대한 교의를 비판적인 입장에서 기술해보고자 하였다. 우선 『선문오종강요』의 체제가 기존의 선종오가에 대한 교의의 강요서로서 지니고 있는 의의를 기술하고, 그 것에 대하여 백파가 『선문오종강요사기』에서 강조하고자 했던 점을 총론적인 입장에서 접근하였다.

곧 전체의 구성을 내용으로는 대기와 대용으로 분석하려 했던 점과 형식으로는 임제종의 교의형식 곧 삼구의 형식에 맞추려고 했던 점 등을 고찰하였다. 나아가서 선종오가에 대한 다양한 교의를 종파별로 그 의의를 고찰함과 더불어 종파를 초월한 선종 전체에 끼친 의의를 드러내보였다. 이와 같은 고찰을 위해서 기존의 선종오가의 교의서 가운데 회암지소의 『인천안목』과 天頎의 『선문강요집』과 환성지안의 『선문오종강요』의 내용을 중심으로 비교하면서 『선문오종강요사기』가 지니고 있는 특이성을 조명하였다.

이를 위하여 선종사서를 비롯한 교의의 강요서를 중국의 찬술을 비롯하여 각 종파에서 내세운 종파의 교의서도 함께 그 범위에 활용하였다. 가령 임제종의 『임제록』, 조동종의 『조동록』, 운문종의 『운문록』, 위앙종의 『위앙록』,

법안종의『법안록』등, 그리고『벽암록』과『종용록』등과 같은 종파성이 부각된 공안집, 기타 등을 연구의 자료로 활용하였다. 필요한 경우 각 종파별로 제시된 교의의 특이성을 비교하면서 한 종파가 지향하는 특징을 드러내었다.

　나아가서『선문오종강요사기』가 보여주고자 하는 궁극적인 의의가 무엇인가를 백파의 다른 많은 저술 등과 연계하여 그 사상적인 맥락에서 보자면,『六祖大師法寶壇經要解』[3)]에서는 眞空과 妙有를 중심으로 전개하였고,『禪文手鏡』에서는 本分과 新熏을 중심으로 전개했던 것과 관련이 깊다. 여기에서는 특히『선문오종강요사기』에서는 임제종지의 삼구와 삼현과 사요간과 사빈주, 운문종지의 운문삼구, 조동종지의 오위, 그리고 위앙종지 및 법안종지 등에 대하여 각각의 개별적인 내용과 특징을 백파긍선이 어떻게 해석하고 어떤 방향으로 전개하였는가를 살펴보았다. 그것은 이로써 백파의 다양한 저술과 선종오가의 각각의 종파록 등에 대한 폭넓은 이해를 추구할 수가 있을 것이기 때문이다.

---

3) 텍스트는 日本 駒澤大學圖書館 所藏本이고, 그 한글번역본은 김호귀,『육조대사법보단경요해』, (정우서적. 2012) 참조.

제2장 禪宗五家의 형성과 그 선리

1. 선종오가의 형성

중국선종의 발전은 당대로부터 크게 전개되었다. 혜능 이후 크게 발전된 조사선풍은 당 말기에 소위 선종오가로 분립되었다. 선종오가는 주로 인물을 중심으로 하여 형성된 선풍이었다. 그러면서도 각 종파들 사이에 대단히 활발한 거량이 이루어지고 있었다. 때문에 어느 특정의 사상보다는 오히려 누구의 법을 계승하고 어느 지역을 중심으로 활약했는가에 따라 선종오가의 특징이 부각되었다. 종밀은 『都序』에서 宗義를 중심으로 열 가지로 구분하였다. 곧 馬祖道一(709-788)의 江西宗, 荷澤神會(670-762)의 荷澤宗, 大通神秀(606-706)의 北宗, 南侁智詵(609-702) 계통의 淨衆宗, 牛頭法融(594-657)의 牛頭宗, 石頭希遷(700-790)의 湖南宗, 保唐無住(714-774)의 保唐宗, 果閬宣什의 南山念佛門禪宗, 僧稠(480-560) 및 求那跋陀羅, 天台智顗(538-597)의 天台宗 등이다.[4]

---

4) 宗密 述, 『禪源諸詮集都序』, 卷上之一, (『大正新脩大藏經』 48, p.400下) ; 김호귀 역, 『선과 교의 통로』(한국학술정보. 2010) pp.53-54. 선종오가의 분립 이전에는 南嶽懷讓(677-744)과 靑原行思(740 寂)의 법계 및 智詵 계통의 淨衆宗과 保唐宗, 牛頭法融 계통의 우두종 등이 탁월하여

보리달마로부터 시작되는 중국의 선종의 경우 육조혜능 시대까지를 형성시기로 구분하기도 한다. 선종은 육조혜능 이후 그 법계를 중심으로 唐末과 五代에 걸쳐 이전에는 볼 수 없었던 큰 발전을 이루었는데 이 무렵에 소위 선종의 오가라 일컬어진 다섯 종파가 출현하였다.

선종오가는 주로 인물을 중심으로 하여 형성된 선풍이었다. 그러면서도 각 종파들 사이에 대단히 활발한 거량이 이루어지고 있었다. 때문에 어느 특정의 사상보다는 오히려 누구의 법을 계승하고 어느 지역을 중심으로 활약했는가에 따라 선종오가의 특징이 부각되었다.

南嶽懷讓과 靑原行思의 시대로부터 唐末·五代의 말기에 이르기까지는 혜능을 기점으로 하는 남종선은 五家로 분립되는 등 종단적으로 보아 대단히 복잡다단한 시기였다. 육조의 문하에는 많은 제자들이 등장하여 각각 禪要를 얻고 각기 한 지역에서 교화를 널리 폈다. 그 가운데서 남악회양(677-744)과 청원행사(740 寂)의 법계 및 지선 계통의 정중종과 보당종, 우두법융 계통의 우두종 등이 탁월하여 그 법계만 길이 후세에 영향을 끼쳤다. 이 가운데 선종오가의 직계는 남악과 청원의 법계였다.

남악회양의 속성은 杜氏이고, 金州 安康(陝西省 安康縣)

그 법계만 길이 후세에 영향을 끼쳤다. 이 가운데 선종오가의 직계는 남악과 청원의 법계였다.

사람으로 10세에 이미 佛書를 즐겨 열람하였다. 처음에는 남악에 있으면서 嵩山慧安의 가르침을 받았지만 오래지 않아 조계에 나아가 혜능을 상견하였다. 그 무렵 회양은 23-4세의 약관이었으므로 회하의 말석에 있었지만 혜능은 자신의 좌우에 앉혔다고 전한다. 회양은 참으로 正師를 만난 것을 기뻐하고 밤낮으로 8년 동안 정진하여 마침내 景龍 元年(707)에 大事를 了畢하였다. 그 때의 육조의 문답으로는 「說似一物卽不中」이라는 말과 「修証은 곧 없지 않지만 단지 오염되지 않을 뿐입니다.」 라는 말5)이 중요한 의미를 포함하고 있다.

靑原行思의 속성은 劉氏이고, 江西省 吉安縣 廬陵 사람으로 出塵한 뒤에 20세에 구족계를 받고, 수년 동안 刻苦精進한 다음 韶陽에 나아가 혜능을 참하여 일언지하에 깨침을 얻었다.6)

---

5) 法海 集, 『六祖大師法寶壇經』, (『大正新脩大藏經』 48, p.357中) 회양의 사상과 그 실천은 남종선의 본령이 그대로 나타나 있다. 修와 証을 대립시켜서 좌선하면서 깨달음을 구하거나 作佛을 도모하는 것이 아니다. 그 반대로 本証妙修・修証一如의 좌선이야말로 不染汚의 行이었다. 또한 회양은 一切가 一心法界에 다름아니기 때문에 학인은 유무의 대립을 包越하여 無二의 眞心으로 귀착해야 할 것을 강조한다. 또한 회양은 '그대의 지금 그 마음이 곧 佛이다. 때문에 달마가 西來하여 오직 一心을 전했을 뿐이다. 삼계유심이라서 삼라와 만상이 일법에 印하는 것이어서 무릇 所見하는 色은 모두 自心일 뿐이다.'라고 설하여 卽心卽佛・三界唯心의 입장을 개시하였다.

6) 행사가 육조를 初參했을 때의 문답은 후에 法海 集, 『六祖壇經』에 인용되어 있다. (『大正新脩大藏經』 48, p.357中) 행사의 중심사상은 '是心是

荷澤神會(668-760)의 속성은 高氏이고, 襄陽(湖北省 襄陽縣) 사람으로 어려서 惇明스님에게서 五經을 받고 老莊을 배웠으며 『後漢書』를 읽고 불교를 알아서 마침내 顥元에게 출가하였다. 신수의 문하에서 3년 동안 제자로 공부했지만 인가를 받지 못하고 후에 혜능에게 와서 인가를 받았다.[7]

永嘉玄覺(665-713)은 처음 天台慧威(634-713)에게 나아갔으며, 左溪玄朗(673-754)과 道가 계합하였다. 어느 날 반야경을 듣고 활연히 대오하였다고 한다. 東陽의 策禪師와 함께 조계에 이르러 육조를 참하여 宗要를 질문하였다. 이에 곧 인가를 받아 一宿하고 돌아갔다 하여 一宿覺이라 불리웠다.[8]

佛'·'迷悟는 모두 一心에 있다'·'초목에 불성이 있는 것은 그것이 모두 一心이다. 밥을 먹는 것도 불사이고 옷을 입는 것도 불사이기 때문이다.'는 점에 있다.

7) 法海 集, 『六祖大師法寶壇經』, (『大正新脩大藏經』 48, p.359中) 이후 신회는 혜능이 정통임을 내세우는데 일생을 바쳤다. 실로 혜능을 중심으로 하는 남종선은 신회의 노력에 의한 것이었다 해도 과언이 아니다. 신회가 북종을 배격의 두 가지 점은 師承是傍·法門是漸이었다. 그의 사상은 『금강경』에 근거한 無念과 無作과 眞空과 妙用이었다. 곧 신회는 寂知를 體로 삼고 無念을 宗으로 삼고 있다.

8) 法海 集, 『六祖大師法寶壇經』, (『大正新脩大藏經』 48, p.357中) 그의 저술인 『永嘉集』과 『証道歌』가 널리 일반화되어 있다. 현각은 無明의 實性이 곧 佛性이고 幻化의 空身이 곧 法身이라 하여 일체의 대립관념을 부정하였다. 眞을 구하지도 않고 妄을 끊지도 않으며 本來無一物에 住하는 것을 선의 本旨로 삼았다. 生佛一體 萬法一如를 깨치면 行亦禪 坐亦禪 語黙動靜 體安然이라 갈파하였다. 이것은 곧 뒤에 이어지는 조사

南陽慧忠(775년 寂)은 신회와는 달리 북방의 선을 擧揚하고 남방의 선을 비평한 사람이다. 그 禪旨는 身心一如·教卽禪·無情說法 등에 있다.[9]

馬祖道一(707-786)의 四川省 成都府 資中縣 資州의 唐和尙 곧 處寂(648-734)에게 나아가 낙발하고 19세에 渝州의 圓律師에게서 구족계를 받았다. 處寂이 歿한 이후 제방을 유행하면서 두타수행을 하고 隨處에서 좌선하였으며 마침내 남악에 나아갔다. 회양은 당시 남악 觀音臺에 있었지만 道一은 傳法院에서 祇管打坐하고 있었다. 磨甎으로 因하여 無相三昧에 대한 문답을 통하여 스승의 인가를 받고 9년 동안 사사하였다.[10]

石頭希遷(700-790)은 12-3세 무렵 육조에게 나아가 2-3년 동안 공부하였다. 그러다가 육조가 시적하자 羅浮에 오르내리며 三峽 사이를 왕래하였다. 개원 16년(728) 29세에 羅浮에서 구족계를 받았다. 이윽고 행사에게 참하여 처음 문답에서 그 見地가 고매함을 인정받아 '비록 角이 많지만 하나의 기린으로 충분하다.'라는 말을 듣고 인가를 받았

선에서 강조하는 선의 일상생활 바로 그것이다.

9) 道原 纂, 『傳燈錄』 卷28, (『大正新脩大藏經』 51, p.437下) 이하.

10) 道原 纂, 『傳燈錄』 卷5, (『大正新脩大藏經』 51, p.240下) 이하. 마조는 是心是佛을 설하여 法身實相의 本具를 보이고 있다. 이렇게 보면 중생 외에 달리 佛이 없다는 萬法唯心觀에 입각해 있다. 그리고 철저하게 頓이고 적극적이었다는 그 선풍은 소위 祖師禪의 완성으로서 이후에 이어지는 선종오가의 근본적인 입장이 되었다.

다.[11] 그 문답의 중심은 자기의 본성이 곧 佛이지만 어디까지나 스승에게 참하여 비로소 認得된다는 것이다. 석두의 답변은 지극히 簡速하다. 그 사상에는 僧肇의 영향이 엿보인다. 곧 만물을 會하여 자기로 삼는 점은 피차에 서로 일치하고 있다. 석두는 행사와 마찬가지로 卽心是佛을 역설하였다.[12]

도일의 문하에서 득법한 130여 사람 가운데 백장회해(749-814) · 南泉普願(748-834) · 西堂智藏(735-814)은 마조문하의 三大士로 알려져 있다. 백장회해(749-814)의 사상은 心性은 無染하여 본래 圓成하지만 단지 忘緣을 여의기만 하면 곧 그것이 如如佛이라는 것에 있다. 대중에게 入道하는 돈오의 법요를 설함에 不著을 宗으로 삼고 無求를 心要로 삼았다.[13] 백장은 선종사에서 처음으로 淸規를 제정하였다. 그「百丈淸規」에 의하여 선문의 行持가 一定하게 되어 禪居의 독립이 구현된 것이다. 물론 선자는 初祖 이래로 모두가 律院에 머문 것이 아니라 남악문하 특히 마조문하의 많은 선자들이 律制의 사원에 머물렀다.「백장청규」는 현존하지는 않지만 그 편린은「禪門規式」으로 남

---

11) 道原 纂,『傳燈錄』卷5, (『大正新脩大藏經』 51, p.240中)
12) 또한 석두는『參同契』에 의하여 靈源과 支派의 回互와 不回互를 밝혔으며, 나아가서 南北兩宗의 조화를 도모하였다. 道原 纂,『傳燈錄』卷 30, (『大正新脩大藏經』 51, p.459中)
13) 道原 纂,『傳燈錄』卷6, (『大正新脩大藏經』 51, p.249中) 이하.

아 있다.[14)]

南泉普願(748-834)과 西堂智藏(735-814)은 모두 도일의 법을 얻고 禪機가 縱橫하여 교화의 문을 크게 열어 종풍을 선양하는데 힘썼다. 특히 남전은 不是心·不是佛·不是物의 三句를 提言하여 卽心卽佛의 병폐를 지적하였다.[15)]

백장의 제자 30인 가운데 黃檗希運(856 寂)과 潙山靈祐(771-853)가 배출되었다. 희운의 제자인 임제의현에 이르러 임제종이 개창되고, 위산영우 및 앙산혜적에 의하여 위앙종이 개창되었다. 그리고 청원행사의 계통에서는 후에 조동종·운문종·법안종의 세 종파가 출현하였다.

2. 선종오가의 선리

1) 임제종

臨濟義玄(867 寂)의 근본사상은 그의 스승인 황벽희운의 경우와 마찬가지로 중생과 부처는 다르지 않다는 生佛不二觀에 입각하여 無心의 경지를 중시하였고 無事의 실천을 종지로 삼았다. 학인을 접득하는 방법은 다양하였는데 四喝·四料揀·三句·三玄·三要·四照用·四賓主 등이 유명하다.

---

14) 道原 纂, 『傳燈錄』 卷6, (『大正新脩大藏經』 51, pp.250下-251中)
15) 道原 纂, 『傳燈錄』 卷8, (『大正新脩大藏經』 51, p.257中) 이하.

四料揀의 경우에 제일 奪人不奪境은 객체 이외에 주체를 세우지 않고 만법 외에 자기[心]를 인정하지 않는 것을 말한다. 제이 奪境不奪人은 주체의 독립을 말한 것으로 곧 세계가 하나의 자기로 드러난 소식을 가리키는 것이다. 제삼 人境俱奪은 主客이 見을 없애고 그 名相도 없는 端的인 것을 말한다. 제사 人境俱不奪은 主客을 건립하는 表德의 입장을 말한다.[16]

2) 위앙종

백장의 법맥은 황벽희운과 더불어 潙山靈祐(771-853)의 계통으로 이어졌다. 위앙의 종풍은 앙산혜적으로 계승되어 소위 위앙종의 종풍이 형성되었다. 그 사상의 기본은 凡聖의 情이 다하면 體露眞常·理事不二하여 곧 如如佛임을 아는 점에 있다. 그리고 평상심에 입각한 납자의 삶은 惡覺과 情見이 없이 마음이 秋水와 같이 澄停하여 無爲·無事가 되는 것이다. 이것으로 간주하자면 깨침이란

---

16) 道原 纂, 『傳燈錄』 卷12, (『大正新脩大藏經』 51, p.290上) 이하. 臨濟宗은 종조 義玄으로부터 興化存奬·南院慧顒·風穴延沼·首山省念·汾陽善昭·慈明楚圓을 거쳐 黃龍慧南에 이르러 黃龍派가 열리고, 楊岐方會에 의하여 楊岐派가 열렸다. 黃龍·楊岐의 두 파를 五家에 합하여 세상에서는 七宗이라 한다. 首山省念은 임제의 心要를 잘 이해하여 風穴의 付囑을 저버리지 않고 三句를 擧唱하였으며, 四賓主·四照用·四料揀에 著語를 붙여 임제종이 흥륭하는 데 기초를 닦았다.

바로 無心이다. 이미 無心·無事의 경지가 되면 높은 것은 높은대로 평탄하고 낮은 것은 낮은대로 평탄하여 제법이 각기 제자리에 住하여 어느 것에도 걸림이 없는 경지를 터득한다.[17]

위앙종의 앙산혜적은 종종 圓相을 통하여 교화의 방편을 삼았는데, 그 맹아는 남양혜충 국사로부터 유래하여 그 제자 耽源應眞을 거쳐 수용되었으며, 이후에 신라의 了悟順之에게로 전승되어 신라의 위앙종풍이 형성되었다. 이상 임제종과 위앙종은 남악회양의 법맥에 속한다.[18]

3) 조동종

청원행사의 법맥에서는 조동종·운문종·법안종이 출현하였다. 조동종의 개조인 동산양개(807-869)는 처음 마조의 제자 南泉普願(748-834)을 참문하고 깊은 玄旨를 얻었다. 이어서 大潙山에 가서 靈祐에게 참하여 혜충의 無情說法을 물었다. 그리고 영우의 권유에 의하여 곧 靈巖山에 가서 운암담성의 문하에 참문하였다. 여기에서 이전 위산영우에게 질문했던 무정설법의 뜻을 터득하고 깊이 깨친 바가 있었다. 담성이 시적하기에 앞서 좌우에서 모셨으며,

---

17) 道原 纂, 『傳燈錄』 卷9, (『大正新脩大藏經』 51, p.264中) 이하.
18) 道原 纂, 『傳燈錄』 卷11, (『大正新脩大藏經』 51, p.282上) 이하.

담성이 시적한 후에는 위산에 가려고 神山僧密과 길벗삼아 개울을 건너가다가 개울물에 어려비친 자신의 모습을 보고 대오하였다.[19]

동산의 사상은 『寶鏡三昧』·『玄中銘』·『新豊吟』을 비롯하여 두 종류의 어록과 『조당집』·『전등록』 등에서 엿볼 수 있다. 『보경삼매』의 冒頭에 말하는 如是法이란 佛祖正傳의 禪法이지만 그것은 자성청정한 一心의 悟修를 멀리하고는 얻을 수 없는 것이다. 일심이란 『參同契』에서 말하는 소위 竺土大仙心을 가리킨다. 그것은 곧 寶鏡 바로 그것이다. 『寶鏡三昧』 1편의 대의는 곧 正偏回互를 설하는 데 있다. 동산은 시대에 卽하여 선법을 顯揚하고 명리를 배척하며 학인을 책려하고 면밀한 행업을 닦게 하는 데에 그 특색이 있다.

그리고 그의 周到綿密한 선풍은 曇晟의 교화에 힘입은 바 크다.[20] 그의 제자 조산본적은 동산의 사상을 이어 조동종으로 개창하였으며, 동산의 저술에 탁월한 해석을 가하여 조동종의 근본종지를 형성하였다.[21]

---

19) 道原 纂, 『傳燈錄』 卷5, (『大正新脩大藏經』 51, p.321下) "切忌隨他覓/ 迢迢與我疎/ 我今獨自往/ 處處得逢渠// 渠今正是我/ 我今不是渠/ 應須與麼會/ 方得契如如//"
20) 道原 纂, 『傳燈錄』 卷5, (『大正新脩大藏經』 51, p.321中) 이하.
21) 道原 纂, 『傳燈錄』 卷17, (『大正新脩大藏經』 51, p.336上) 이하. 동산은 『寶鏡三昧』에서 正偏回互의 이치를 비유를 가지고 나타냈다. 그 제자 조산은 그것을 조직화하여 스승의 문풍을 진작시켰다. 원래 五位에

4) 운문종

운문종의 조사인 雲門文偃(864-949)은 덕산선감 - 설봉의존의 법을 계승하였다. 곧 운문은 常州 毘陵壇에서 구족계를 받고 돌아와서 志澄을 좌우에서 모시고 수 년 동안 율을 배웠다. 후에 志澄의 휘하를 떠나 睦州 陳尊者 道蹤에게 참하였다. 道蹤은 문언이 법기임을 알아보고 설봉의 존을 찾아보게 하였다. 그리하여 설봉에 올라 의존을 참문한 이래로 그 곳에서 수행하며 函蓋가 서로 합치하여 은밀히 心印을 받았다.[22]

그의 운문의 접화방법은 擒縱舒卷 · 縱橫變化하여 神妙를 다하고 말은 사람들의 의표를 찔렀다. 그리고 機를 대해서는 一語 · 一字를 통하여 오직 갈등을 直截하게 하는데 중점을 두었다. 요컨대 운문은 사람들에게 광명이 내재되어 있음을 인정하여 바로 자기에게서 불법의 가르침을 추구하고 無心 · 無事의 경지를 터득하는 것이었으며, 더

는 正偏五位 · 功勳五位 · 對賓五位 · 王子五位 등이 있다. 그 가운데 正偏五位는 正中偏 · 偏中正 · 正中來 · 偏中至 · 兼中到이다. 조산은 이 오위를 君臣의 관계에 배대하고 또한 그것을 가지고 先哲의 語句를 판별하였다. 그러나 그 번잡한 설명 내지 死型으로 말미암아 고정화된 것은 도리어 선의 정신에 어긋나는 것이기도 하였다. 또한 조산은 三種墮 · 四種異類 · 三燃燈을 施設하기도 하였다. 曹洞이라는 宗名은 洞山과 曹山의 師資에서 비롯되었다.

22) 道原 纂, 『傳燈錄』 卷19, (『大正新脩大藏經』 51, p.356中) 이하.

욱이 平常에 活作略을 현성시키는 것으로 유명하였다.

5) 법안종

설봉의존의 제자 玄沙師備(835-908)는 설봉의 종풍을 的確하게 표현하여 널리 펼쳤으며, 현사의 제자 羅漢桂琛 (867-928)은 佛法을 普請作務 속에서 구현하였고, 제자 淸涼文益(法眼文益)을 배출하였다.23) 청량문익(885-958)의 사상은 선교융합이다. 법안종풍의 경우에는 선법 뿐만 아니라 교학을 충실하게 수용하였다. 가령 화엄의 圓理를 설하여 三界唯心·萬法唯識의 도리를 보였으며, 이후에 천태사상과 유식사상과 정토사상과 밀접한 관련을 지녀 한때 크게 번창하였다.24)

특히 법안종의 이와 같은 현상은 당시에 선종을 표방하면서도 정치와 결탁하여 크게 후원을 입은 바가 있었고,

---

23) 道原 纂, 『傳燈錄』 卷24, (『大正新脩大藏經』 51, p.398中) 이하.
24) 이와 같은 오가의 종풍에 대하여 후대에 그 경험과 전승과 성격 등에 의하여 實修의 가풍이나 접화의 수단에 따라 분파된 것이다. 원대에 天目中峰(1263-1323)은 그 가풍을 간략하게 임제의 痛快·위앙의 謹嚴·운문의 高古·조동의 細密·법안의 祥明이라 評하였다. 요컨대 임제종은 氣鋒이 峻烈하고 게다가 殺活의 機用을 드러내며, 위앙종은 謹嚴한 應酬 가운데 師弟黙契하고, 조동종은 行解相應하여 行業이 綿密하며, 운문종은 奇警한 언구를 가지고 取捨分別의 衆流를 그치고, 법안종은 敎家의 句意를 활용하여 禪侶의 迷情을 제거하였다. 오가 가운데 위앙종과 법안종은 아쉽게도 일찍 쇠망하였다.

달리 천태·정토·유식·화엄 등의 제사상과 융합한 결과로 가능하였다.[25] 그러나 반면에 선의 정체성을 상실하고부터는 오래 유지되지 못하였다.

---

25) 이러한 세력은 한때 대단하여 고려 초기 광종은 승려 36인을 선발하여 법안종의 선풍을 습득하게 하였다. 이들이 모두 귀국한 이후 고려 초기에는 한때 법안종이 큰 세력을 형성하였다. 이것은 물론 선풍을 수입한다는 명분이었지만 실은 오대의 선진문물을 수입하려는 치밀한 계획이 깔려 있었다.

제3장 『禪門五宗綱要私記』의 원류

1. 晦巖智昭와 『人天眼目』

『인천안목』[26]에서는 임제종, 운문종, 조동종, 위앙종, 법안종의 순서대로 종파를 분류하였다. 그리고 해당 부분의 처음에는 종파의 종조에 대한 약전을 기술하고, 해당 종파의 조사들의 교의 및 게송 등 비교적 중시되는 교의를 정리하였다. 『인천안목』의 끝 부분에는 「宗門雜錄」이라는 제목으로 선종사에서 전승되어 온 간단한 교의 및 강요 등을 수록하였고, 이어서 보유사항을 기술하였다. 맨 말미에는 慧昭可光의 [발문]이 수록되어 있다. 기타 권말에는 [후서] 등이 수록되어 있다. 구체적인 내용구성은 다음과 같다.

서두에 회암지소의 [서문]이 수록되어 있다.
제1권에는 임제의현의 약전, 임제종의 사요간, 삼구, 삼현삼요, 사빈주, 사조용, 흥화험인, 분양십지동진, 송원악십지문답 등이 수록되어 있다.

---

26) 『인천안목』은 6권으로 구성되어 있는데 『대정신수대장경』 제48권, 『선종전서』 제32권 기타에 수록되어 전한다. 대혜종고의 제4세에 해당하는 晦巖智昭가 1188년에 편찬한 것으로 선종오가의 종지에 대한 강요서의 성격을 지니고 있다. 1258년에는 物初大觀이 중수하였고, 이 것이 1317년에 재간되었다.

제2권에는 분양사구, 삼종사자, 분양삼결, 분양삼구, 분양십팔문, 구대, 황룡삼관, 남당변험십문, 임제문정, 요결, 고덕강종송 등이 수록되어 있다. 또한 운문종에 대해서는 운문문언의 약전, 삼구, 추고, 일자관, 강종게, 파릉삼구, 운문문정, 요결, 고덕강종송 등이 수록되어 있다.

제3권에는 조동종의 교의를 수록하였다. 곧 동산양개의 약전, 오위군신, 명안오위빈주, 동산공훈오위, 조산오위군신도, 오위왕자송, 조산삼종타, 삼종삼루, 동산삼로접인, 조산삼종강요송, 명안삼구, 조산사금어, 문정게, 조동문정, 요결, 고덕강종송, 보경삼매 등이 수록되어 있다.

제4권에는 위앙종 및 법안종의 교의를 수록하였다. 곧 위앙종의 교의에 대해서는 위산영우의 약전, 삼종생, 원상인기, 변제팔식, 앙산임종부법게, 용담지연위사송, 삼연등, 삼조어, 위앙문정, 고덕강종송 등이 수록되어 있다. 법안종의 교의에 대해서는 법안문익의 약전, 화엄육상의, 즉물계신송, 시기, 소국사종풍, 소국사사요간, 법안문정, 요결, 고덕강종송 등이 수록되어 있다.

제5권 및 제6권은 「종문잡록」이라는 제목으로 오가종파에 관련된 기타의 교의를 수록하였다. 제5권에는 염화, 삼신, 사지, 석두의 참동계, 오문, 교몽당중교오가종파서 등이 수록되어 있다. 제6권에는 암두삼구, 조론사불천, 암두사장봉, 고덕송부달관영, 종문삼인, 삼조왕자, 장노조인복보검화, 지문조연화어, 오조연천타파화, 경청문풍혈육괄, 오종문답, 보봉자감송, 원오오가종요, 삼종법계, 오안, 삼보, 주장화, 구의, 육조문답, 십무문답, 일할분오교, 선림방어, 진성게 등이 수록되어 있다.

기타 보유부분에는 대원연우중간인천안목서, 용담고, 중수인천안목후집서, 괘당수경림기, 동토육조에 대한 게송, 그리고 북종, 재송도자, 우두, 영가, 운문, 설두, 천의, 대양, 투자, 운봉, 황룡, 백운 등에 대한 찬, 고산규십무송, 오가요괄 등이 수록되어 있다.

분류		수록내용	
서문			
	제1권	임제의현의 약전, 임제종의 사요간, 삼구, 삼현삼요, 사빈주, 사조용, 흥화험인, 분양십지동진, 송원악십지문답	
	제2권	분양사구, 삼종사자, 분양삼결, 분양삼구, 분양십팔문, 구대, 황룡삼관, 남당변험십문, 임제문정, 요결, 고덕강종송 등이 수록되어 있다. 또한 운문종에 대해서는 운문문언의 약전, 삼구, 추고, 일자관, 강종게, 파릉삼구, 운문문정, 요결, 고덕강종송	
	제3권	동산양개의 약전, 오위군신, 명안오위빈주, 동산공훈오위, 조산오위군신도, 오위왕자송, 조산삼종타, 삼종삼루, 동산삼로접인, 조산삼종강요송, 명안삼구, 조산사금어, 문정게, 조동문정, 요결, 고덕강종송, 보경삼매	
	제4권	위산영우의 약전, 삼종생, 원상인기, 변제팔식, 앙산임종부법게, 용담지연위사송, 삼연등, 삼조어, 위앙문정, 고덕강종송	법안문익의 약전, 화엄육상의, 즉물계신송, 시기, 소국사종풍, 소국사사요간, 법안문정, 요결, 고덕강종송
종문잡록	제5권	염화, 삼신, 사지, 석두의 참동계, 오문, 교몽당중교오가종파서	
	제6권	암두삼구, 조론사불천, 암두사장봉, 고덕송부달관영, 종문삼인, 삼조왕자, 장노조인복보검화, 지문조연화어, 오조연천타파화, 경청문풍혈육괄, 오종문답, 보봉자감송, 원오오가종요, 삼종법계, 오안, 삼보, 주장화, 구의, 육조문답, 십무문답, 일할분오교, 선림방어, 진성게	
	보유	대원연우중간인천안목서, 용담고, 중수인천안목후집서, 괘당수경림기, 동토육조에 대한 게송, 북종, 재송도자, 우두, 영가, 운문, 설두, 천의, 대양, 투자, 운봉, 황룡, 백운 등에 대한 찬, 고산규십무송, 오가요괄	

이 가운데서 회암지소가 『인천안목』을 편찬하려는 의도
는 그 [서문]에 드러나 있다.

인천안목의 서문
내[智昭]가 제방을 유행할 때 이르는 곳마다 정성을 다하여
존숙들에게 오종의 강요 및 그 명목에 대하여 물었다. 그러나
그들 중에는 왕왕 그것을 모르는 자들이 있었다. 이에 스승의
지위에 있으면서도 강요의 어구는 물론이고 그 명목조차 모
르는 것에 개탄의 생각이 들었다. 하물며 강요의 旨訣인들 어
찌 알고 있겠는가. 그러니 그들이야말로 어찌 후대의 사람들
을 이끌어 의심을 결택하고 잘못을 없애줄 수가 있겠는가. 이
후로 나는 강요에 뜻을 둔 지가 거의 20여 년이 되었다. 그동
안 혹 유실된 것을 발견하기도 하고, 망가진 비문을 찾아내기
도 하며, 존숙들로부터 稱提를 듣기도 하고, 노납들의 게송을
얻기도 하였다. 이리하여 무릇 본 오종강요는 필록한 그대로
저장해 두었다. 그래서 책으로 엮을만큼 상당한 분량이 되었
지만 교정하고 가다듬을 겨를이 없었다. 이렇게 늑장만 부리
다가 天台萬年山寺에서 비로소 마음을 내어 종류별로 편찬하
여 오종으로 나누었다. 그리고 '인천안목'이라 이름하였다. 여
기에 수록한 말들은 모두 한결같이 선배들이 지은 것이지 내
가 사사로이 감히 증감을 하지 않고 그대로 모은 것들이다.
이에 역대의 모든 大老들이 중생을 위하여 베풀어 놓은 것일
뿐 내가 억측으로 지은 것은 절대 아니다. 그러니 세상에 도
움이 될지언정 어찌 책망할 수 있겠는가. 만약 남을 지도하는

위치에 있는 스승들이 이것을 무시한다면 正邪를 가릴 수 없을 것이다. 그러니 有識하고 博聞한 사람이라면 반드시 그 가치를 인정해 줄 것이다. 송 희순 무신(1188) 12월 월산회암 지소가 서문을 쓰다.[27]

곧 지소가 제방을 유행할 때 이르는 곳마다 정성을 다하여 존숙들에게 오종의 강요 및 그 명목에 대하여 물었다. 그러나 그들 중에는 왕왕 그것을 모르는 자들이 있었다. 이에 스승의 지위에 있으면서도 강요의 어구는 물론이고 그 명목 및 강요의 旨訣조차 모르는 것에 개탄의 생각이 들었다. 그와 같은 상황으로는 후대의 사람들을 이끌어 의심을 결택하고 잘못을 없애줄 수가 없다는 생각을 하였다.

이후로 지소는 20여 년 동안 오종의 강요에 뜻을 두고서 노력하였는데, 혹 유실된 것을 발견하기도 하고, 망가진 비문을 찾아내기도 하며, 尊宿들로부터 자세한 설명을 듣

---

27) 『人天眼目』, (『大正新脩大藏經』 48, p.300上) "人天眼目 序 予遊方時 所至盡誠 咨扣尊宿五宗綱要 其間件目 往往亦有所未知者 因慨念 旣據 師位 而綱宗語句 尙不知其名 況旨訣乎 將何以啓迪後昆 剔抉疑膜邪 於 是有意於綱要 幾二十年矣 或見於遺編 或得於斷碣 或聞尊宿稱提 或獲 老衲垂頌 凡是五宗綱要者 卽筆而藏諸 雖成巨軸 第未暇詳定 晩抵天台 萬年山寺 始償其志 編次類列 分爲五宗 名之曰人天眼目 其辭皆一 依前 輩所作 弗敢增損 然是集也 乃從上諸大老 利物施爲 旣非予胸臆之論 俾 行於世 有何誚焉 若其執拂柄據師位者 外是則無以辯驗邪正也 有識博 聞者 必垂印可 宋 淳熙 戊申(1188) 季冬 越山晦巖 智昭 序"

기도 하고, 老衲들의 게송을 얻기도 하였다. 이리하여 오종강요를 필록하면서 저장해 두었다. 그러다가 인연이 닿아서 天台萬年山寺에서 비로소 종류별로 편찬하여 오종으로 나누고 『인천안목』이라는 제목을 붙였다. 그리고 지소는 여기에 수록한 말들은 모두 한결같이 선배들이 지은 것이지 사사로이 증감을 하지 않았고, 역대의 모든 존숙들이 중생을 위하여 베풀어 놓은 것일 뿐 지소가 억측으로 지은 것은 절대 아님을 밝히고 있다. 이로써 남을 지도하는 위치에 있는 스승들로 하여금 宗義에 대한 正邪를 가릴 수 있기를 바라는 마음으로 작업을 하였다.

이 『인천안목』에 수록된 교의 및 그 내용에 대한 이설이 많은 것은 사실이다. 때문에 보다 엄밀한 고증이 필요한 책이기도 하다. 그러나 당나라 말기부터 오대 초기의 100여 년 동안에 형성된 선종오가에 대한 기본적인 교의를 집대성했다는 점에서 그 의의를 찾아볼 수 있다. 그 영향을 받아서 이후에 우리나라에서는 찬술연대가 고려시대로 추정되는 『선문강요집』 및 조선후기에 喚醒志安이 『인천안목』에 수록된 내용과 구성을 참고하여 『선문오종강요』를 저술하여 선종오가의 교의에 대한 이해를 계승하였다.

2. 天頙과 『禪門綱要集』

『선문강요집』은 임제종과 운문종의 교의에 대하여 심도 있는 논의가 진행되어 있다. 특히 임제의 삼구에 대한 견해는 구체적이고도 면밀하게 설명되어 있다. 고려의 천태종 승려인 天頙(1206-1277)이 쓴 것으로 알려져 있다.[28] 그러나 진정국사 천책은 그 생몰 연대가 확실하지 않다. 탄생 연도에 대해서는 1206년 내지 1209년의 학설이 있고, 입적 연도는 1293에 『禪門寶藏錄』에 서문을 붙인 점으로 보아 그 이후인 것으로 짐작된다.

천책의 속성은 申씨로서 고려의 태조 때 공신이었던 申厭達의 11대손이다. 법명은 天頙이고 자는 蒙且인데 약관의 나이에 禮部試에 급제하였다. 23세 때 圓妙國師 了世를 뵙고 천태종으로 출가하였다. 38세 때 東白蓮社의 주지를 지냈고, 이후 萬德山 白蓮社의 주지를 지냈다. 이후 文士들과 많은 교류를 가졌다. 1293년 「선문보장록서」를 썼다. 이후 『선문보장록』은 1307년 李混이 跋文을 붙여 간행하였다. 기타 丁午가 서문을 붙이고 而安이 사재를 들여 간행한 『湖山錄』이 있다.

『선문강요집』은 「三聖章」, 「二賢話」, 「一愚說」, 「山雲篇」,

---

28) 『선문강요집』의 저자에 대해서는 김영욱 옮김, 『선문사변만어』 (한글본 한국불교전서 조선 13) pp.16-17 주석 참조.

「雲門三句」 등 5장으로 구성되어 있고, 권말에 [跋文]이 붙어 있다. 이 가운데 「三聖章」, 「二賢話」, 「一愚說」은 임제종지에 대한 강요이고, 「山雲篇」, 「雲門三句」는 운문종지에 대한 강요이다.29)

임제삼구에 대하여 皓月上人이 "무릇 설법하는데 있어서 일구에는 삼현을 갖추고, 일현에는 삼요를 갖추어야 한다. 거기에는 현도 있고, 요도 있으며, 조도 있고, 용도 있으며, 권도 있고 실도 있다는데 그것이 무슨 뜻입니까."라고 질문하자, 청풍장로[天頙]는 다음과 같이 답변한다.

> 임제의 종지는 일구 중에 삼현을 갖추었고, 일현 중에 삼요를 갖추었다. 현도 있고 요도 있는 것은 마치 일체중생이 뜨거운 바다 가운데서 만나는 청량한 적멸의 법당과 같다.30)

이것은 삼구에 대한 거시적인 이론에 해당한다. 곧 일구어에 삼현문을 갖추고, 일현문에 삼요를 갖추었으며, 권이 있고 실이 있으며, 조가 있고 용이 있다는 것이다. 이에

---

29) 나머지 선종오가에 대한 부분은 생략되어 있는데 그것이 의도적이었는지 아닌지는 확인되지 않고 있다.

30) 『禪門綱要集』, (『韓國佛敎全書』 6, p.850中) "臨濟宗旨云 所言一句中具三玄 一玄中具三要 有玄有要者 一切衆生 熱惱海中 淸凉寂滅法幢也" 이 대목은 각범혜홍의 말을 인용한 것이다. 『指月錄』 14, (『卍續藏』 83, p.701下) "一句中具三玄門 一玄中具三要路 細看即是陷虎機 忽轟一聲塗毒鼓 偸心死盡眼麻迷 石女夢中毛卓竪"

대한 구체적인 문답은 다음에 보인다. 그러나 삼구를 개별
적으로 보는 문답의 경우는 다음과 같다.

> 풍법사가 답하였다. 내가 일찍이 종문무고를 보니, 임제는 제
> 일구에서 깨달으면 조사와 부처의 스승이 되고, 제이구에서
> 깨달으면 인간과 천상계의 스승이 되며, 제삼구에서 깨달으면
> 자신조차 구제하지 못한다고 말했습니다.[31]

이 경우는 임제삼구가 각각 다른 측면으로 해석되는 것
을 말한 것으로 이심전심 및 이법인법의 방식으로 깨닫는
것은 제일구이고, 방과 할 및 양미동목 등을 통해서 깨닫
는 것은 제이구에 해당하며, 언설과 해석을 통해서 깨닫는
것은 제삼구에 해당한다는 것이다. 나아가서 삼현에 대해
서는 다음과 같이 설명한다.

> 호월이 물었다. "제일현은 어떠합니까?" 청풍이 답하였다. "全
> 機照應이다. 건곤에 삼라만상이 인드라망과 같고, 운문의 함
> 개건곤에 대입할 수 있다." 물었다. "제이현은 어떠합니까?"
> 답하였다. "종횡으로 妙用이다. 편의에 따라서 수단으로 사용
> 하고, 말마다 모두 사랑스럽고, 구절마다 온전히 참되다. 이것

---

31) 『禪門綱要集』, (『韓國佛敎全書』 6, p.850中-下) "答余甞閱宗門武庫 臨
   濟云 第一句薦得 堪與祖佛爲師 第二句薦得 與人天爲師 第三句薦得 自
   救不了"

은 운문소양의 수파웅기다." 물었다. "제삼현은 어떠합니까?"
답하였다. "機用齊施다. 사람과 경계를 모두 잊고, 범부와 성
인의 알음알이가 다하였다"[32]

청풍의 입장으로는 제일현은 대기를 나타내고, 제이요는
대용을 나타내며, 제삼현은 대기와 대용을 함께 나타내므
로 주관과 객관의 개념을 초월하면 범부와 성인에 차이가
없다고 말한다. 곧 청풍은 불, 법, 도를 삼현으로 나타내어
각각 全機照應, 妙用自在, 機用齊施라 말한다. 여기에서 삼
구의 강요는 삼현이고, 삼현의 강요는 삼요라고 설명한다.
「二賢話」의 경우에는 호월상인이 구와 현과 요가 같은 것
인가 다른 것인가의 물음에 청풍은 "때로는 같고 때로는
다르며, 때로는 같고 다름이 없다."고 다음과 같이 답한다.

句는 언구의 구로서 차별을 나타낸다. 玄은 유현의 현으로서
무분별을 나타낸다. 要는 省要의 요로서 복잡하지 않다는 것
이다. 그런데 현과 요는 구에 있고, 權과 實은 현에 있으며,
照와 用은 요에 있다. 이에 저마다 자리해야 할 곳이 있으니
뒤얽히면 안 된다.[33]

---

32) 『禪門綱要集』, (『韓國佛教全書』 6, p.851上) "問如何是第一玄 答全機
照應故也 乾坤之內萬像森羅 如因陁羅綱 可配雲門函盖乾坤也 問第二
玄 答妙用縱橫 隨冝下手也 言言堪愛 句句全眞 此乃昭陽 隨波應機也
問第三玄 答機用齊施 人境俱忘 凡聖情盡也"
33) 『禪門綱要集』, (『韓國佛教全書』 6, p.851中) "句言句之句 句詮差別 玄

곧 청풍은 구와 현과 요가 딱히 어떤 하나로 정해져 있지 않다는 입장으로서, 구에는 현과 요가 들어 있고, 현에는 권과 실이 들어 있으며, 요에는 조와 용이 들어 있어서 제각각 해당하는 자리가 없는데, 곧 삼구를 설명하는 규식이 따로 정해져 있지 않다는 주장이다.

기타 삼요에 대해서 청풍은 숭제혜의 말을 인용하여 "제일요는 大機圓應이고, 제이요는 大用全彰이며, 제삼요는 機用齊施다."고 말한다.[34] 이것은 곧 제일구에서 기와 용의 역할을 설명한 것에 해당한다. 그래서 "대기는 원응으로써 뜻을 삼으므로 대용의 기이다. 이미 접촉하여 이미 발생해 있으므로 대용이라 한다. 대용은 직절로써 뜻을 삼는데 이것이 곧 대기의 용이다."[35]고 말한다. 곧 청풍은 기관이 움직이지 않은 때를 대기라 하고, 기관에 一觸하여 움직이는 때를 대용이라 한다. 대기는 걸림이 없는 것이고, 대용은 바로 작용하는 것으로 뜻을 삼는다. 이것을 다음과 같이 비유한다.

幽玄之玄 玄不可辨 要省要之要 要不在多 玄要在句 權實在玄 照用在要 各有收當 不應莽鹵"

34) 『禪門綱要集』, (『韓國佛敎全書』 6, p.851中) "第一要 大機圓應 第二要 大用全彰 第三要 機用齊施"

35) 『禪門綱要集』, (『韓國佛敎全書』 6, p.851中-下) "大機以圓應爲義 是大用之機 旣觸旣發之時 謂之大用 大用以直截爲義 是大機之用"

백장이 대기를 얻고, 황벽이 대용을 얻었던 것은 몸소 마조의 일할을 계승한 것인데, 그것이 분명하게 임제의 종지가 되었다. 이것이 그 증거다.[36]

나아가서 삼현의 방편문에 대하여 청풍은 다음과 같이 말한다.

혹 삼요인을 들어 곧장 물에다 찍으면 완연히 문채가 이루어져 전변하는데 그것을 삼현이라 한다. 현이란 뒤섞이고 正色이 바랜 빛깔이다. 靑白은 蒼이고, 蒼黑은 玄이다. 청, 백, 검정 세 가지 빛깔이 뒤섞인 것을 볼 수는 있으나 그것을 변화시킬 수는 없는 것에 비유한 것이다.[37]

삼현은 방편문으로서 청풍은 임제가 전통적인 삼교의 가르침을 근거로 하면서도 삼현의 독자적인 의의를 말한 것으로 간주하고 있다. 청풍은 古塔主가 처음으로 삼현의 명칭을 세웠음을 말한다.

첫째는 체중현이고, 둘째는 용중현인데 또한 구중현이라고도

---

36)『禪門綱要集』, (『韓國佛敎全書』6, p.851下) "如百丈得大機 黃蘗得大用 莫不親承馬祖一喝 赫然臨齊本宗 此其證也"
37)『禪門綱要集』, (『韓國佛敎全書』6, p.851下) "或提三要印 直向水上搭却 宛成文彩 轉名三玄 玄雜壞色 靑白爲蒼 蒼黑爲玄 三者混然可見 而不可變之 之比也"

하고, 셋째는 의중현인데 또한 현중현이라고도 한다. 처음의
둘 곧 체중현과 용중현은 뒤에 있는 의중현을 설명한 것이다.
삼현 가운데 앞에 있는 체중현과 용중현의 경우에는 또한 의
중현과 구중현을 상대로 간주하여 의중현과 구중현을 설명한
것이기도 한데, 이것은 원래 체중현에서 유출된 것이다.[38]

이상에서 삼현을 體中玄, 用中玄(句中玄), 意中玄(玄中
玄)이라고 말하고 있다. 체중현과 용중현은 본체와 작용의
관계에 있다. 그리고 체중현(본체)과 용중현(작용)보다 더
현현한 것을 의중현(일현)이라고 말한다. 따라서 본체나
작용보다 더 현한 것이 의중현의 일현이다. 그렇지만 궁극
적으로는 그 일현의 根源地는 역시 체중현이라는 주장이다.
  청풍은 언설을 통하여 주고받는 것을 방편의 삼구로 간
주하는데, 곧 진흙에 도장을 찍듯이 흔적이 그대로 나타나
는 것이 삼구라는 것이다. 삼구는 삼요가 변한 것이지만,
삼구 중에는 여전히 현과 요가 존재한다는 말이다. 이러한
삼구의 설명에 대하여 「一愚說」에서는 스스로 우부를 자
청하는 노승 곧 일우가 임제의 삼구에 대하여 다음과 같이
말한다.

---

38) 『禪門綱要集』, (『韓國佛教全書』 6, p.852上) "一體中 二用中 亦名句中
   三意中 亦名玄中 初二體用爲對 明後一玄 玄於前二 又以意句爲對 明
   此二玄 體中所流也"

제일요는 照를 설명한 것인데 大機圓應하기 때문에 이는 主다. 일천 성인이 출현하여도 그 미묘함을 다할 수는 없다. 제이요는 用을 설명한 것인데 大用全彰하기 때문에 賓이다. 밝은 거울이 臺에 놓여 있어 미개인이나 문명인을 가리지 않고 모두 비춘다. 제삼요는 照用同時인데 機用齊施이므로 이는 主賓이다. 사람들로 하여금 손뼉 치며 깔깔 웃게 한다.[39]

愚夫 곧 一愚의 말에서 제일현은 체중현이고, 제이현은 구중현이며, 제삼현은 현중현에 해당한다는 것이다. 그래서 모든 설법은 일구 중에 삼현을 갖추고, 일현 중에 삼요을 갖추고 있다는 것이다. 그러나 일우는 구와 현과 요를 분별해야 한다고 말하는데, 구는 名身, 句身, 字身의 차별적인 명칭이라는 것이다.

그래서 일우는 현에 대해서는 뒤섞이고 정색이 바랜 빛깔로서 파랗고도 흰 것을 푸르다 하고 푸르면서 검은 것을 현이라고 말한다. 또한 요에 대해서는 省要로서 그물의 벼리와 같고 문은 지도리와 같다고 말한다. 이에 다음과 같이 말한다.

만약 제일구만을 논한다면 요를 먼저 말하고 현을 뒤에 말하

---

39) 『禪門綱要集』, (『韓國佛教全書』 6, p.853下) "第一要明照 即大機圓應 是主也 千聖出興 難窮其妙 第二要明用 即大用全彰 是賓也 明鏡當臺 胡漢皆沉 第三要明照用同時 即機用齊施 是主賓也 令人撫掌呵呵大笑"

는 것이 적당하고 당연하다. 그러나 먼저 강요를 들면 현은
반드시 그것을 따르게 되니, 어찌 다시 특별히 든 뒤에야 현
을 밝히겠는가? 더구나 일반적으로 삼구를 논할 때 삼현과
방편과 실제를 먼저 말하고, 삼요와 비춤과 작용을 뒤에 갖
추어 말하는 것이 진실로 당연하다. 종교에 본디 삼현과 삼
요의 이론이 없었거늘 임제가 외부의 이론을 빌려 처음으로
명칭을 세워 가풍을 나타내고, 이어서 방편과 실제, 비춤과
작용을 들어 증거를 삼았다. 그러므로 옛것을 들어서 지금의
것을 밝히는 것이다. 방편과 실제는 방편적인 가르침이고,
실제적인 가르침이다. 비춤과 작용은 대개 종교 가운데 옛글
들이다.[40)

일우는 제일구만을 논한다면 요를 먼저 말하고 현을 뒤
에 말하는 것이 당연하다고 설명한다. 강요를 먼저 말하면
현은 당연히 따라 오는 것이라고 한다. 그렇지만 일반적으
로 구를 말할 때는 삼현을 먼저 말하고 삼요를 뒤에 말한
다. 그리고 일우는 삼구에 대하여 낱낱의 비유를 들어 학
인을 이해시켜준다.

---

40) 『禪門綱要集』, (『韓國佛教全書』 6, p.854下) "若止論第一句 則先要後
玄 少似當然 然先擧綱要 則玄必從之 何更特擧然後明玄 況此汎論三句
先三玄權實 後三要照用 而備言之固其宜也 宗教本無三玄三要之說 臨
濟借他外說 始立名言 以顯家風 連擧權實照用爲證 所以擧古明今 權實
乃權實教 照用盖亦宗教中古語"

3. 喚醒志安과 『禪門五宗綱要』

1) 喚醒志安

　조선시대의 불교는 고려시대와는 달리 어려운 시기를 맞이하였다.[41] 이와 같은 상황은 성종과 연산군과 중종을 거치면서 더욱 심해졌다. 이런 가운데 청허휴정을 중심으로 하는 이후의 선풍의 전승은 참으로 풍전등화와 같았다.[42] 청허의 선은 송운유정, 편양언기, 소요태능, 중관해안 및 정관일선 등을 통하여 연면되었다.[43] 숙종 시대에는 碧巖覺性과 翠微守初가 문호를 넓히고 선교를 융합하여

---

41) 태종 시대에는 종파의 감축, 엄격한 도첩제의 실시, 왕사 및 국사제도 폐지, 능사제의 폐지 등이 있었고, 종파의 감축으로는 조계종(총지종과 조계종), 남산종, 천태종(천태소자종과 천태법사종), 화엄종(도문종과 화엄종), 자은종(유가종), 중신종(중도종과 신인종), 시흥종 등이 있었다. 세종 시대에는 7종 가운데 조계종과 총지종과 천태종은 선종으로, 화엄종과 자은종과 중신종과 시흥종은 교종으로 통폐합하였으며, 연산군 및 중종 시대에는 선교의 양종마저 폐지되었다.

42) 임진왜란을 계기로 널리 알려진 서산청허는 선종사에 있어서 스러져 가던 선풍을 새롭게 진작시키는 감로와 같은 존재였다. 청허는 『禪教訣』과 『禪教釋』 및 『心法要抄』 등을 저술하여 이전의 퇴락을 만회하려고 크게 노력하였다. 이들 저술을 통하여 선교통합과 선교일치를 주장하였고, 무자화두와 정토사상과 염불을 강조하는가 하면 『禪家龜鑑』을 저술하여 교외별전의 선풍을 고취시켰다.

43) 광해군 때에는 浮休善修가 부용연관의 제자로서 선풍을 진작하였고, 그 문하에 覺性이 배출되었다. 현종 시대에는 출가를 금지하고 승려의 도성출입이 금지되자 白谷處能이 나타나 이에 항거하였다.

선정일치의 종풍을 진작하였다. 한편 栢菴性聰은 많은 경전을 간행하고 禪淨을 雙修하였다. 또한 月潭雪霽의 문하에 喚醒志安은 『禪門五宗綱要』를 찬술하여 선풍을 널리 드날렸다. 또한 月渚道安의 문하인 獅巖采永은 『海東佛祖源流』를 저술하여 사라져 가는 법계의 본말을 밝혔다.

黙菴最訥은 儒禪一揆를 주장하여 유생들의 배불의 잘못을 지적하기도 하였다. 특히 선이란 개개인의 마음이 無亂無痴하고 寂寂朗朗한 일단의 자성광명이라 하여 사서삼경에서 말하는 내용의 특징과 다른 것이 아님을 밝히고 있다.[44] 이런 와중에 18세기 이후에 주로 기존의 어록과 저술에 대한 재해석 내지는 재평가였다. 첫째는 공안에 대하여 재해석의 입장에서 출현한 공안집이다. 둘째는 선리의 논쟁으로는 臨濟三句의 선리에 대한 재해석이었다.

환성지안(1644-1729)은 雪庵秋鵬과 더불어 月潭雪霽의 사법제자였다. 속성은 鄭씨이고, 춘천사람이다. 15세에 彌智山 용문사에서 낙발하고, 霜峰淨源에게서 구족계를 받았다. 17세에 月潭雪霽에게 참하였다. 27세에 碧巖覺性의

---

44) 蓮潭有一은 『林下錄』에서 一心에 대하여 「성인이나 범부나 짐승의 일심은 한결같이 虛徹靈明하고 卓然獨尊하여 불생불멸하고 예나 지금이나 허공처럼 존재하지 않는 곳이 없으며 시간적으로도 단절된 적이 없다」고 하였다. 이것은 『기신론』의 일심을 말한 것으로서 絶對唯心을 주장하였고, 객관적인 지옥과 극락이 존재한다는 것을 증명하려 하였다. 有一은 참선의 공부는 心境을 拂拭하여 순일무잡하게 하는데 있다고 하였으며, 나아가서 노장사상까지도 끌어들여 선을 제접하였다.

제자인 慕雲震言의 화엄법회에서 법좌에 올라 명성을 크게 떨쳤다. 대둔산에서 공양을 베풀 때 허공에서 세 번 그의 이름을 부르는 소리가 울리자 세 번 답변을 하였다. 그래서 字를 三諾이라 하고, 호를 喚醒이라 하였다. 지리산, 금강산 등 여러 곳을 유행하며 신통을 드러냈고, 금산사에서 화엄법회를 크게 열기도 하였다. 후에 무고를 당하여 제주도로 유배되어 그 곳에서 입적하였다. 법을 이은 제자들만 해도 19명이었다.45) 저술로는 환성이 직접 여러 전적에서 선종의 다섯 종파에 대한 요의를 발췌하여 지은 『禪門五宗綱要』가 있다.46) 그리고 제자인 聖訥이 환성지안의 144편의 시문을 편록한 『환성집』의 마지막 부분에는 그 「환성화상행장」이 수록되어 있다.

2) 『禪門五宗綱要』의 편제

조선시대 선법의 경우 거의가 새로운 선법의 교의 내지 선리를 출현시키지 못하고 기존의 선법에 대한 교의 및 선리에

---

45) 「喚惺和尙行狀」, (『韓國佛敎全書』 9, pp.475下-476下)
46) 『선문오종강요』는 임제종에 대해서는 機와 用을 해명한 것이라 하고, 운문종에 대해서는 截斷을 해명한 것이라 하며, 조동종에 대해서는 向上을 해명한 것이라 하고, 위앙종에 대해서는 體와 用을 해명한 것이라 하며, 법안종에 대해서는 唯心을 해명한 것이라 하여 각 종파의 교의를 간략하게 발췌하였다.

대한 재해석이 이루어졌다. 때문에 전통의 선법에 대한 심도 있는 연구와 그에 따른 새로운 관점에 대한 방향을 제시하는 기회가 되기도 하였다. 이런 입장에서 『선문오종강요』는 당시 불교가 처하고 있던 시대적인 한계성 내지 불교 내부에서의 시대인식을 반영한 것이기도 하다. 그 이유는 당시까지 전승되어 오던 소위 선종 오가의 교의47)에 대한 재해석을 반영하고 있기 때문이다.48) 구성은 다음과 같다.

禪門五宗綱要序 : 北海涵月										
임제종	明機用	운문종	明藏鋒	조동종	明向上	위앙종	明體用	법안종	明唯心	잡록
宗風의 성격		宗風의 성격		宗風의 성격		宗風의 성격		宗風의 성격		
三句 三玄 三要 四料揀 四賓主 四照用 四大式 八捧		三句 抽顧 一字關 巴陵三句		偏正五位 功勳五位 君臣五位 曹山三墮大陽明安 和尙釋 洞山三種滲漏 洞山唱導三綱要		三種生		六相 詔國師四料揀		圓悟五家宗要 三種師子語 汾陽三句 巖頭四藏鋒 六祖問答 十無問答 四異類 趙州三門
刊記										

(좌측 세로 표기: 內容)

---

47) 가령 晦巖智昭 編 『人天眼目』 6권 · 3권 (1188)을 비롯하여 希叟紹曇 撰 『五家正宗贊』 4권 (1254), 語風圓信 · 郭凝之 編 『五家語錄』 5권 (1630), 임제종과 조동종의 특징을 강조한 三山燈來 撰 性統編 『五家宗旨纂要』 3권 (1703), 東嶺圓慈의 『五家參詳要路門』 5권 (1788) 등은 한편으로는 각각 편찬자들의 견해이기도 하면서 다른 한편으로는 唐代에 형성되고 전승된 五家라는 틀을 벗어나지 못하고 이전의 것을 답습하는 한계점을 노출시키고 있기 때문이다.

48) 특히 그 순서를 임제종, 운문종, 조동종, 위앙종, 법안종으로 배열하고 있는 것은 이전의 『禪門綱要集』이 임제종과 운문종에 대해서만 기록하고 있는 입장이 그대로 반영된 것으로 보인다.

이와 같은 점을 감안하면서 그 구체적인 편제내용을 살펴보면 본 『선문오종강요』는 이전의 『禪門綱要集』을 계승한 것으로 보인다.[49] 왜냐하면 1689년 간행된 本書는 風法師(淸風長老)와 胡月禪客을 그대로 등장시켜 논의한 점이 그렇다. 또한 내용으로 보아도 5개 종파에 걸쳐 29개 항목을 통하여 이 논의의 논지를 계승하고 있기 때문이다.[50] 이런 점으로 보아 편찬자의 의도가 단순한 편집에 불과하다는 비판을 면할 수는 없을 것이다. 나아가서 『人天眼目』의 내용을 선별적으로 그대로 수록한 점도 부정할 수 없다. 그럼에도 불구하고 『선문오종강요』가 지니고 있는 몇 가지 특징을 언급하자면 다음과 같다.

첫째는 조선시대에 등장한 선종오가에 대한 전적 가운데 종합적인 강요서로서는 거의 유일한 것이라 점이고, 둘째는 이전의 선종오가와 관련된 전적에서는 볼 수 없는 몇 가지 敎義가 本書에서만 발견된다는 점이며, 셋째는 서문

---

49) 1689년 간행된 本書는 風法師와 胡月禪客을 그대로 등장시켜 논의한 점에서 그렇다. 또한 내용으로 보아도 이 논의의 논지를 계승하고 있기 때문이다. 淸風長老 撰, 『禪門綱要集』(1531)은 임제의 三玄三要와 운문의 三句에 대한 강요를 皓月上人의 물음에 답하는 형식을 취하여 서술한 책이다. 이것은 白坡亘璇의 『禪文手鏡』과 草衣意恂의 『禪門四辨漫語』와 優曇洪基의 『掃灑先庭錄』(후에 『禪門證正錄』이라 개칭됨)과 雪竇有炯의 『禪源遡流』(『楷正錄』)와 竺源震河의 『禪門再證錄』 등 조선후기 선리논쟁의 발단이 되기도 하였다.
50) 이 점은 이후 1824년에 白坡亘璇이 『五宗綱要私記』를 남긴 것과도 그 궤를 함께 하고 있다.

에서 北海涵月이 지적하고 있는 바처럼 운문삼구에 대해서는 靑山臾의 해석을 인용하고, 조동오위에 대해서는 荊溪師의 주석을 인용하여 그 뜻을 통하게 하고 그 요점을 드러내게 하였다는 점이며, 넷째는 임제의 삼구와 삼현과 삼요에 대하여 나름대로의 구체적인 설명을 붙이고 있다는 점이다.

이 가운데 北海涵月이 쓴 [서문]을 보면 오가 가운데 조동종을 제외한 나머지 4종을 모두 남악의 문하로부터 출현한 것으로 기술하고 있다.[51] 이것은 선종 종파에 대한 역사인식의 부족이라기보다는 당시까지 전승되고 있던 교의에 대한 자파내의 견해에 대한 옹호 내지 답습으로 보인다. 그러나 결국은 송대부터 전통적인 견해로 이어져 오던 청원행사와 남악회양의 양대 법맥을 인정하고 있다.[52] 나아가서 『禪門五宗綱要』의 성격에 대하여 철저하게 객관적인 입장에 근거했다는 주장도 피력하고 있다.

---

51) 이와 같은 견해는 청허휴정의 『禪家龜鑑』에도 보인다. 기타 일본의 虎關師鍊이 저술한 『五家辨』 1권에서는 覺範慧洪의 설에 논거하면서 오가의 종파가 모두 남악의 계보에서 출현했다고 주장한다.

52) 北海涵月(涵月海源), 「禪門五宗綱要序」, (『韓國佛敎全書』 9, p.459上) ; 北海涵月(涵月海源), 『天鏡集』, (『韓國佛敎全書』 9, p.620下) "이 소식은 마하가섭으로부터 이래로 사람이 一人에게만 전승하여 조계에 이르렀다. 조계의 문하에 두 사람이 있었다. 한 사람은 남악회양으로서 활인검을 종지로 삼아 雜貨鋪를 열었다. 또 한 사람은 청원행사였는데 살인도를 종지로 삼아 眞金鋪를 열었다. 이것이 일법이 나뉘어 살활의 양종이 된 것이다."

그러면서도 본 『선문오종강요』의 의도가 전체적인 특징에 대하여 五派의 오묘한 뜻을 궁구케 하려는 것에 있음을 알 수가 있다.

3) 환성지안과 禪宗五家

우선 임제종지에 대해서 환성지안은 임제종풍에 대하여 다음과 같이 機와 用을 해명하는 것으로 정의하였다.

> 맨손에 단도를 들고 살불살조하며 현요에서 고금을 분별해 내고 주빈에서 龍蛇를 증험해내며 금강보검을 쥐고서 竹木에 붙은 정령을 쓸어버리며 사자의 全威를 떨치고 狐狸의 心膽을 찢어버린다. 임제종풍을 알고자 하는가? 청천에 벽력치는 소리 우렁차고 평지에 파도가 일어난다.53)

이를 바탕으로 그 구체적인 내용에 대하서는 三句 · 三玄 · 三要 · 四料揀 · 四賓主 · 四照用 · 四大式 · 八棒 등으로 간주하였다. 그러나 이것은 비단 임제종풍에만 한정되는 것이 아니라 모든 선문에서 활용하는 기본적인 교의라 하여 임제종지가 임제종에만 국한되지 않고 당시의 모든 선

---

53) 『禪門五宗綱要』, (『韓國佛敎全書』9, p.459下) "赤手單刀 殺佛殺祖 辨古今於玄要驗龍蛇於主賓 操 金剛寶劍 掃除竹木精靈 奮獅子全威 震裂狐狸心膽要識臨濟宗麼 靑天轟霹歷 平地起波濤"

종에 보편적인 득세임을 를 강조하였다.

운문종지에 대해서는 截斷을 해명하는 것이라 하여 다음과 같이 말한다.

劍과 鋒 끝에 길이 있고, 철벽과 같아 나아갈 문이 없으며, 높이 치켜세워 뒤집어 길바닥에 내동댕이치고, 갈등을 싹뚝 잘라버린다. 그러므로 常情의 見解로 보자면 너무 신속하여 미칠 수가 없고, 思量의 烈焰이 어찌 발이나 붙여보겠는가. 운문종풍을 알고자 하는가. 주장자가 높이 하늘 위로 뛰어오르고 찻잔 속에서 제불이 법을 시설한다.[54]

이와 같은 운문종지에 대하여 환성지안은 먼저 원명대사 연밀이 체계화시킨 운문삼구를 소개하고 있다.[55] 특히 『禪門綱要集』에서는 운문의 삼구에 대하여 자세한 설명이 나타나 있다.[56] 『선문강요집』은 임제종과 운문종의 교의에 대해서만 설명하고 있다. 아울러 원명대사 연밀의 제자인 普安道 선사는 운문의 三句語에 각각 게송을 붙이고 나름대로 하나의 게송을 더 붙여 4게송으로 정리하였다.

조동종지에 대해서는 向上을 해명하는 것이라 하여 다

---

54) 『禪門五宗綱要』, (『韓國佛教全書』 9, p.461下) "劍鋒有路 鐵壁無門 掀翻露布 葛藤剪却 常情見解 迅電不及 思量烈焰 寧容湊泊 要識雲門宗麼 柱杖子(拄)跳上天 盞子裡諸佛說法"
55) 『人天眼目』 卷2, (『大正新脩大藏經』 48, p.312上-中)
56) 『韓國佛教全書』 6, pp.858-859.

음과 같이 말한다.

　　방편으로 오위를 열어 삼근기를 잘 제접한다. 금강왕보검을
　　비껴차고 諸見의 稠林을 베어버린다. 妙挾을 弘通하여 萬機의
　　穿鑿을 잘라버린다. 위음나반은 눈 가득히 빛이 번쩍거리고
　　공겁이전이 항아리속의 풍월이다. 조동종풍을 알고자 하는가.
　　불조가 생겨나기 이전이요 공겁의 밖이어서 正偏이 有無의 機
　　에 떨어지지 않는다.57)

　　조동종에서 오위가 차지하고 있는 위상을 감안한 탓인
지 偏正五位 · 功勳五位 · 君臣五位 등 3종의 오위를 소개
하고 몇 가지 항목을 통하여 나름대로 설명을 가하였다.58)
그런데 여기에서 편정오위를 도식화한 것에 대해서는 이
전의 전통적인 도식으로 간주되고 있는 동산양개의 「五位
顯訣」59)과는 약간 다른 모습을 보여주고 있다. 그리고 동
산의 三種滲漏60) 및 三種綱要61)에 대해서도 언급한다. 그런

57) 『禪門五宗綱要』, (『韓國佛教全書』 9, p.462下) “權開五位 善接三根 橫
　　抽寶劍 斬諸見稠林 妙恊弘通 截萬機穿鑿 威音那畔 滿目烟光 空劫已前
　　一壺風月 要識曺洞宗麽 佛祖未生空劫外正偏不落有無機”
58) 『禪門五宗綱要』, (『韓國佛教全書』 9, pp.462下-464上)
59) 『解釋洞山五位顯訣』(『大正新脩大藏經』 47, p.541下)
60) 『禪門五宗綱要』, (『韓國佛教全書』 9, p.465上-中) “一見滲漏 機不離位
　　墮在毒海 妙在轉位也 謂見滯在所知 若不轉位 卽坐在一色 所言滲漏者
　　卽是語中不盡善也 若順至理而言 方能盡善也須辨來蹤 始得相續玄機妙
　　用 二情滲漏 智常向背見處偏枯 謂智境不圓 滯在取舍 前後偏枯鑑覺不

데 여기에 수록되어 있는 동산의 삼종강요는 『동산록』에 수록되어 있는 동산의 삼종강요와는 약간의 차이가 있다.62)

위앙종지에 대해서는 體와 用을 해명하는 것이라 하여 다음과 같이 말한다.

스승과 제자가 노래로 화답하고 부자가 일가를 이루며 옆구리에 글자를 끼고 서로 頭角을 다툰다. 실중에서 제자를 증험하여 잘 사자를 가려낸다. 離四句하고 絶百非하여 한 주먹에 쳐부수며, 입은 두 개이고 혓바닥은 한 개도 없지만 九曲에 구슬이 널리 통한다. 위앙종풍을 알고자 하는가. 파손된 비석이 古路에 덩그러니 나뒹굴고 있다.63)

全 是濁智流轉途中邊岸事直須句句不落二邊 不滯情境 三語滲漏 體妙失宗 機昧終始 濁智流轉 不出此三種 體妙失宗者 滯在語路 句失宗旨機昧 終始者 謂當機暗昧 只在語中宗旨不圓 句句須是有語中無語 無語中有語 始得妙旨密圓也" 다른 수록본에 전하는 동산의 삼종삼루는 다음과 같다. "若要辨驗眞僞 有三種滲漏 一見滲漏 謂機不離位 墮在毒海 二情滲漏 謂滯在向背 見處偏枯 三語滲漏 謂究妙失宗 機昧終始 學者濁智流轉 不出此三種 子宜知之"『瑞州洞山良价禪師語錄』, (『大正新脩大藏經』 47, p.526上); 『人天眼目』 卷3, (『大正新脩大藏經』 48, p.319上)

61) 『禪門五宗綱要』, (『韓國佛教全書』 9, p.465上-中)"一敲唱俱行 敲者擊也 絶斷理也 唱者 放也放開事也 敲卽烏飛海上 唱乃兔走天中 敲理唱事 事理齊擧 明暗雙彰 把住放行 全由自己大用 縱橫正偏不滯 二鉤鎖玄路 雖玄唱玄提 令血脉不絶 故銘鎖也 三不墮凡聖 又曰不涉 理事 前來明暗交羅 偏正互用 是雙放也 今事理不涉 是雙收也"

62) 김호귀, [『禪門五宗綱要』의 구성과 사상적 특징], (『韓國禪學』 제15호. 2006. 12)

63) 『禪門五宗綱要』, (『韓國佛教全書』 9, p.465下)"師北唱和 父子一家 脇

여기에서 '옆구리에 글자를 끼고'라는 것은 위산은 자신이 죽은 후에 水牯牛로 태어날 것인데 그 옆구리에 '潙山僧某甲'이라는 다섯 글자가 드러나 있을 것이라는 예언한 것을 가리킨다. '離四句하고 絶百非하여 한 주먹에 쳐부수며'라는 것은 앙산이 꿈속에서 미륵의 내원중당으로 들어가는 꿈을 꾸었다. 거기에서 제2좌가 되어 설법을 하였다. '마하연법은 이사구하고 절백비합니다. 잘 들으시오.' 그랬더니 그 말을 듣고 대중이 모두 흩어져버린 것을 말한다. 이것은 대승법을 소승이 감당할 수가 없다는 것을 암시한 것으로 이에 위산이 앙산을 성인의 경지에 들었다고 인가한 것을 가리킨다. '입은 두 개이고 혓바닥은 한 개도 없지만' 이란 앙산혜적의 임종게에 등정하는 언구로서 논리와 개념을 초월하여 향상으로 나아가는 가르침을 상징한 것이다.[64]

법안종지에 대해서는 唯心을 해명하는 것이라 하여 다음과 같이 말한다.

言 속에 響이 있고 句 속에 鋒을 감추고 있으며, 觸髏로 항상 세계를 방어하고[干] 콧구멍으로 가풍을 갈아낸다.[磨觸] 바람

下書字 頭角崢嶸 室中驗人 獅子腰析 離四句絶百非 一搥粉碎 有兩口無一舌九曲珠通 要識潙仰宗麼 斷碑橫古路 鐵牛眠少室'

[64] 이에 해당하는 임종게는 다음과 같다. "제자들이여/ 반듯한 눈이 다시 仰視한다/ 두 입에 혀가 없는 것이/ 우리의 종지이다.// 一二二三子 平目復仰視 兩口一無舌 卽是吾宗旨"

을 일으키는 도리깨와[枷] 달빛을 머금은 모래섬에서[渚] 眞心을 드러내고, 푸른 대나무와 노란 꽃은 묘법을 뚜렷하게 드러낸다[宣明]. 법안종풍을 알고자 하는가. 바람에 쫓긴 조각구름은 고개를 넘어가고/ 달빛 머금고 흐르는 물은 다리 밑을 지나가네/65)

먼저 법안종풍이 지니고 있는 특징은 선종을 표방하면서도 제반의 교학적인 입장을 가장 깊게 수용한 종파이다. 따라서 唯識·天台·華嚴·淨土·禪·密敎 등의 관계속에서 선의 정체성을 상실해버린 점과 아울러 정치세력과 결탁함으로써 순수 법안종의 성격을 지속시키지 못한 것이 그 큰 이유였다. 여기에 제시된 「六相」은 화엄도리에 대한 것이고, 「韶國師四料揀」66)은 천태교학에 대한 것이었다. 이런 점을 반영이라도 하듯이 법안종풍에서는 자파의 교의 뿐만 아니라 선종오가를 아울러 판별하는 圓悟五家宗要·三種師子語·汾陽三句·巖頭四藏鋒·六祖問答·十無問答·四異類·趙州三門의 내용으로 구성되어 있다.

---

65) 『禪門五宗綱要』, (『韓國佛敎全書』 9, p.465下) "言中有響 句裏藏鋒 㢘髏常干世界鼻孔磨觸家風 風柯月渚 顯露眞心翠竹黃花 宣明妙法 要識法眼宗麼風送斷雲歸嶺去 月和流水過橋來"
66) 『人天眼目』 卷4, (『大正新脩大藏經』 48, p.324下)

4. 白坡亘璇과 『禪門五宗綱要私記』

1) 백파긍선의 선풍

조선 후기에 백파긍선(1767-1852)은 조선시대 후기에 꺼져가던 한국의 선맥을 멀리 중국의 임제정맥으로부터 찾아 그 본래정신을 철저하게 추구한 사람이었다.[67] 곧 임제의 삼구에 대한 해석을 새롭게 진행시켜 임제선법에 근거한 시대적인 변화에 부응한 대안을 모색하였다. 그는 임제의 조사선풍을 선양하면서도 나름대로 수행의 지침을 마련하려고 60세(1826)에 『禪文手鏡』이라는 수행자의 지침서를 저술하였다.

『선문수경』에는 소위 임제의 삼구에 대한 백파의 독특한 해석이 드러나 있다. 거기에 일관되어 있는 개념은 本分과 新熏이었다. 이를 구체적으로 드러내기 위하여 백파는 선의 부류를 사람의 근기에 따라서 조사선 · 여래선으로, 법에 따라서 의리선 · 조사선으로 나누었다. 곧 경전의 뜻과 이치를 따지는 것은 의리선이라 하고 이치와 의리의 격을 벗어난 것을 격외선이라 하였다. 다시 격외선

---

67) 白坡亘璇의 법맥은 淸虛休靜 - 鞭羊彦機 - 楓潭義諶 - 月潭雪齋 - 喚醒志安 - 虎巖體淨 - 雪坡尙彦 - 白坡亘璇으로 청허의 제8대손에 해당한다.

을 여래선·조사선으로 분류하여 전체적으로 의리선·여래선·조사선의 삼종선으로 규정하였다. 바로 이 삼종선의 분류가 백파가 임제의 삼구에 가한 새로운 해석이었다. 백파는 이에 대한 근거를 『임제록』[68]의 삼구에서 인용하였다.

여기에서 백파가 근거한 삼구법문이란 수행자가 법을 깨치고 교화에 나서는 세 가지 행위를 말한다. 이처럼 백파는 임제삼구로서 삼종선 사상의 근거로 삼고 있다. 삼종선에 대한 분류는 『선문오종강요』에서 상·중·하근기로 분류한 것에 근거하여 각각 조사선·여래선·의리선이라는 삼종선에 대입한 개념이다. 백파는 임제의 3구를 向下新薰三禪으로 蘊摠三句로 대치하고 있다. 곧 제일구를 조사선으로, 제2구를 여래선으로, 제3구를 의리선으로 분류하였다. 이것은 종래의 견해, 가령 『천경집』의 내용을 인용하자면 다음과 같다.

대저 여래선과 조사선은 能說의 人에 의거하여 내세운 명칭이고, 의리선과 격외선은 所說의 法에 의거하여 내세운 명칭이다. 대개 여래가 이 세상에 출현한 뜻은 다만 진여를 드러

---

68) 『臨濟錄』, (『大正新脩大藏經』 47, pp.501下-502上) "問如何是眞佛眞法眞道 乞垂開示 師云 佛者心淸淨是 法者心光明是 道者處處無礙淨光是 三卽一皆是空名 而無寔有 如眞正學道人 念念心不間斷 若第一句中得 與祖佛爲師 若第二句中得 與人天爲師 若第三句中得 自救不了"

내기 위한 것에 있다. 그리고 일심의 근본으로 뭇 중생들을
가르쳐서 저 하나의 비로자나의 본래면목을 드러내는 것이
곧 원돈문의 의리선이다. 또한 달마조사가 인도에서 중국에
와서 활인검으로 비로자나라는 집착의 소굴을 타파하고 중생
개개인의 본지풍광을 드러내 보이려는 것이 곧 말하자면 '이
법이 법위에 머물러 세간상이 그대로 상주도리이다'는 격외선
이다.[69]

이처럼 백파는 기존의 여래선 = 의리선, 조사선 = 격외
선이라는 4종선의 입장을 과감하게 수정한 것이다. 그 본
래목적은 논자가 말한 "禪文이란 문자로써 禪門을 통과하
기 위한 도구이고, 手鏡이란 손거울처럼 활용하라는 것이
다. 그 의미를 바로 알아야 문자를 세우지 않는 궁극적인
의미를 바로 아는 것이다."는 것과 아울러 그 결어 부분에
서 "백파가 임제의 선불교를 선양하고자 했던 진정한 의의
는 『선문수경』을 통해서 선불교가 추구하는 것은 경전이
나 전통적인 것이 인간을 형성하고 완성해 가는 것이 아니
라, 인간이라는 존재가 경전이나 전통성의 가치와 척도를
개척하고 넓혀 나아가는 자각이라고 보아야 한다."고 말하

---

69) 『天鏡集』 卷下, (『韓國佛敎全書』 9, p.625中) "夫如來禪祖師禪者約能
說之人而立名也 義理禪格外禪者約所說之法而立名也 盖如來現世 但爲
顯如以一心之玄爐陶於群像 顯一毘盧面目 此乃圓頓門之義理也 祖師西
來 以活人劍打破毘盧窠窟 現出本地風光 則所謂是法住法位 世間相常
住 此乃格外禪也"

고 있듯이 기존의 가치와 분류를 답습하는 것이 아니라 그 초월이었다. 그 가운데 하나가 곧 의리선을 義理에 입각한 것으로 보아 여래선과는 근본적으로 다르다고 본 것이다. 말하자면 의리선을 문자선으로 간주하고 조사선과 여래선은 격외선에 배대한 것이다.

백파의 견해에 따르면 임제삼구는 사람의 근기에 따라서 깨치는 입장이 다르다는 것이다. 그래서 곧 제일구에서 깨치면 불조의 스승이 된다는 것을 조사선으로 간주하고, 제이구에서 깨치면 인천의 스승이 된다는 것을 여래선으로 간주하며, 제삼구에서 깨치면 자신조차도 구제하지 못한다는 것을 의리선으로 간주하였다. 이처럼 똑같은 임제의 삼구에 대하여 백파가 나름대로 해석을 가한 것은 선관에 대한 이론 전개는 언구를 빌리지 않으면 전달할 수 없다는 것을 자각하여 언구로써 禪文을 지어 손거울처럼 지니고 시시때때로 꺼내서 보고 점검할 것을 권유한 것에서 찾아볼 수 있다. 이것은 바로 마음을 닦아가는 공부를 위해서는 문자를 세우지 말라는 역대 조사나 선사들의 교훈에 또 다른 門을 만들어 출입의 통로를 만들었다는 것에 백파의 신선한 방편문이 엿보인다.

이리하여 의리선에는 다만 오수성불만 밝히기 때문에 신훈만 있고 본분은 없다. 이로써 임제의 삼요·삼현·삼구에 대하여 새롭게 가한 백파의 견해는 다음과 같은 점에서 독특하다. 일구라는 것은 삼구중의 일구이다. 뜻은 의리선을 말하는 것으로서 삼구 각각의 구에 각각 삼현을 갖추었다. 제이구는 여래선으로서 삼현 각각의 현에 각각 삼요를 갖추었다. 삼구는 이미 현요를 갖추고 삼현 가운데 구와 요를 갖추고 삼요 가운데 구와 현을 갖추었다. 그러므로 삼구가 의리선이라 하나 이미 현과 요를 갖추었고, 삼현이 비록 여래선이라 하지만 또한 삼요를 갖추었고, 삼요가 비록 조사선을 말하나 구와 현 가운데 있다.

이처럼 임제삼구에 대한 백파의 견해는 삼구·삼현·삼요를 알면 필경에는 一機를 확실하게 다스릴 줄 알게 된다는 것이다. 이것은 앞서 초선사가 전통적인 선법의 견해를 고스란히 간직하려고 했던 것에 상대하여 백파는 새로운 시대정신을 가미하여 수행자들로 하여금 각각의 근기에 따른 적절한 수행법으로 탈바꿈한 것이라 할 수 있다. 백파는 그것을 여기 『선문오종강요사기』에서 유감없이 드러내주고 있다.

2) 『禪門五宗綱要私記』의 체재

백파의 『선문오종강요사기』 1권[70]은 환성지안의 『선문오종강요』 1권에 대한 비판적 해설서의 성격을 지니고 있

다. 때문에 기본적으로 『선문오종강요』의 범위를 벗어나
지는 않고 있다. 그러나 『선문오종강요사기』에는 『선문오
종강요』의 내용에 포함되지 않은 내용으로서 『인천안목』
과 『선문강요집』의 내용까지 원용하고 있어서 전체적인
이해를 위해서는 『인천안목』과 『선문강요집』이라는 기존
의 문헌이 반드시 필요하다.[71]

그러나 지나치게 임제종 위주로 구성되어 있는 것은 다
른 문헌과 마찬가지의 입장이다.[72] 분량으로 분석해보면
오가의 각각에 대한 86쪽 분량 가운데서 임제종의 경우는
42쪽, 운문종의 경우는 9쪽, 조동종의 경우는 30쪽, 위앙
종의 경우는 3쪽, 법안종의 경우는 3쪽 등으로 서 임제종
의 분량이 거의 절반에 해당한다.

동국대학교 도서관 판본으로는 현재 다음과 같은 4종의
필사본이 전한다.

---

70) 『선문오종강요사기』는 모두 필사본으로서 동국대학교 도서관에 4종본
이 있지만 글자의 판독이 용이하지 않은 관계로 여기에서 의거하는
『선문오종강요사기』는 일본 駒澤大學圖書館所藏本임을 밝혀둔다. 총
102면 분량으로 1면당 20字 10行의 세로쓰기의 필사본이다. 그 한글
번역본은 김호귀, 『선과 선리』, (하얀연꽃. 2013) 참조.
71) 저자가 조사해본 바에 의하면 『인천안목』의 경우 『선문오종강요사기』
에 인용된 대목이 120여 회 이상이다.
72) 백파는 본 『선문오종강요사기』를 비롯하여 『선문수경』, 『선요사기』,
『수선결사문』(김호귀 역, 『修禪結社文』. 백파사상연구소. 2012) 등에
서도 임제종의 종지를 중심으로 전개하고 있다.

(1) 김환응 필사본 : 不分卷 一冊, 15장(30쪽) 매 쪽마다 20행이고 글자의 수는 일정하지 않다. 세로 25.2 가로 22.7 센티

道光 4년(1824) 甲申 7월 일

(2) 鏡月 필사본 : 不分卷 一冊, 14장(28쪽) 매 쪽마다 18행이고 글자의 수는 일정하지 않다. 세로 25.2 가로 19.2 센티.

(3) 전남 昌平 용흥사본 : 不分卷 一冊, 22장(44쪽) 매 쪽마다 16행이고 글자의 수는 일정하지 않다. 세로 27.5 가로 21.1센티.

이 가운데 앞부분에 수록된 4장(8쪽) 분량은 임제삼구의 圖錄가 5쪽 분량이고, 기타 2쪽 분량이며, 1쪽은 공란이다. 기타 2쪽 분량에는 末後句最初句辨, 傳授無傳授二禪不同 · 新熏本分亦然, 一鏃破三關有 五義, 殺活辨 등의 내용이 수록되어 있다.

(4) 玉山 필사본 : 不分卷 一冊, 36장(72쪽) 매 쪽마다 10행이고 글자의 수는 일정하지 않다. 세로 22.0 가로 16.0 센티. 표제는 五宗綱記이다.

기타 전체의 구체적인 내용의 구성은 다음과 같다.

임제종	임제종지 · 삼구 · 삼현 · 삼요 · 사요간 · 사빈주 · 사조용 · 사대식 · 사할 · 사방 · 팔방
운문종	운문종지 · 운문삼구 · 추고 · 일자관 · 파릉삼구
조동종	조동종지 · 편정오위 · 공훈오위 · 군신오위 · 삼타 · 삼종삼루 · 삼종강요
위앙종	위앙종지 · 삼종생 · 원상
법안종	법안종지 · 육상 · 천태덕소국사의 사요간
잡록	원오극근의 오가종요 · 三種師子이야기 · 분양선소의 삼구 · 암두전활의 칼날을 감추는 네 가지[四藏鋒] · 六代祖師의 問答 · 十無의 문답 · 네 가지 다름과 같음[四異類] · 조주종심의 三門

　이제 이와 같은 『선문오종강요사기』에 보이는 선종오가에 대한 백파긍선의 해석이 어떤 특징을 지니고 있는가에 대하여 수록된 순서에 따라서 임제종지, 운문종지, 조동종지, 위앙종지, 법안종지 등을 고찰해보기로 한다.

제4장 臨濟宗의 교의

1. 백파의 臨濟三句 해석

『선문오종강요사기』는 환성지안의 『禪門五宗綱要』를 중심으로 하고 기타의 자료에 근거하여 선종오가의 낱낱의 교위에 대하여 백파긍선이 자신의 견해를 피력한 것이다. 그 가운데는 송대에 회암지소에 의하여 편찬된『人天眼目』의 교의와 고려시대 진정천책의『禪門綱要集』의 교의와 조선후기의 환성지안의『선문오종강요』의 교의를 중심으로 하고, 더욱이 여기에다 청허휴정의『禪家龜鑑』등에 보이는 선종오가의 기본적인 교의 등을 감안하여 철저하게 임제종파의 입장에 근거하여 선종오가의 정통과 방계를 평가한 저술이다.[73] 때문에 임제종지의 내용이 주를 이루면서 기타 선종의 종파에 대한 우열의 단계를 매기고 있다.[74] 곧 백파는 당시까지 전승되어 오던 소위 선종 오

---

[73] 조선후기에 백파긍선은 그의 나이 50대에는『수선결사문』,『선문염송집사기』,『선문오종강요사기』,『대승기신론필삭기』8권을 編校하였고, 60대에는『禪文手鏡』,『金剛八解鏡』,『作法龜鑑』을 지었으며, 70대에는『高峰和尙禪要私記』,『六祖大師法寶壇經要解』를 지었고, 80대에는『海東初祖 高麗國師太古和尙太古庵歌入科』,『識智辨說』,『壇經要解』를 저술하였다.

[74] 여기에서 백파는 大機와 大用이라는 사상의 기준을 전제하고 그것을 통하여 오가의 모든 교의를 비판하고 적용하였다. 나아가서 백파는 선

가의 교의75)에 대한 재해석을 반영하고 있는 셈이다.

본『선문오종강요사기』의 필사본 가운데 동국대학교 소장본 4종76)은 군데군데 판별하기 어려운 대목이 보이는 까닭에 본고에서는 정자체로 이루어져 있는 일본의 駒澤大學 필사본에 근거하여 논의를 진행시켜가기로 한다. 駒澤大學 필사본 1권의 구성은 임제종 위주로 구성되어 있는 것은 다른 문헌과 마찬가지의 입장이다.77)

본서에서 의용하는『선문오종강요사기』의 분량은 전체가 102쪽인데 그 가운데 오가 각각의 종풍과 관련된 분량 88쪽 가운데 임제종의 경우는 44쪽, 운문종의 경우는 9쪽, 조동종의 경우는 30쪽, 위앙종의 경우는 3쪽, 법안종의 경우는 3쪽 등으로서 임제종의 분량이 거의 절반에 해

종오가의 교의를 배열하는 것에 대해서도 조사선과 여래선과 의리선의 삼종선을 바탕으로 하여 각각에 그 우열을 보여주었다. 그러나 어디까지나 임제종을 최고의 가르침으로 내세우고 다른 가르침을 그 하위개념으로 내세웠다.

75) 이를테면 晦巖智昭 編,『人天眼目』6권본·3권본 (1188)을 비롯하여 希叟紹曇 撰,『五家正宗贊』4권 (1254), 語風圓信·郭凝之 編,『五家語錄』5권 (1630), 임제종과 조동종의 특징을 강조한 三山燈來 撰, 性統 編,『五家宗旨纂要』3권 (1703), 東嶺圓慈,『五家參詳要路門』5권 (1788) 등은 한편으로는 각각 편찬자들의 견해이기도 하면서 다른 한편으로는 唐代에 형성되고 전승된 五家라는 틀을 벗어나지 못하고 이전의 것을 답습하는 한계점을 노출시키고 있기 때문이다.

76) (1) 김환응 필사본 道光 4년(1824) 甲申 7월 일, (2) 鏡月 필사본, (3) 전남 昌平 용흥사본, (4) 玉山 필사본 등이다.

77) 백파는 본『선문오종강요사기』를 비롯하여『선문수경』,『선요사기』,『수선결사문』등에서도 임제종의 종지를 중심으로 전개하고 있다.

당한다.78)

본 『선문오종강요사기』 1권79)은 『선문오종강요』 1권에 대한 비판적 해설서의 성격을 지니고 있기 때문에 기본적으로 『선문오종강요』의 범위를 벗어나지는 않고 있다. 그러나 『선문오종강요사기』에는 『선문오종강요』의 내용에 포함되지 않은 내용으로서 『인천안목』과 『선문강요집』의 내용까지 원용하고 있어서 전체적인 이해를 위해서는 『인천안목』과 『선문강요집』80)이라는 기존의 문헌에 대한 이해가 반드시 필요하다.

1) 本分과 新熏의 삼구

백파가 『선문수경』의 23개 항목에서 제시한 가장 근본적인 사상은 「임제삼구도설」에 근원을 두고 있다. 임제삼구도설을 근거로 「향상본분진여」와 「향하신훈삼선」 사상이 이어진다. 여기에서 논자는 백파가 이상계와 현상계를 분류하여, 이 두 가지가 단순한 두 가지만은 아닌

---

78) 기타 전체에 대한 구체적인 내용의 구성은 김호귀, [『선문오종강요사기』의 구성과 大機 · 大用의 특징] (『韓國禪學』 제32호. 2012. 4) 참조.

79) 여기에서 의용하는 『선문오종강요사기』의 체재는 일본 駒澤大學圖書館所藏本에 의거한다. 총 100면 분량으로 1면당 20字 10行의 세로쓰기의 필사본이다.

80) 『선문강요집』의 저자에 대해서는 김영욱 옮김, 『선문사변만어』 (『한글본 한국불교전서』 조선 13) pp.16-17 주석 참조.

사상으로 전개하고 있다고 주장한다. 곧 「향상본분진여」는 이상계를, 「향하신훈삼선」으로는 현상계를 전개하고 있다.

백파는 이상계를 나타내는 「향상본분진여」에서 "부처와 조사, 백파가 근본적으로 다르지 않다"[81]라고 주장한다. 즉, 이것은 부처와 조사, 백파가 모두 진공과 묘유를 갖추고 있다는 이론이다. 인간이 갖추고 있는 본분진여는 불변과 수연의 두 가지 측면을 지니고 있다. 여기서 수연은 바로 인연을 따라서 갖가지 변화를 일으키는 것으로 이것을 묘유로 보았으며, 절대로 변하지 않는 불변은 진공으로 보았던 것이다.[82]

임제가 어떤 스님의 질문에 답하기를 "眞佛·心淸淨·(大機), 眞法·心光明·(大用), 眞道·處處無礙淨光·(機用·妙有三要)"라고 하였다. 이 진불과 진법과 진도의 셋은 하나이고, 이것은 결국 공하여 실재라고 할 것이 없다는 것[眞空一竅]이다. 여기에서 진공일규라고 보는 것은 인연법에서 어긋나지 않는다는 것이다. 그리하여 妙有三要는 인연을 따르는 隨緣이고, 깨달음은 菩提이며, 照이다. 眞空一竅는 변하지 않는 것으로 不變이고, 涅槃이며,

---

81) 『禪文手鏡』, (『韓國佛敎全書』 10, p.515中) "山僧今日見處 與佛祖不別"
82) 『禪文手鏡』, (『韓國佛敎全書』 10, p.515中) "解曰本分眞如 有隨緣不變 二義 此妙有三要 卽隨緣也 菩提也 照也 此眞空一竅 卽不變也"의 요약 정리.

寂이다.

이와 같은 진공과 묘유, 불변과 수연의 두 가지 작용을 모두 갖춘 것이 사람들의 본래면목이고, 부처도 그러하며, 조사도 그러하다고 본 것이 백파의 견해다. 현상계를 나타내는 「향하신훈삼선」에서 백파는 임제삼구란 달마 스님이 서쪽에서 동토에 온 도리란 글자 없는 도리를 허공에 새기는 것이 제일구이고, 물에 찍는 것은 제이구이고, 진흙에다 찍는 것은 제삼구라고 비유하고 있다.

그리고 제일구에서 깨달으면 진공과 묘유를 깨달은 것으로 불조의 스승이며, 제이구에서 깨달으면 진공을 깨달은 것으로 인천의 스승이고, 제삼구에서 깨달으면 스스로마저 구제하지 못하므로 남의 스승이 될 수 없다는 주장이다. 이러한 임제삼구를 통해서 불교 전체를 판단한 것이 백파다.

백파는 이상계에서 묘유삼요를 따르는 수연이 있고, 변하지 않는 것으로 불변 진공이 있다고 하였다. 여기에서 이상계가 현상계와 소통하는 것에는 진공일규가 있으며, 이상계에서 현상계를 연결시키는 연결고리는 묘유삼요를 따르는 수연이 된다. 반면에 현상계에서 이상계와 소통하는 것에는 조사선 도리를 깨닫는 진공과 묘유가 있다. 따라서 현상계에서 이상계와 소통하는 것은 眞空이 一竅를 통하는 것이다.

그리하여 가상적인 이상계와 현상계의 선상에서 이상계에서는 수연이, 현상계에서는 진공이 일규를 통해서 하나로 귀결하고 있다. 그러므로 백파의 이상과 현실이 둘이 아닌 하나이고, 부처와 중생이 둘이 아니라는 논리가 적중하는 것이다. 백파는 궁극적으로 현상계와 이상계가 둘이 아니라고 보았다. 그것은 현상계와 이상계가 공존하는 가운데 현상계에서 이상계에 나아가기 위해서는 원만해야 하고, 이상계가 현상계에 다가오기 위해서는 장애가 없어야 서로 원융할 수 있다. 백파는 이상계 문제보다 현상계 문제에 더 많은 비중을 실었다. 즉, 그것은 「의리선삼구송」에서 三種禪을 전개하고 있기 때문이다.

따라서 삼종을 조사선은 요, 여래선은 현, 의리선은 구로서 나타내고 있다. 그리고 玄과 要는 句에 속하며, 이 구는 다시 온총삼구라는 것이 포섭할 수 있다. 즉, 현과 요는 모두 구에 소속되어 있으나, 이 구는 또 다시 온총삼구에 소속되는 것이다.[83]

백파는 임제의 삼구에 대해 제일구는 조사선, 제이구는 여래선, 제삼구는 의리선이라 규정하였다. 특히 위앙종, 법안종, 조동종이 제이구에 해당된다고 지적함으로써 훗날 선 이론 논쟁의 빌미를 마련했다.

---

83) 희철, 『조선후기 선리논쟁 연구』. 해조음. 2012. pp.90-92.

이와 같은 임제삼구에 대하여 백파는 본『사기』(58세)를 통하여 폭넓게 해석을 가하고 있다. 임제삼구를 들어서 자체의 삼구와 자체의 일구에 대한 관계, 그리고 나아가서 임제삼구를 다시 所量三句와 能量三句, 理·事三句와 權·實三句, 新熏三句와 本分一句 등으로 나누어 임제삼구에 대하여 다양한 방면에서 설명을 가한다. 그리고 이후 2년 후(60세)에는 다시『선문수경』을 통하여 그와 같은 임제삼구에 대하여 삼종선과 관련하여 견해를 전개하였다.[84] 이 두 가지 경우의 성격을 보면 먼저『사기』에서 보여준 임제삼구에 대한 평가는 삼구가 지니고 있는 그 자체에 대한 논의였다면, 이후에『선문수경』에 드러난 평가는 그것을 응용시켜 전개했다는 특징이 엿보인다.[85]

백파는 삼구 전체를 일컫는 경우에는 우선 蘊總三句의 의미로 설정한다. 이 경우 삼구는 佛·法·道를 지칭한다.

---

84) 이런 까닭에『선문수경』의 삼구를 이해하기 위해서는 본『사기』에 보이는 삼구에 대한 다양한 이해가 먼저 필요하다. 본『사기』의 임제삼구 이해를 바탕으로 하여 백파는『선문수경』에서는 종지의 설명으로까지 그 해석의 범위를 확장하였다. 희철,『조선후기 선리논쟁 연구』. 해조음. 2012. 참조.

85) 여기에서는 임제삼구에 대한 백파의 해석을 고찰하는데 있어서 본『사기』에 국한시키기로 한다. 왜냐하면 임제삼구에 대한 가장 치밀하고 심도있는 저술에 해당하는『선문수경』은 본『사기』보다 2년 후에 출현한 저술이기 때문이다.

이와 같이 낱낱의 경우에는 그것을 신훈삼구로 설정한다. 이에 대하여 『선문오종강요』의 대목에 대하여 다음과 같이 해석을 가한다.

> 처음부터 '自救不了'에 이르기까지는 개별적으로 모두 삼구를 언급한 것인데, 그 낱낱의 일구는 所量의 法體에 해당한다. 곧 佛은 마음이 청정하기 때문에 本體이고, 法은 마음이 광명이기 때문에 作用이며, 道는 원통·무애하기 때문에 中間이다. 이 경우는 곧 신훈삼구에 해당한다.[86]

여기에서 말한 삼구와 일구의 관계에서 三과 一처럼 서로 어떤 관계를 설정했을 경우에는 所量法體이고, 제목에서 말한 삼구처럼 그저 삼구로만 언급될 경우에는 能量秤衡을 의미한다. "처음부터 自救不了에 이르기까지"[87]는 곧 셋이 곧 하나가 되는 것은 모두 공이므로 실유가 아니라는 것으로 本分의 一句에 즉한 것이므로 신훈삼구가 본분일구에 즉한 경우를 가리킨다. 때문에 개별적인 신훈삼구 밖에 별도로 전체적인 삼구 곧 본분일구가 있다는 것이 아니다. 여기에서 삼구와 일구는 곧 所量의 法體에 해

---

86) 『私記』 p.3. "自初至不〈了+?〉 別具擧三句 一句爲所量法體 佛是心淸故淨體也 法是心光明故用也 道是圓通無碍故中間也 此是新熏三句也"
87) 『禪門五宗綱要』의 "若第一句薦得 堪與佛祖爲師 第二句薦得 堪與人天爲師 第三句薦得 自救不了"라는 대목을 가리킨다.

당하고, 제목에 있는 삼구는 곧 能量三句로 평가한 것에 해당한다.

이 삼구와 일구가 다시 所量의 法體 가운데 제일구에 해당하는 경우에는 삼요 및 향상일규라 말하는데 上士가 그것을 듣는다. 마치 도장을 허공에다 찍는 것과 같기 때문에 불조의 스승이 된다. 이 삼구와 일구가 소량의 법체인 제이구에 해당하는 경우에는 삼현 및 향상일로라 말하는데 中士가 그것을 듣는다. 마치 수면 위에다 도장을 찍는 것과 같기 때문에 인·천의 스승이 된다. 이 삼구와 일구가 소량의 법체인 제삼구에 해당하는 경우에는 역시 신훈삼구라 말하는데 下士가 그것을 듣는다. 마치 진흙에다 도장을 찍는 것과 같기 때문에 남을 제도하기는커녕 자기도 구제하지 못한다.

곧 임제의 삼구에 대하여 백파는 임제삼구라는 전체적인 의미에서는 온총삼구라는 뜻에서 그것을 본분일구로 간주하고, 그 낱낱의 삼구에 대해서는 다시 本分三句와 新熏三句 및 理·事三句와 權·實三句로 분류한다.

백파는 임제삼구에 대하여 우선 삼구를 兩重三句로 분류한다. 곧 본분삼구와 신훈삼구의 입장과 이·사삼구와 권·실삼구의 입장을 보여준다. 본분삼구는 제일구와 제이구와 제삼구를 가리키는 것으로 이들 각각에 대해서는 다음과 같이 말한다. 먼저 제일구에 대해서는 三要를 설명

한 것이라 말한다.[88]

여기에서 제일구에 해당하는 내용은 "三要印開朱點窄
未容擬議主賓分"을 가리킨다.[89] 이에 제일구에서는 본래
부터 영원히 삼구와 일구라는 頭角[90]을 벗어나 있는 까닭
에 불·조의 스승이라 말한 것이다. 이것은 곧 제일구를
삼요라 평가한 것이다. 이 경우에 임제삼구는 本分의 一句
에 즉한 것으로서 말하자면 신훈삼구가 본분일구에 즉한
경우이다. 때문에 신훈삼구 밖에 별도로 본분일구가 있다
는 것이 아니다.[91]

제이구는 "妙喜豈容無着問 漚和爭負截流機"[92]를 가리킨
다. 상구[妙喜豈容無着問]는 일구로서 實이고 本分이며 家
裡이다. 때문에 무착선사의 질문조차 용납하지 않는 것은
중생과 부처가 평등하기 때문이다. 하구[漚和爭負截流機]
는 삼현으로서 權이고 新熏이며 途中이다. 漚和는 번역하

---

88) 『私記』, p.5. "第一句明三要不施戈甲單提無文印也 上句大機圓應卽殺到
底也 上四字用 下三字照也 以照爲主而亦不離用 故爲先照後用 … 下句
大用直截卽活到底也 上四字照 下三字用也 以用爲主而亦不離照 故爲先
用後照"
89) 『禪門五宗綱要』, (『韓國佛敎全書』9, p.459下) ; 『人天眼目』卷1, (『大
正新脩大藏經』48, p.301中-下)
90) 頭角은 집착하고 분별하며 차별하는 범부의 속성인 有所得心을 가리
킨다.
91) 『私記』p.6. "第二句明三玄 爲物作則 故施設三玄戈甲 特完〈宛?〉成規模
卽分析未容擬議之處 隨之便用之句也"
92) 『禪門五宗綱要』, (『韓國佛敎全書』9, pp.459下-460上) ; 『人天眼目』卷
1, (『大正新脩大藏經』48, p.301下)

면 方便인데, 방편과 途中間을 가지고는 무착의 截流之機
를 감당하지 못하는데 그 까닭은 迷와 悟가 현격하게 다르
기 때문이다.

위의 所量三句가 여기 곧 제이구에 오면 그 명칭이 三
玄으로 바뀌어 그 셋이 모두 뒤섞여버려서 볼 수는 있지
만 변별할 수는 없다. 마치 도장을 수면 위에다 찍는 경우
와 같기 때문이다. 그런데 一句가 여기에 오면 권·실의
향상이 되는데 그 향상은 어디까지나 곧 종문의 향상이
다. 때문에 제이구에서는 삼구와 일구의 朕迹조차 벗어나
지 못하는 까닭에 인·천의 스승이 된다고 말한 것이다.
이것은 곧 제이구에 대해서는 三玄을 설명한 것이라 평가
한 것이다.[93]

제삼구는 "看取棚頭弄傀儡 抽牽全借裡頭人"[94]을 가리킨
다. 이 가운데 비록 본분의 어떤 사람 곧 꼭두각시를 줄을
통해서 작동하는 무대 뒤의 사람이 있지만, 그 밖의 모든
사람은 다만 겉으로 드러난 언설에만 집착하여 본분의 그
사람을 알지 못한다. 그래서 다만 꼭두각시만 보고 무대
뒤의 사람은 보지 못한다. 때문에 단지 방편뿐이고 진실은

---

93) 『私記』, p.7. "第三句明三句 卽頓悟漸修也 落草爲人 隨病與藥 〈乃+?〉
    事不獲已也 上句三句傀儡各不相 是故爲但今之隔別三句 下句指本分一
    句 是臨濟老漢故也"
94) 『禪門五宗綱要』, (『韓國佛教全書』9, p.460上) ; 『人天眼目』卷1, (『大
    正新脩大藏經』48, p.301下)

없다. 이에 일우는 "무대 뒤의 사람이 어째서 임제노한인가를 반드시 알아야 한다."[95]고 말한다.

위에서 언급한 소량법체의 신훈삼구와 본분삼구는 여기 제삼구에 이르러서도 또한 여전히 신훈삼구와 본분삼구로 언급된다. 그러나 무릇 相卽하는 관계는 아니다. 때문에 마치 도장을 진흙에다 찍는 것처럼 그 흔적이 온전하게 드러나 남아있다. 그래서 제삼구에서는 단지 신훈삼구만 이해할 뿐이지 본분일구는 이해하지 못하는 까닭에 남을 제도하기는커녕 자기조차 구제하지 못한다고 말한다. 이것은 곧 제삼구에 대해서는 신훈삼구가 곧 돈오·점수임을 설명한 것이라 평가한 것이다.

이에 이를 바탕으로 하여 다시 신훈삼구를 설정한다. 신훈삼구는 제일구와 제이구와 제삼구의 각각에 대하여 다시 삼구를 설정하고 그것을 본분삼구에 상대하여 방편의 입장에서 신훈삼구라 설정한다. 때문에 신훈삼구는 본분삼구의 낱낱에 대하여 그것을 구현하는 수단으로서 설정되어 있으므로 중생교화의 보살행으로 나타나 있다.[96] 이것은 임제의 본분일구에 다시 낱낱에 삼구가 들어있는 경우를 신훈삼구로 설정하여 각각 삼요와 삼현과 삼구로 나

---

95) 『禪門綱要集』, (『韓國佛教全書』 6, p.854上)
96) 『私記』, p.9. "蓋三句一句 俱圓俱泯 定當不得 是達摩所傳無文印字 在第一句名三要 在第二句轉名三玄 在第三句亦名三句也 上三句中 前二句爲格外禪 後一句爲義理禪也"

타낸 것이다. 때문에 격외선 가운데서도 제일구는 살·활을 함께 전승하여 끝내 沒把鼻하기 때문에 조사선으로 간주한다. 그런데 조사선에도 두 가지 경우가 있는데 임제종과 운문종을 제일구의 조사선에 배대하고, 이하에서 조동종과 위앙종과 법안종은 제이구의 여래선에 배대한다.

곧 첫째, 임제종의 경우 삼구와 일구를 투과하여 향상과 존귀를 터득하였기 때문에 다시 大機·大用, 大用·直截, 機·用齊施의 신훈삼구를 갖추고 있다. 그래서 한편으로는 대기와 원응을 긍정하지 않으면서도 다른 한편으로는 대용과 직절을 긍정하여 대기와 대용을 함께 시설하였다. 둘째, 운문종 또한 삼구와 일구의 頭角을 투탈하였기 때문에 제일구에 도달하였지만 무릇 截斷의 측면만 설명하였다. 그래서 아직 삼요를 구족하지 못한 까닭에 임제종에는 미치지 못한다.[97]

우선 제일구에 대하여 所量의 三句 곧 佛·法·道가 '三要印開朱點窄 未容擬議主賓分'의 제일구에 있는 경우는 곧 삼요라 말한다. 그러나 이 要는 三의 글자처럼 세 가지를 말하는 것이 아니다. 곧 낱낱의 要로서 圓具하지 않음

---

97) 『私記』, p.9. 참조. "格外中第一句殺活兼傳 了沒巴〈把?〉鼻 故爲祖師禪 於中又有二種 臨濟宗透過三不得之向上尊貴故還具三得大機圓應不伊麼 也 得大用直截伊麼也 得機用齊施總得也 如是具足殺活故亦名雜華〈貨?〉 舖 而能爲佛祖師 卽三處傳心圓具之正脈也 雲門宗亦透脫 三一之頭角 故能到第一句 而但明截斷則三要未具 故不及臨齊宗" 내용 참조.

이 없고, 다시는 부족함이 없다. 이에 허공에다 도장을 찍는 것과 같아서 끝내 그 흔적조차 없다.[98]

다음으로 제이구에 대하여 所量의 三句가 '妙解豈容無著問 漚和爭負截流機'의 제이구에 오면 그 명칭이 三玄으로 바뀌어 그 셋이 모두 뒤섞여버려서 볼 수는 있지만 변별할 수는 없다. 마치 도장을 수면 위에다 찍는 경우와 같기 때문이다. 그런데 一句가 여기에 오면 권·실의 향상이 되는데 그 향상은 어디까지나 곧 종문의 향상이다.[99]

그 다음으로 제삼구에 대하여 소량의 삼구가 '看取棚頭 弄傀儡 抽牽元是裏頭人'의 제삼구에 오더라도 또한 여전히 신훈삼구와 본분삼구로 언급된다. 그래서 무릇 三과 一이 相卽하는 관계는 아니다. 때문에 마치 도장을 진흙에다 찍는 것처럼 그 흔적이 온전하게 드러나 남아있다.[100]

여기에서 각각 소량의 삼구[101]는 본분삼구 가운데 제삼구 속에서 설정된 삼구로서 신훈삼구에 해당한다. 이것은 三玄의 경우에도 그대로 적용된다. 백파는 "일구마다 반드시 삼현문이 갖추어져 있다."[102]는 것에 대하여 "제삼구에

98) 『私記』, p.6.
99) 『私記』, p.7.
100) 『私記』, p.8.
101) 『禪門五宗綱要』, (『韓國佛教全書』 9, pp.459下-460上) 기타 『人天眼目』 卷1, (『大正新脩大藏經』 48. p.301中-下)
102) 『禪門五宗綱要』, (『韓國佛教全書』 9, p.460上) ; 『人天眼目』 卷1, (『大正新脩大藏經』 48, p.302上) ; 『臨濟錄』, (『大正新脩大藏經』 47, p.497上)

는 무릇 신훈의 삼구만 갖추어져 있는데 그 매 句마다 반드시 삼현문이 갖추어져 있다는 것이다. 그래서 그 제이구에서도 삼현을 설할 수가 있다."103)고 말한다. 이것은 삼현과 삼요와 삼구가 본분삼구의 가운데서 다시 방편의 신훈삼구로 드러나 있음을 설명한 것이다. 이를 통해서 백파는 제일구, 제이구, 제삼구로 설정된 본분삼구와 다시 그 각각에 설정된 삼구와 삼현과 삼요를 통하여 신훈삼구를 이끌어내고 있다.

2) 理事와 權實의 삼구

다음으로 백파는 임제삼구에 대하여 理·事三句와 權·實三句의 양중삼구로 해석을 가한다. 이에 대해서는 三玄과 관련시켜서 삼구의 의의를 잘 부각시켜주고 있다. 때문에 백파는 삼현에 대하여 權에 즉하여 實을 설명하기도 하고, 實의 입장에서 權을 설명하기도 한다.104) 이것을 권·실삼구로 정의한다. 그래서 "일구마다 반드시 삼현문이 갖

---

103) 『私記』, p.13. "一句中須具三玄門者 第三句但新之三句 每句中須具 第二句三玄而說之可也"

104) 『私記』, p.13. "初句標指第三句 新熏途中以出來化門 師資唱和故也 一句中須具三玄門者 第三句但新之三句 每句中須具第二句三玄 而說之可也 一玄中須具三要者第二句 三玄中 每一玄中 亦須具第一句 三要而說之可也"

추어져 있다."105)는 것은 제삼구에는 무릇 신훈의 삼구만 갖추어져 있는데 그 매 句마다 반드시 삼현문이 갖추어져 있다는 것이다. 그래서 그 제이구에서도 삼현을 설할 수가 있다. 나아가서 "일현마다 반드시 三要가 갖추어져 있다."106)는 것은 제이구의 삼현 가운데도 매 玄마다 또한 반드시 삼요가 갖추어져 있다는 것이다. 그래서 제일구에서도 삼요를 설할 수가 있다.

그러나 무릇 제일구에서의 삼요는 今時나 本分에 떨어지지 않는다. 때문에 모름지기 제이구에서의 삼현이어야 하는데 이 경우는 방편설[影顯]의 삼현이다. 그래서 제이구에서의 삼현은 이미 權이므로 언설의 방편[有說]을 닮았다. 그러나 이 또한 權에 즉했지만 實을 설명한 것이므로 今時에 해당하는 것은 아니다. 때문에 이 또한 제삼구에서의 삼현으로서 방편설[影顯]이다. 그런즉 저 제삼구에는 이미 삼현이 갖추어져 있다.

이리하여 이미 온전한 삼구이므로 매 句마다 각각 삼현을 갖추고 있다. 그리고 매 玄마다 각각 삼요를 갖추고 있다. 때문에 第三의 일구에는 삼구가 갖추어져 있고 삼현이 갖추어져 있으며 삼요가 갖추어져 있어서 더 이상 부족함이

---

105) 『禪門五宗綱要』, (『韓國佛敎全書』 9, p.460上) ; 『人天眼目』 卷1, (『大正新脩大藏經』 48, p.302上) ; 『臨濟錄』, (『大正新脩大藏經』 47, p.497上)
106) 『禪門五宗綱要』, (『韓國佛敎全書』 9, p.460上) ; 『人天眼目』 卷1, (『大正新脩大藏經』 48, p.302上) ; 『臨濟錄』, (『大正新脩大藏經』 47, p.497上)

없다. 또한 第二의 일구 가운데에도 삼구와 삼현과 삼요가 갖추어져 있어서 더 이상 부족함이 없다. 그리고 第一의 일구에도 삼구와 삼현과 삼요가 갖추어져 있어서 또한 더 이상 부족함이 없다.

그래서 백파는 모름지기 삼구와 삼요와 삼현의 세 가지는 필경에 심오[冥然]하여 모두가 하나의 기틀인 줄을 알아야 한다고 말한다. 이것은 일체중생이 빠져있는 熱惱의 바다 가운데서도 편안하게 휴식할 수 있는 청량한 진리[法幢]이다. 이 진리[법당]의 성립은 비유하면 마치 塗毒鼓와 같다. 그래서 도독고를 한번 치면 그것을 듣는 자는 모두 죽는다. 이것이 곧 임제종 설법의 표준이다. 그런즉 무엇으로써 삼구와 삼현과 삼요의 深·淺·本·末에 대하여 擬議하고 計較할 수 있겠는가. 그러면서도 深·淺·本·末로써 분별하는 데에는 부득불 근기의 利·鈍을 따르지 않을 수가 없으므로 權도 있고 實도 있다. 이것은 위의 일구마다 모름지기 삼현이 갖추어져 있어야 한다는 것을 결론지은 것이다.[107]

곧 이 경우는 권·실삼구가 등장하지 않으면 안되는 이유를 설명한 것이다. 다음으로 백파는 "照도 있고 用도 있

---

107) 『私記』, p.14. "須知句要玄三事 畢竟冥然摠一機 此是一切衆生熱惱海 中 淸凉法幢也 此幢之立 比如塗毒鼓 過之 則聞者皆死也 此是臨濟宗 說法之標準 則何以句要玄深淺本末擬議計較哉 然卽以深淺本末分別者 隨機利鈍事 不獲已也 有權有實 結上一句 須具三玄"

76   선리연구

다"는 경우에 대해서도 일현마다 모름지기 삼요가 갖추어
져 있어야 한다는 것을 결론지은 것이라 말하여 四照用의
경우에도 권·실삼구가 적용되고 있다고 해석한다. 말하
자면 삼현이 이미 삼구에 갖추어져 있으므로 삼현에 갖추
어져 있는 삼요도 또한 당연히 삼구에 들어 있다는 것이
다. 이리하여 그 삼구는 원래 제삼구로서 건화문으로 갖추
어 놓은 것이므로 삼구와 삼현과 삼요는 모두 스승이 노래
하고 제자가 화답하는 말씀처럼 교화의 수단으로 이루어
져 있다는 것이다.[108]

　나아가서 백파는 삼현의 낱낱에 대해서는 다시 이·사
삼구의 입장에서 해석을 가한다. 곧 삼현의 名·相에 해당
하는 체중현 등은 각각 삼세와 일념의 경우처럼 名·相에
해당한다고 말한다. 여기에서 언급한 名·相은 "첫째 체중
현은 삼세와 일념 등이고, 둘째 구중현은 경절과 언구 등
이며, 셋째 현중현은 양구와 방과 할 등이다. 그리고 또한
각각 체중현·용중현·의중현이라고도 말한다."[109]는 것
을 가리킨다.

　처음의 경우는 體中玄과 用中玄(句中玄)의 두 가지를 서
로 상대로서 설명한 것이고, 玄中玄(意中玄)의 마지막 한

---

108) 『私記』, p.15. 참조.
109) 『禪門五宗綱要』, (『韓國佛敎全書』 9, p.460上) "一體中玄 三世一念等
二句中玄 徑截言句等 三玄中玄 良久捧〈棒?〉喝等 亦名體中玄 用中玄
意中玄"

가지 경우는 앞의 두 가지 곧 實體(체중현)와 權用(용중현 곧 구중현)보다 玄하여 無二圓融하기 때문에 玄中玄이라 말한다. 이런 점으로 보면 처음 곧 제일현인 체중현과 제 이현인 구중현은 淺이고, 나중 곧 제삼현인 의중현은 深을 나타낸다.

그러나 뒤의 구중현과 의중현을 상대로 간주한다면 곧 구중현과 의중현이 체중현으로부터 유출된 것임을 설명한 것이다. 곧 능전의 言句 곧 구중현(용중현)과 소전의 의미 곧 의중현(현중현)은 모두 진여의 體(체중현)로부터 유출 된 것이기 때문이다. 이런 점으로 보면 처음 곧 제일현인 체중현은 深이고, 나중 곧 제이현인 구중현과 제삼현 곧 의중현은 淺을 나타낸다. 여기에서 백파는 이 · 사삼구를 신훈삼구로 정의한다.

여기에서 深은 대개 제삼구 가운데의 삼구로서 무릇 이 것은 理와 事가 격별한 신훈삼구이다. 그리고 지금 이 제 이구 가운데의 삼현은 곧 위의 삼구에 도달한 입장에서 삼 현이라 이름붙인 것이다. 그래서 일구에 즉한 삼구이기 때 문에 玄이라 말하는 것이지, 위의 삼구 밖에 별도로 삼현 이 있다는 것은 아니다. 그리고 삼현은 權이고, 일구는 實 이기 때문에 또한 권 · 실의 삼구이기도 하다. 때문에 저 理 · 事의 삼구를 깨치는 것은 의리선이고, 이 權 · 實의 삼 구를 깨치는 것은 여래선이다. 그리고 이 권 · 실의 삼구에

즉하여 삼요를 철오하는 것은 조사선이다. 그런데 이 이·
사삼구와 권·실삼구의 양중삼구에 대하여 납자들은 대부
분 알지 못한다.[110]

이것은 곧 삼현에 즉하여 이·사삼구를 깨치면 의리선
이고, 삼현에 즉하여 권·실삼구를 깨치면 여래선이며, 그
권·실의 삼구에 즉하여 삼요를 깨치면 조사선이라는 말
이기도 하다. 이에 의하면 이·사삼구와 권·실삼구는 신
훈삼구에 해당하는 것으로서 삼현에 해당하는 것으로 간
주한다. 결국 백파는 삼현보다 삼요에 철오해야만 조사선
의 범주에 속하는 것으로 간주한다. 때문에 백파는 제일구
는 삼요를 설명한 것이고, 제이구는 삼현을 설명한 것이
며, 제삼구는 신훈삼구가 곧 돈오·점수임을 설명한 것이
라 해석한다.

구체적으로 말하자면 제일구는 삼요를 설명한 것으로,
방편을 시설하지 않고 진실을 單提한 것이다.[111] 제이구는

---

110) 『私記』, pp.16-17. "深盖第三句中三句 但是理事隔別之新熏三句也 今
此第二句中三玄 卽前三句到名爲三玄 以卽一句之三句故名玄也 非前
三句外別有三玄也 三玄爲權 一句爲實故 又爲權實三句 故悟彼理事三
句者 爲義理禪 悟此權實三句者 爲如來禪 卽此權實三句 徹悟三要者
爲祖師禪也 卽此兩重三句 學者多昧故 今引明證而辨也"

111) 『私記』, p.5. "第一句明三要不施戈甲單提無文印也 上句大機圓應卽殺
到底也 上四字用 下三字照也 以照爲主而亦不離用 故爲先照後用 …
下句大用直截卽活到底也 上四字照 下三字用也 以用爲主而亦不離照
故爲先用後照"

삼현을 설명한 것으로 곧 '중생을 위하여 법칙을 내세우는 까닭에 삼현이라는 방편을 시설한 것은 특별히 宛轉으로 성취된 규모이다.'[112]는 것이다. 제삼구는 신훈삼구가 곧 돈오·점수임을 설명한 것인데 곧 '보살행으로 중생을 위하여 隨病與藥하는 것으로 일체사에 대하여 소홀히 하지 않는 것이다.'는 것이 이에 해당한다.[113]

여기에서 이제 백파는 삼구와 삼현과 삼요에 대한 관계를 四照用의 교의를 따라서 다음과 같이 설정하여 해석한다.

3) 선종오가와 임제삼구

백파는 삼구를 임제종지의 교의에만 국한시키지 않고 선종오가 전체의 교의에 적용하여 해석한다. 우선 임제종지에 대해서는 위에서 언급한 바와 같이 본분삼구 가운데서는 제일구를 삼요와 향상일규에 배대하고, 제이구를 삼현과 향상일로에 배대하며, 제삼구를 신훈삼구에 배대하였다. 그리고 그 각각에 하여 허공과 수면과 진흙에 도장을 찍는 것에 비유하였다.

---

112) 『禪門綱要集』, (『韓國佛敎全書』6, p.853下)
113) 『私記』, p.7. "第三句明三句 卽頓悟漸修也 落草爲人 隨病與藥〈乃+?〉事不獲已也 上句三句愧傀各不相 是故爲但今之隔別三句 下句指本分一句 是臨濟老漢故也"

곧 이 三과 一이 所量의 法體인 제일구에 해당하는 경우에는 삼요 및 향상일규라 말하는데 上士가 그것을 듣는다. 마치 도장을 허공에다 찍는 것과 같기 때문에 불조의 스승이 된다. 이 三과 一이 所量의 法體인 제이구에 해당하는 경우에는 삼현 및 향상일로라 말하는데 中士가 그것을 듣는다. 마치 수면 위에다 도장을 찍는 것과 같기 때문에 인·천의 스승이 된다. 이 三과 一이 所量의 法體인 제삼구에 해당하는 경우에는 역시 신훈삼구라 말하는데 下士가 그것을 듣는다. 마치 진흙에다 도장을 찍는 것과 같기 때문에 남을 제도하기는커녕 자기도 구제하지 못한다[114]는 것이다.

그리고 백파는 이것을 각각 四照用[115]은 제일구의 삼요에 포함되고, 四喝·四大式[116]은 제이구의 三玄에 포함되는데, 四料揀[117]·四賓主[118]·八棒[119] 등도 또한 결국 제

---

114) 『私記』, p.3-4. "此之三一 在第一句名爲三要及向上一竅 上士聞之 如印印空 故爲佛祖師 在第二句名爲三玄 及向上一路 中士聞之 如印印水 故爲人天師 在第三句亦名三句下士聞之 如印印泥故 自救不了也"

115) 『禪門五宗綱要』, (『韓國佛敎全書』 9, p.461上-中) ; 『人天眼目』 卷1, (『大正新脩大藏經』 48, p.304上-下) "先照後用 先用後照 照用同時 照用不同〈時+?〉" 참조.

116) 『禪門五宗綱要』, (『韓國佛敎全書』 9, p.461中) 正利, 平常, 本分, 貢假 등을 가리킨다.

117) 『禪門五宗綱要』, (『韓國佛敎全書』 9, pp.460下-461上) ; 『人天眼目』 卷1, (『大正新脩大藏經』 48, p.300中-下) "奪人不奪境 奪境不奪人 人境兩俱奪 人境俱不奪" 참조.

118) 『禪門五宗綱要』, (『韓國佛敎全書』 9, p.461上) ; 『人天眼目』 卷1,

일구의 삼요 등에 포함된다는 것은 일찍부터 임제종의 어구에서 두루 언급되는 내용이었다고 해석한다.[120]

　백파는 이와 같은 삼구를 또한 제일구의 속성은 大機·圓應이고, 제이구의 속성은 大用·直截이며, 제삼구의 속성은 機·用齊施의 신훈삼구로 정의한다. 그리고 나아가서 이것을 운문종의 삼구와 관련시켜 해석한다. 곧 巴陵三句[121]를 인용하면서 그것을 운문삼구와 완전히 똑같다[122]고 평가한다.[123] 여기에서 백파는 운문삼구를 임제삼구에

(『大正新脩大藏經』 48, p.303上-中) "賓中賓·賓中主·主中賓·主中主" 참조.

119) 『禪門五宗綱要』, (『韓國佛敎全書』 9, p.461下)

120) 『私記』, p.3. "四照用攝 於三要 四喝 四大式 卽三玄 四料揀 四賓主 八棒等 亦攝在於三要等也 早已括盡當宗語句也"

121) 『人天眼目』 卷2, (『大正新脩大藏經』 48, p.313上) ; 『禪門五宗綱要』, (『韓國佛敎全書』 9, p.462下) "한 승이 파릉에게 물었다. '제바종이란 무엇입니까.' 파릉이 말했다. '은주발 속에 흰 눈이 가득하다.' 또 물었다. '취모검이란 무엇입니까.' 파릉이 말했다. '산호 가지마다 달빛이 어려있다.' 또 물었다. '선[祖意]과 교[敎意]는 같습니까 다릅니까.' 파릉이 말했다. '닭은 추우면 횃대에 올라가고 오리는 추우면 물속에 들어간다.' 僧問巴陵 如何是提婆宗 陵云 銀碗裏盛雪 問如何是吹毛劍 陵云 珊瑚枝枝撑著月 問祖意敎意是同是別 陵云 雞寒上機鴨寒下水"

122) 파릉삼구를 운문삼구와 똑같다고 간주한 것은 백파긍선의 견해이다. 백파는 바로 이하 부분에서 첫째를 절단중류의 體句로, 둘째를 수파축랑의 用句로, 셋째를 함개건곤의 中句[體·用同時 및 體·用不同時]로써 그것을 설명한다. 그러나 이것은 앞의 운문삼구 대목에서 백파는 함개건곤을 중, 절단중류를 용, 수파축랑을 체로 간주한 것과 비교하면 차이가 보인다. 또한 백파는 이하에서 운문문언은 파릉호감을 늘상 인정하였다고 평가하는 부분과 비교하면 더욱더 그렇다.

123) 『私記』, p.49. "巴陵三句 名顯鑑嗣雲門叢林號曰多口 正同"

맞추어 각각 다음과 같이 해석하였음을 볼 수가 있다.[124]

截斷衆流	提婆宗		體	大機 · 圓應
水波逐浪	吹毛劍		用	大用 · 直截
函蓋乾坤	禪敎同別	照用同時 · 照用不同時		大機 · 大用

　백파는 기타 선종오가에 대한 교의를 요약하여 앞에서
설정한 신훈삼구 가운데 제일구와 제이구는 격외선이고,
나중의 제삼구는 의리선으로 해석한다. 이 격외선 가운데
서도 제일구는 살 · 활을 함께 전승하여 끝내 沒把鼻하기
때문에 조사선이라 말하면서 그 조사선에도 두 가지 경우
가 있다고 말한다.[125]

　첫째, 임제종의 경우 三과 一을 투과하여 향상과 존귀를
터득하였기 때문에 다시 신훈삼구를 갖추고 있다. 그래서
한편으로는 대기와 원응을 긍정하지 않으면서도 다른 한
편으로는 대용과 직절을 긍정하여 대기와 대용을 함께 시
설하였는데[機 · 用齊施] 이것이 곧 摠得이다. 둘째, 운문

---

124) 운문문언 선사의 배열은 함개건곤(中) · 절단중류(用) · 수파축랑(體)
　　이고, 덕산연밀 선사의 배열은 절단중류(用) · 함개건곤(中) · 수파축
　　랑(體)이며, 보안도 선사의 배열은 함개건곤(中) · 수파축랑(體) · 절
　　단중류(用)이다. 그러나 운문삼구에 대한 백파긍선의 배열은 함개건
　　곤(中) · 절단중류(用) · 수파축랑(體) 또는 절단중류(用) · 수파축랑(體) ·
　　함개건곤(中)이다. 『私記』, p.44-47. 참조.
125) 『私記』, p.9. 임제종과 운문종을 제일구의 조사선에 배대한 것을 가
　　리킨다. 이하에서 조동종과 위앙종과 법안종은 제이구의 여래선에 배
　　대한다.

종 또한 三과 一의 頭角을 투탈하였기 때문에 제일구에 도달하였지만 무릇 截斷의 측면만 설명하였다. 그래서 아직 삼요를 구족하지 못한 까닭에 임제종에는 미치지 못한다. 때문에 마조의 방전이다. 백파의 경우도 기존의 임제종 우위의 입장과 마찬가지로 임제종만 정통이고 나머지는 모두 방계라는 견해를 고수한다.

위의 인용문에서 말한 신훈삼구는 大機 · 大用, 大用 · 直截, 機 · 用齊施를 가리킨다. 그리고 이 여래선에도 또한 세 종류의 深 · 淺이 있음을 설명한다.

첫째, 조동종의 경우는 향상을 설명한다. 곧 공겁을 全超하기 때문에 사실 여래선은 아니다. 그렇지만 부득불 수時에 떨어지는 까닭에 여래선이라 말할 뿐이지 향상과 존귀에 합치되지 못해서 조사문중이 못되는 것은 아니다. 그래서 아직 존귀라는 頭角이 남아있는 까닭에 아직 제일구의 조사선에 들어가지 못하고 다만 제이구인 여래선에 머물러 천상과 인간의 스승이 될 뿐이다. 이것은 무릇 살인도의 전심인 까닭에 진금포이지만, 삼처전심 가운데 다만 분반좌의 일처전심의 소식 뿐이다. 그래서 육조의 방전이다. 둘째, 위앙종의 경우는 단지 體 · 用만 설명한다. 때문에 삼현의 규모를 벗어나지 못하여 향상을 설명하지 못한다. 그래서 금시와 본분이 대적하는 상태이다. 이에 진금포에도 미치지 못하는 까닭에 또한 조동종에도 미치지 못한다. 그래서 백장의 방전이다. 셋째, 법안종의 경우는 단지 유심만 설명할 뿐이다. 곧 오직 用만 섭수하여 體로 돌아가는 까닭에 또한 위앙종에도 미치지 못한다. 그래서 설봉의 방전이다.[126]

그런즉 선종오종 가운데 임제종과 운문종의 두 종파는 제일구의 조사선에 해당하고, 조동종과 위앙종과 법안종의 세 종파는 제이구의 여래선에 해당한다는 것이다. 제삼구의 의리선의 경우는 선종오가 가운데 들어가지도 못한다고 간주한다. 때문에 이에 따르자면 조사선과 여래선의 두 선을 깨친 자는 모두 불조의 적자이고, 두 선을 깨치지 못하여 무릇 의리선에만 투득한 자는 단지 서자라는 것이 백파의 해석이다.

이런 점에서 달리 백파는 "때문에 『선문강요집』과 『인천안목』에는 모두 이와 같이 뛰어난 종파부터 하열한 종파에 이르는 것으로 편록되어 있다. 그런데도 『선가귀감』에서 운문종을 조동종 뒤에다 편집한 것은 도저히 이해할 수 없는 처사이다."[127]고 주장한다. 이것은 『선가귀감』[128]

---

126) 『私記』, pp.10-11. "一曹洞宗明向上則全超空劫故不伊麼也不得不落今時故伊麼也不得合爲總不得也 然猶滯尊貴頭角故未入第一句祖師禪但得第二句如來禪而爲天人師也 此但殺人刀傳心故亦名眞金舖卽三處傳中但得分座一處消息故爲六祖傍傳也 二潙仰宗但明體用故未脫三玄之規模未明向上則今本成敵猶未盡眞金舖故亦不及於曹洞宗也 故爲百丈傍傳也 三法眼宗 但明唯心 則唯攝用歸體 故亦不及爲潙仰宗也 故爲雪峰傍傳也"

에서 임제종, 조동종, 운문종, 위앙종, 법안종의 순서대로 설명하였는데, 이것은 『선문오종강요』의 순서와는 다르다는 것을 가리킨다.

2. 四照用과 四料揀

1) 사조용

백파는 사조용에 대하여 사조용은 삼요와 단지 명칭만 다를 뿐이지 뜻은 같다고 말한다. 그래서 要 곧 제삼요 가운데는 遮와 照의 두 가지 뜻을 지니고 있기 때문에 단지 사조용이라고 말해도 사실은 셋일 뿐이라고 해석한다.

삼요와 사조용 등을 구족한 까닭에 살·활을 구비한 잡화포를 조사선이라 말하는데 이것이 곧 염화미소의 소식이다. 이 삼요는 곧 사조용으로서 특별히 명칭이 다를 뿐이다. 제일요는 선조·후용이다. 대기는 원응으로써 義를 삼는데 이것은 곧 대용의 機이다. 때문에 백장은 대기를 터득하여 더 이상 부족함이 없었다. 제이요는 선용·후조이다. 대용은 직절로써 義를 삼는다. 지금 全彰이라 말한 것은 단지 用의 義만 설명한 것으로 이것은 대기의 용이다. 그러므로 대용을 벗어나서 다

---

127) 『私記』, p.11. "龜鑑中以雲門宗編於曹洞之下者乍不可知也"
128) 『禪家龜鑑』, (『韓國佛教全書』 7, pp.644中-645下)

시 대기는 없다. 때문에 황벽은 대용을 터득하여 더 이상 부족함이 없었다. 제삼요는 곧 뒤의 두 가지 조·용동시와 조·용부동시로서 照·用一時이다. 곧 쌍조는 조·용동시이고, 쌍민은 흔적도 없는 것으로 조·용부동시이다. 機와 用을 이미 一時에 齊施한 것은 곧 반드시 遮와 照의 두 가지 뜻이 있기 때문이다. 일요를 터득하면 그에 따라서 곧 제이구인 삼현을 초월하고, 제삼구인 삼구를 초월한다. 그러나 이 삼요는 마치 도장을 허공에다 찍는 것과 같아서 끝내 흔적이 없다. 마조의 일할이 바로 그 증거로서 곧 일할이 일할의 작용에 그치지 않는 [一喝不作一喝用] 경우에 해당한다.129)

이 사조용에 대하여 보다 단적으로 말하자면 첫째의 선·조후용에 대해서는 "어떤 사람을 대기와 원응으로써 살핀다면 '그것은 人의 位'130)이기 때문이다. 그리고 선과 후를 말하는 것은 무릇 법체에 의거한 주변 곧 兼(後)과 중심 곧 正(先)이지 時에 의거한 선과 후가 아니다."131)고

---

129) 『私記』, pp.19-20. "具足三要四照用等 故爲殺活具備 雜華〈貨?〉舖 名祖師禪 卽拈花消息也 此三要卽四照用特名異也 第一要先照後用 大機以圓應 爲義是大用之機 故大機外更無大用也 故百丈得大機 而更無餘事也 第二要先用後照 大用以直截爲義今云全彰 但明用義也 是大機之用 故大用外更無大機也 故黃蘗〈檗?〉得大用 而更無餘事也 第三要卽後二照用一時雙照 則爲照用同時雙泯 無迹則爲不同時 以機用旣一時齊施則 必有遮照二義故也 隨得一要便 乃超第二句三玄 越第三句三句也 然此三要如印印空 了無朕迹馬祖一喝 此其證也 卽一喝不作一喝用喝也"
130) 『禪門五宗綱要』, (『韓國佛敎全書』9, p.461中)
131) 『私記』, pp.35-36. "有人在大機圓應是人位故也 言先後者 但約法體兼

제4장 臨濟宗의 교의   87

말한다.

둘째의 선용·후조에 대해서는 "어떤 법을 대용과 직절
로써 살핀다면 '그것은 법'132)의 광명이기 때문이다."고 말
한다.133)

셋째의 조·용동시에 대해서는 "밭을 가는 것과 꼴을 빼
앗는 것"134)으로서 機用齊施이다. 밭을 가는 농부의 소는
곧 用이다. 그러나 이미 말했듯이 밭을 가는 것이므로 機
이다. 이것은 곧 用에 즉한 機이다. 때문에 선조·후용이
다. 주린 사람의 밥을 빼앗는 것에서 곧 주린 사람에게 밥
을 주는 것은 機이다. 그러나 이미 말했듯이 빼앗는 것이
므로 用이다. 이것은 機에 즉한 用이다. 때문에 선용·후
조이다. 이것은 사문이류이다.135)

(後)正(先)而非約時之先後也"

132) 『禪門五宗綱要』, (『韓國佛教全書』 9, p.461中)
133) 『私記』, p.36. "有法在大用直截 是法光明故也"
134) 『禪門五宗綱要』, (『韓國佛教全書』 9, p.461中)
135) 『私記』, p.36. "三照用同時 驅耕奪食 機用齊施 驅耕夫之牛則耕夫與牛
是用 而旣云驅故爲機 此是卽用之機 故爲先照後用 奪飢人之食 則飢人
與食是機 而旣云奪故爲用 此是卽機之用 故爲先用後照 是爲沙門異
〈類也+?〉" 사문이류에 대해서는 조산본적이 수행납자를 위하여 제시
한 네 가지 경계를 四種異類 가운데 하나이다. 異類는 중생이 깃들어
살고 있는 일체의 세간을 말한다. 곧 수행납자가 어떤 세간에 태어나
더라도 그곳에 집착이 없이 깨침을 터득해야 할 것을 강조한 가르침
이다. 첫째는 往來異類이다. 온갖 중생세간을 자유롭게 變易生死로
왕래하는 것이다. 둘 때는 菩薩同異類이다. 보살이 자신을 깨우치고
나면 그 능력으로 이류세계에 태어나 그곳의 중생을 깨침으로 이끌
어가는 자리이타의 보살행의 경계이다. 셋째는 沙門異類이다. 출가

넷째는 조·용부동시에 대해서는 '질문도 있고 답변도 있는 것'136)으로서 이 또한 기용제시이다. 대개 齊示에는 遮와 照의 두 가지 뜻이 있다. 때문에 雙照로서는 제삼 조·용동시가 되고, 雙遮로서는 제사 조·용부동시가 된다. 이것은 곧 종문이류이다. 영원히 機와 用의 모습을 벗어나 있기 때문에 만물이 그대로 오고가며, 낱낱이 그대로 드러나 있으며, 옷 입고 밥 먹는 행위 그대로이다. 이것은 일상사 그대로이기 때문에 질문도 있고 답변도 있고, 주인도 있고 손님도 있으며, 진흙과 물이 섞여 있고, 납자를 상대하여 제도해주는 모습이다.137)

2) 사요간

이처럼 백파는 사조용을 삼요와 동일시하여 해석을 가한다. 한편 사요간에 대해서도 삼요와 같은 입장에서 해석을 가한다.

의 본분사를 밝혀서 어느 경지에도 구애되지 않는 헌헌대장부의 경지를 터득하는 것이다. 넷째는 宗門中異類이다. 자신의 터득한 향상의 경지에 안주하지 않고 집착도 없으며 자유자재한 작용을 구사하는 것이다.

136) 『禪門五宗綱要』, (『韓國佛教全書』 9, p.461中)
137) 『私記』, p.37. "有問有答 亦機用齊施 盖齊示中 有遮照二義 故雙照爲第三 雙遮爲第四也 是爲宗門異類也 永脫機用之規模故 物物拈來 一一端的 着衣喫飯也 是常事故 能有問有答 立主立賓 和泥合水 應機接物也"

이 사요간도 또한 임제의 삼구를 벗어나지 않는다. 사요간에서 '人'은 본분의 본분일구이고, '境'은 금시의 신훈삼구이다. 이것은 또한 凡情(境)과 聖解(人)라고도 말한다.[138)]

그러면서 첫째의 탈인불탈경은 하근기를 待對하는 것으로 일구는 남겨두지 않고 다만 삼구만 남겨둔다. 이것은 무릇 건화문으로서 횡설수설한 것이다. 때문에 제삼구 가운데서 삼구로 사람을 제접한 즉 의리선이다. 둘째의 탈경불탈인은 중근기를 待對한 것으로 삼구는 없고 다만 일구만 있다. 이것은 곧 제이구로서 위앙종과 법안종의 종지이다. 이하의 셋째의 인경양구탈은 상근기를 待對한 것으로 삼구와 일구가 모두 없다. 제이구로서 조동의 종지인데, 위의 위앙종과 법안종과 더불어 여래선이다. 넷째의 인경구불탈은 상상인을 待對한 것으로 삼구와 일구가 모두 들어있다. 이것은 제일구로서 조사선이다.[139)]

이런 까닭에 여기에서 凡情은 신훈삼구이고, 聖解는 본

---

138) 『私記』, p.28. "此亦不出三句 人者本分一句 境者今時三句也 亦名凡情 (境)聖解(人)"
139) 『私記』, pp.28-30. "初奪人不奪境 待下根 不存一句但存三句 此但建化 門橫說竪說 故爲第三句中 三句接人 卽義理禪也 … 二奪境不奪人 待 中根 不存三句 但存一句也 … 此是第二句潙法二宗旨也 … 三人境兩 俱奪 待上根 三一俱不存也 … 故爲第二句曹洞宗旨也 上二合爲如來禪 也 … 四人境俱不奪 待上上人 三一俱存也 王登寶位 而御天下 故爲大 機圓應 野老謳歌 而頌王德 故爲大用直截 上句人 下句境也 是第一句 祖師禪也"

분일구로 드러나 있다. 그래서 凡情에 머물러 있는 것은 의리선에 득입한 사람이고, 聖解에 떨어져 있는 것은 여래 선에 득입한 사람이다. 이에 백파는 이것이야말로 모두 납 자의 큰 병폐로서 先聖이 그것을 불쌍하게 여겨 사요간을 시설하였다고 해석한다.

이 사요간의 경우에는 먼저[初]는 의리선을 가지고 범부 의 무명의 쐐기를 뽑아주려는 것이고, 중간[中]은 여래선 을 가지고 의리선의 쐐기를 뽑아주려는 것이며, 나중[後] 은 조사선을 가지고 여래선의 존귀라는 쐐기를 뽑아주려 는 것이다. 때문에 결론적으로 말하면 쐐기로써 쐐기를 뽑 아주는 것과 같다는 것이다.

3. 四賓主와 四大式

1) 사빈주

임제는 또한 사빈주를 설정하고 있다. 사빈주에서 賓은 신훈삼구로서 유설이고, 主는 본분일구로서 무설로 드러 나 있다.[140] 사빈주는 곧 빈중빈, 빈중주, 주중빈, 주중주 로서 그 내용은 각각 다음과 같다. 먼저 빈중빈에 대해서

---

140) 『私記』, p.31. "賓三句故有說 主一句故無說也"

다음과 같이 말한다.

이것은 다만 금시일 뿐이므로 납자들에게는 질문이 있고 스승에게는 답변이 있다. 따라서 비단 납자들에게 콧구멍(本分)이 없을 뿐만 아니라 스승에게도 또한 콧구멍이 없다.[141]

이에 대하여 임제는 "어떤 납자는 칼을 쓰고 족쇄를 차고서 선지식 앞에 나온다. 그러면 선지식은 또 다른 족쇄를 덧씌워준다. 그런데도 납자는 환희하는데, 이것은 똥오줌도 가리지 못하는 모습니다. 이런 경우를 客이 客을 간파한다고 말한다."[142]고 말한다. 그런즉 스승과 제자에게는 모두 콧구멍이 없다. 때문에 또한 분양선소는 "종일토록 홍진을 쏘다니지만 자신의 보배는 알지도 못한다."[143]

---

141) 『私記』, p.31. "此但今時 故學人有問 師家有答 非但學人無鼻孔(本分) 師家亦無鼻孔"
142) 이에 해당하는 『임제록』의 내용과 『인천안목』의 내용은 다음과 같다. "어떤 납자는 칼을 쓰고 족쇄를 차고서 선지식 앞에 나온다. 그러면 선지식은 또 다른 족쇄를 덧씌워준다. 그런데도 납자는 환희한다. 이것은 제자와 스승의 피·차를 구별할 수 없는 것으로서 客이 客을 맞이하는 경우라 말한다. 대덕들이여, 산승이 이와 같이 언급한 것은 모두 魔事를 변별하고 異教를 간별하는 것이므로 그 邪·正을 알아차려야 한다." 『臨濟錄』, (『大正新脩大藏經』 47, p.501上) "或有學人 披枷帶鎖 出善知識前 善知識更與安一重枷鎖 學人歡喜 彼此不辨 呼爲客看客 大德 山僧如是所擧 皆是辨魔揀異 知其邪正" ; (『人天眼目』 卷 1, (『大正新脩大藏經』 48, p.303上-中) "或有學人 披枷帶鎖 出善知識 前 善知識更與安一重枷鎖 學人歡喜 彼此不辨 喚作賓看賓〈呼爲客看 客?〉 大德 山僧〈如是+?〉所擧 皆是辨魔揀異 知其邪正"

고 말하는데, 여기에서 홍진은 신훈삼구이고 자신의 보배
는 본분일구이다.

둘째로 빈중주에 대해서 다음과 같이 말한다.

　스승에게는 콧구멍이 없다. 그러나 다만 납자에게는 냄새나는
　구멍이 있을 뿐이다.[144]

　이에 대하여 임제는 "혹 진정한 납자라면 문득 할을 하
면서 膠盆子[145]를 제시한다. 그러나 선지식은 그것이 경계
임을 변별하지 못하고 그 경계에다 다시 그와 똑같은 모양
의 경계를 더할 뿐이다. 이에 진정한 납자의 할을 듣고도
그 앞에 있는 선지식은 자기의 잘못을 놓아버릴 줄 모른
다. 이것은 곧 고황에 든 병처럼 어떤 의사도 치유할 수가
없다. 이런 경우를 객이 주인을 간파한다고 말한다."[146]고

---

143) 『禪門五宗綱要』, (『韓國佛教全書』 9, p.461上) "汾陽云 終日走紅塵
　　不識自家珍"
144) 『私記』, p.32 "師家無鼻孔 而但學者有臭孔"
145) 어떤 것에 집착하면 그것에 자신이 속박된다는 교리상의 언구를 가리
　　키는 것으로서 아교를 녹이는 그릇에다 비유한 것이다
146) 이에 해당하는 『臨濟錄』의 내용은 다음과 같다. "이와 같은 진정한
　　학인이 문득 할을 하여 하나의 膠盆子를 제시하였다. 그러나 선지식
　　은 그 경계를 변별하지 못하였다. 이것은 곧 그 경계에다 다시 그와
　　똑같은 경계를 얹어놓은 것과 같다. 진정한 학인이 문득 할을 하였지
　　만 그 앞에 있는 사람은 긍정하지 못하고 放過해버리고 말았다. 이것
　　은 곧 고황에 든 병처럼 어떤 의사도 감당할 수가 없다. 이것은 곧

말한다. 그런즉 主도 있고 法도 있는 것은 다만 납자의 입장에 의거한 것이다. 그것은 단지 喝만 했을 뿐 언설은 없었다. 이에 위의 빈중빈의 경우처럼 질문도 있고 답변도 있다는 것을 제자와 스승에다 분배한 것과는 다르다. 또한 분양선소의 "옷 속에 감추어진 보배를 알아차리고 端坐하여 區分한다네."[147]라는 말은 단지 납자의 입장에만 의거한 것이다. 왜냐하면 화엄목이 말한 "목구멍이 바다와 같이 넓다."[148]는 말은 제이구로서 여래선이기 때문이다. 분양선소가 또 말한 "얼굴을 마주했지만 함께 하는 도반이 없다."[149]는 것과, 담주용산이 말한 "영원히 집 밖을 나가지 않았다."[150]는 말과, 풍혈연소가 말한 "시장에 들어갔지만 두 눈동자가 멀어버렸다."[151]는 것은 權·實에 즉한 향상이다.

위의 빈중빈과 빈중주의 두 경우는 단지 납자의 입장에서만 설명한 것이므로 龍(빈중주)도 있고 蛇(빈중빈)도 있다.

객이 주인을 맞이한다고 말한다. 如有眞正學人 便喝先拈出一箇膠盆子 善知識不辨是境 便上他境上作模作樣 學人便喝 前人不肯放 此是膏肓之病不堪醫 喚作客看主"『臨濟錄』, (『大正新脩大藏經』47, p.501上)
147) 『禪門五宗綱要』, (『韓國佛教全書』9, p.461上)
148) 『人天眼目』卷1, (『大正新脩大藏經』48, p.304上)
149) 『人天眼目』卷1, (『大正新脩大藏經』48, p.303中)
150) 『筠州洞山悟本禪師語錄』, (『大正新脩大藏經』47, p.508下)
151) 『人天眼目』卷1, (『大正新脩大藏經』48, p.303中)

셋째로 주중빈에 대해서 다음과 같이 말한다.

　스승에게는 실제로 콧구멍이 있지만 단지 교화를 위해서만
드러내므로 콧구멍이 없다고 말한 것이지 콧구멍을 완전히
부정하는 것은 아니다. 그러나 납자들에게는 실제로 콧구멍
이 없다.152)

　이에 대하여 임제는 "혹 어떤 선지식은 한마디도 내놓
지 않고 납자의 질문을 따라서 곧 그것을 부정해버린다.
납자는 선지식으로부터 이미 부정된[被奪] 것마저도 필사
적으로 내놓지 않으려 한다. 이런 경우를 주인이 객을 간
파한다고 말한다."153)고 말했다. 그런즉 납자가 질문을
해도 스승이 그것을 부정하여[奪] 답변하지 않는다. "제
자의 질문 뿐이다."154)는 것은 스승에게 콧구멍이 없는
까닭을 드러낸 것이다. 곧 교화의 문을 드러내어 납자로
하여금 질문토록 한 것이다. 그래서 스승이 납자의 질문
을 따라서 곧 부정함으로써 本分조차도 또한 교화[拖泥]
를 벗어난 것이 아님을 설명하는 것이다. 때문에 콧구멍

---

152) 『私記』 pp.32-33. "師家實有鼻孔而但出來化門故云無鼻孔非全抑也 學
　　　者實無鼻孔也"
153) 『臨濟錄』, (『大正新脩大藏經』 47, p.501上) "或是善知識不拈出物 隨
　　　學人問處卽奪 學人被奪抵死不放 此是主看客"；『人天眼目』 卷1, (『大正
　　　新脩大藏經』 48, p.303上)
154) 『禪門五宗綱要』, (『韓國佛敎全書』 9, p.461上)

이 없다.

또한 분양선소가 말한 상구 곧 "金鉤를 사방의 바다에 드리워놓고"[155]는 교화문을 드러낸 것이고, 하구 곧 "玉燭으로 燈明을 잇는다."[156]는 것은 구차하게도 조사선을 터득하지 못하고 여래선을 가지고 權에 즉하여 實을 드러내는 경우를 벗어나지 못한 것이다. 비록 의리선보다는 뛰어나지만 아직도 구차한 경우를 벗어나지 못한 것이다. 왜냐하면 저 일·월의 광명에 장애되지는 않지만 단지 玉燭으로 燈明을 이을 뿐이기 때문이다. 설법에는 문·답이 없을 수 없지만 단지 질문을 따라서 곧 부정할 뿐이기 때문이다. 그런즉 본분의 조사선은 일·월과 같아서 權에 즉하여 實을 드러내고, 여래선은 마치 玉燭과 같으며, 무릇 지금의 의리선은 燈明과 같다.

그래서 또한 극부도자는 "높이 조사의 심인을 제고하는 것은 機·用에 해당하니, 중생이익에는 설법에 자비가 깃든 줄을 알아야 한다."[157]고 말했고, 等覺普明이 "홍진에 들어가 교화의 손길을 드리운다."[158]고 말했던 것도 역시 제이구로서 여래선이다.

---

155) 『禪門五宗綱要』, (『韓國佛教全書』 9, p.461上)
156) 『禪門五宗綱要』, (『韓國佛教全書』 9, p.461上)
157) 『人天眼目』 卷1, (『大正新脩大藏經』 48, p.303中)
158) 『續傳燈錄』 卷26, (『大正新脩大藏經』 51, p.647上)

넷째로 주중주에 대해서 다음과 같이 말한다.

이 경우는 질문도 없고 답변도 없다. 때문에 스승에게 냄새나는 콧구멍이 있을 뿐만 아니라 납자에게도 또한 냄새나는 콧구멍이 있다. 질문도 없고 답변도 없지만 스승과 납자가 언외에 서로 보기 때문에 참으로 기특하다.

이에 대하여 임제는 "혹 어떤 납자가 응당 하나의 청정한 경계를 선지식 앞에 내보인다. 선지식은 그것이 境인 줄 알기 때문에 그것을 집어서 구덩이 속에다 내던져버린다. 이에 납자는 말한다. '참으로 훌륭합니다.' 그러자 선지식은 말한다. '돌! 아직 똥오줌도 가리지 못하는구나.' 이에 납자는 곧 예배를 드린다. 이런 경우를 주인이 주인을 간파한다고 말한다."[159]고 말했다. 때문에 스승과 납자에게 모두 냄새나는 콧구멍이 있는 줄을 알아야 한다.

또한 분양선소가 말한 것[160]으로 상구 가운데 "일월은 높이 떠"는 大機이고, "우주를 비추고"는 圓應이다. 그리고 하구 가운데 "큰소리로 널리"는 大用이고, "楚歌 부르네."는 直截이다. 이것이 곧 고향 곧 깨침의 노래가 생각나는 까닭이다. 그리고 극부도자는 "공권력으로 반란을 진압하여 공정

---

159) 『臨濟錄』, (『大正新脩大藏經』 47, p.501上)
160) 『人天眼目』 卷1, (『大正新脩大藏經』 48, p.303中)

한 법령을 집행한다. 태평한 세상을 위하여 인습을 쓸어버린다."고 말했다.161) 이 경우에도 상구 곧 "공권력으로 반란을 진압하여 공정한 법령을 집행한다."는 것은 用에 즉한 機이고, 하구 곧 "태평한 세상을 위하여 인습을 쓸어버린다."는 것은 機에 즉한 用이다. 이것은 제일구로서 조사선이다.

만약 화엄목이 말한162) 제삼의 주중빈에 대한 "변방을 지키는 장군의 군령"과, 제사의 주중주에 대한 "환중을 통치하는 천자의 법령" 등에 의하자면 곧 각각 제삼은 대용에 해당하고, 제사는 대기에 해당한다. 이 제삼 주중빈과 제사 주중주를 합하면 조사선이 되는데, 그 뜻을 드러내는 데에는 아무런 장애가 없다.

2) 사대식

백파는 다시 임제종의 교의에 대하여 사대식을 설정하여 설명하고 있는데 그 각각의 내용은 다음과 같다.

제일대식은 소림면벽으로서 정법안장의 正令이다. 때문에 체중현이다. 제이대식은 평상심으로서 허다한 일상성이다. 때문에 용중현이다. 제삼대식과 제사대식은 현중현이다.163)

---

161) 『人天眼目』 卷1, (『大正新脩大藏經』 48, p.303中)
162) 『人天眼目』 卷1, (『大正新脩大藏經』 48, p.304上)
163) 『私記』, p.39. "初面壁正令 故爲體中玄 二平常許多 故爲用中玄 三四

여기에서 첫째, 正利의 경우는 소림면벽한 달마의 좌선 행위야말로 깨침의 모습으로서 좌선 그대로가 正傳을 자세이다. 이 좌선의 추구하는 모습을 드러내는 것이야말로 널리 중생을 교화하는 모습임을 여실하게 보여준다는 것이다.

둘째, 平常의 경우는 천차만별의 다양한 행위속에서 向上道理를 보여주는 행위로서 평상심의 현현으로서 본래성불의 모습을 나타내고 있다. 禾山은 禾山無殷(884-960)이다. 禾山打鼓는 禾山解打鼓라고도 한다. 화산은 누가 무엇을 묻든지간에 오직 解打鼓라고만 답변하였다는 것이다. 모든 사실은 하나의 진실로 통한다는 것이다.

셋째, 本分의 경우는 알고 모르는 것과는 관계가 없이 그저 그렇게 완전하다는 것을 보여주고 있다. 임제의 말을 빌리자면 "불도 따로 없고 중생도 따로 없으며 古라 해야 할 것도 따로 없고 今이라 해야 할 것도 따로 없다. 그러므로 그 도리를 터득하여 얻는 자는 시절을 經歷하지 않고 터득하는 것이어서 修證이 없고 得失도 없으며 一切時에 항상 여일하다."[164]라는 도리이다.

넷째, 貢假의 경우는 菩提達摩의 일화에 잘 나타나 있

爲玄中玄也"

164) 慧然 集, 『鎭州臨濟慧照禪師語錄』, (『大正新脩大藏經』 47, p.498中) "山僧見處 無佛無衆生 無古無今 得者便得 不歷時節 無修無證無得無失 一切時中更無別法"

는 모습이다. 곧 일체의 유위형상은 무위법과는 달라서 복덕은 될지언정 공덕은 되지 않는다는 모습이다. 보리달 마는 武帝와 같은 유위복덕의 소유자가 아니기 때문에 진 정 유위의 형상에 얽매인 그와 같은 자신을 모른다는 것 이었다.

4. 四喝과 八棒

1) 사할

다음으로 백파는 임제의 四喝에 대하여 "사할은 사조용 과 그 차례가 같다. 그런데 제사할은 바로 마조의 일할에 해당한다."[165]고 말한다. 사할은 金剛王寶劍 · 踞地獅子 · 探竿影草 · 一喝不作一喝用으로서 각각 그 뜻은 다음과 같 다. 금강왕보검은 一刀를 휘둘러 일체의 情解를 끊어버리 니 體喝로서 主家用이다. 거지사자는 말로써 기 뿜어 온갖 악마의 뇌가 파열되니 用喝로서 賓家用이다. 탐간영초는 有無를 찾아서[探] 스승의 콧구멍[안목]을 계승하는 賓主 俱用이다. 일할부작일할용은 삼현과 사빈주를 구비하여 무한한 공능을 획득하는 것이다.

---

165)『私記』, p.39. "如次是四照用 而第四卽馬祖一喝是也". 기타『人天眼目』 卷1, (『大正新脩大藏經』 48, p.302中-下) 참조.

2) 팔방

또한 백파는 촉령반현방, 접소종정방, 고현상정방 인순 종지방 고험허실방 맹가할련방 고책우치방 소제범성방 등 八棒166)에 대하여 설명을 가하고 있다.167)

제일의 觸令返玄棒의 觸令은 조사의 가르침에 저촉되는 것이고 返玄은 현묘한 선지를 어기는 경우로서 이런 상황 에서 내려주는 방이다. 가령 덕산의 "오늘밤에는 답변하지 않겠다. 질문한 자에게 30방을 때려주겠다."는 말이 이에 해당한다. 한 승이 예배를 하자마자 덕산이 곧바로 때려주 었는데 이 경우는 罰棒이다.

제이는 接掃從正棒은 스승이 제자를 제접할 경우 스승 의 제스처에 대하여 제자가 바르게 반응했을 때 응답하는 방식으로 내려주는 방이다. 가령 "덕산이 한 승을 때리자 승이 말했다. '저는 질문도 하지 않았는데 왜 때리는 겁니 까.' 덕산이 말했다. '그대는 어디 출신인가.' 승이 말했다. '신라인입니다.' 그러자 덕산이 말했다. '그렇다면 그대는 배를 타고 오지 않았으니 30방을 맞아야겠다.' 그 승이 다 시 질문하기를 기다렸다가168) 또 罰棒을 주었다."는 경우

---

166) 『宗門玄鑑圖』, (『卍續藏』 63, p.748中-下) [八棒論]과 유사하다.
167) 『私記』, pp.39-42 참조.
168) 승이 신라에서 온 것은 분명히 배를 타고 왔을 터인데 배를 타고 오 지 않았다는 이유로 30방을 때린 이유에 대하여 승이 질문한 것을 가

와 같다.

셋째의 靠玄傷正棒은 제자가 현묘하고 기특한 機關에 얽매여 그것을 벗어나지 못할 경우에 그로부터 벗어나게 끔 해주려고 내려주는 방이다. 가령 "대선불169)이 앙산에 도착하였다. 좌선을 하고 있는 앙산 가까이에 혼자 다가와 서[翹足] 말했다. '서천의 28대 조사도 또한 이와 같았고, 동토의 6대 조사도 또한 이와 같았으며, 화상도 또한 이와 같고, 저도 또한 이와 같습니다.' 그러자 앙산이 罰棒으로 넉 대를 때렸다."170)는 경우와 같다.

대개 翹足이란 홀로 다른 사람을 동반하지 않는다는 뜻 이기 때문에 正位를 나타낸다. 그래서 그 "존귀하다"는 지 해를 벗어나지 못한다.171) 앙산은 현묘하여 헤아리기 어려 운 도리에 의지하고 있었기 때문에 대선불이 그 正位를 훼 상하지 못하였다. 이에 앙산은 대선불의 말이 네 구절172)

리킨다.

169) 大禪佛은 뛰어난 선승을 가리킨다. 앙산의 제자 景通과 歸宗智常의 제자 智通을 二大禪佛이라 일컫는데 여기에서는 앙산의 제자로서 晉州에서 활동한 霍山景通을 가리킨다.

170) 『明覺禪師語錄』 卷3, (『大正新脩大藏經』 47, p.688下) ;『景德傳燈錄』 卷12, (『大正新脩大藏經』 51, p.293下)

171) 앙산에 대한 대선불의 반응이 바르지 못했기 때문에 벌방으로 넉 대를 맞은 것을 가리킨다.

172) 곧 '서천의 28대 조사도 또한 이와 같았고, 동토의 6대 조사도 또한 이와 같았으며, 화상도 또한 이와 같고, 저도 또한 이와 같습니다.'는 것을 가리킨다.

이었기 때문에 넉 대를 때려준 것이다.

넷째의 印順宗旨棒은 선지식이 제시한 선지에 대하여 제자가 본래의 의도대로 터득했을 때 제자에 대한 긍정적인 방식으로 내려주는 방이다. 가령 선지식이 질문하고 승이 응답할 때 깊이 계합되는 경우 선지식이 곧 승을 때려주는데 이것은 곧 賞棒이다.

대섯째의 考驗虛實棒은 스승이 제시해준 가르침에 대하여 제자가 반응했을 있을 경우 과연 그것이 虛인지 實인지 알려주려고 내리는 방이다. 가령 승이 문에 들어오자마자 스승이 곧 때려준다. 이에 대한 승의 답변이 극칙의 도리에 도달하면 스승은 또다시 그 진위를 가리기 위하여 때려주는 경우이다.

여섯째의 盲枷瞎煉棒은 아무런 안목도 없는 선지식이 자신을 참문하러 찾아 온 제자에게 가르침이 궁색할 경우 곧 무모하게 내리치는 방이다. 가령 스승[장로] 자신이 어리석으면서도 함부로 방을 휘두르자 학인이 '방을 보여 주시오. 진정한 방을 보여달란 말입니다.'라고 말한다. 이에 스승은 아무런 대꾸도 못하는 경우이다. 이것은 곧 瞎棒이다.

일곱째의 苦責愚痴棒은 스승이 판단하건대 제자의 깜량이 너무나도 모자라기 때문에 그것을 타일러주려고 경책의 의미에서 내려주는 방이다. 가령 학인이 찾아오자 스승이 갖가지로 개시해주었다. 그런데도 학인이 전혀 이해하지 못하기에 스승이 곧 罰棒을 주는 경우이다.

　여덟째의 掃除凡聖棒은 범부라든가 성인이라든가 하는 분별심을 불식시켜주고 나아가서 본분자리를 자각하도록 이끌어주려고 내리는 방이다. 가령 답변을 해도 30방을 때려주고, 답변을 하지 못해도 30방을 때려준다. 이에 이것을 正棒이라 말한다. 답변을 하는 것은 대용이고, 답변을 하지 못하는 것은 대기이기 때문이다.

제5장 雲門宗의 교의

1. 백파의 雲門宗旨觀

백파는 운문종의 종지에 대하여 "截과 斷을 설명한다."[173]는 환성의 견해를 그대로 수용하고 있다. 곧 일구가 삼구에 즉해 있기 때문에 그것을 일구라고만 말할 수는 없다. 삼구가 일구에 즉해 있기 때문에 그것을 삼구라고만 말할 수는 없다. 저 신통변화와 같아서 方과 隅를 확정할 수가 없기 때문이다.[174] 그리고 그 뜻이 大用現前不存軌則[175]에 있기 때문에 또한 제일구로서 조사선이지만, 아직은 대기와 대용을 드러내지 못하는 까닭에 임제종에는 미치지 못한다.

글 가운데 처음의 두 구[176]는 운문종의 종지를 단적으로 설명한 것이다. 일구가 삼구에 즉해 있기 때문에 去·來하는 길이 있는 셈이다[似有].(上句 : 劍과 鋒의 끝에 길

---

173) 『禪門五宗綱要』, (『韓國佛敎全書』 9, p.461下)
174) 『禪門綱要集』, (『韓國佛敎全書』 6, p.859上)
175) 殺活自在하고 無爲無作한 작용은 궤칙을 초월하여 종횡자재한 활동이다. 스승이 제자를 접화할 경우에 일정한 궤칙을 내세우지 않고 與와 奪의 경우에 따라서 强과 弱의 변화를 구사하여 종횡자재하게 활용하는 뛰어난 수완을 가리킨다.
176) "劍과 鋒의 끝에 길이 있고, 철벽과 같아 나아갈 문이 없으며"를 가리킨다. 『禪門五宗綱要』, (『韓國佛敎全書』 9, p.461下)

이 있다) 그리고 삼구가 일구에 즉해 있기 때문에 出·入의 문이 결코 없다[實無].(下句 : 철벽과 같아 나아갈 문이 없다)

다음의 두 구177)는 곧 삼구와 일구가 상즉하는 도리를 설명한 것이다. 언어와 분별사유로는 미치지 못하기 때문에 낱낱의 언구는 언어의 통로가 단절되어 있고,(上句 : 높이 치켜세워 뒤집어 길바닥에 내동댕이친다) 또한 마음으로도 모색할 수가 없다.(下句 : 갈등을 싹뚝 잘라버린다) 이에 마치 노포로써 대중한테 전승을 알리는178) 언사와 같은 줄을 알 것이다.

다음의 두 구179)는 이 삼구가 상즉하는 도리야말로 신속하여 따라잡을 수 없음을 나타낸다. 때문에 그 작용은 잠시[纖粟]도 멈추지 않는다.

"운문종풍을 알고자 하는가." 이하180)는 운문종의 종지를 싸잡아서 드러낸 것이다.

---

177) "높이 치켜세워 뒤집어 길바닥에 내동댕이치고, 갈등을 싹뚝 잘라버린다."를 가리킨다. 『禪門五宗綱要』, (『韓國佛教全書』 9, p.461下)
178) 露布는 사실을 환히 드러내어[露] 천하에 알리는[布] 포고문으로서 주로 戰勝을 급히 알릴 때에 사용하였다.
179) "常情의 見解로 보자면 너무 신속하여 미칠 수가 없으니, 思量의 烈焰으로 어찌 발이나 붙여보겠는가."를 가리킨다. 『禪門五宗綱要』, (『韓國佛教全書』 9, p.461下)
180) "운문종풍을 알고자 하는가. 주장자 하늘 높이 위로 뛰어오르고, 찻잔 속에서 제불이 법을 시설한다."는 대목을 가리킨다. 『禪門五宗綱要』, (『韓國佛教全書』 9, p.461下)

상구 곧 "주장자 하늘 높이 위로 뛰어오르고"는 일구에 즉해 있는 삼구이다. 주장자는 곧 指東劃西하는 까닭에 삼구이지만 하늘까지 올라가기 때문에 곧 일구에 즉해 있다.

하구 곧 "찻잔 속에서 제불이 법을 시설한다."는 삼구에 즉해 있는 일구이다. 찻잔 속에 있기 때문에 일구이지만 제불의 설법이기 때문에 곧 삼구에 즉해 있다. 때문에 원오극근은 "삼구를 변별할 수 있으면 하나의 화살이 허공까지 이른다."[181]고 말했다. 이로써 백파는 운문삼구를 중심으로 운문종의 종지에 대하여 해석을 가하고 있다.

2. 백파와 雲門三句

1) 운문삼구의 원형

우리나라의 선법에 큰 영양을 끼친 저술로 송대의 晦巖 智昭에 의한 『人天眼目』이 있다. 『인천안목』은 6권으로 구성되어 있는데, 그 가운데 운문종지와 관련된 부분은 운문문언의 약전, 삼三句, 抽顧, 一字關, 綱宗偈, 巴陵三句, 雲門門庭, 要訣, 古德綱宗頌 등이다.

운문문언은 혼란기였던 당 말기 및 오대에 활동한 선사

---

181) 『圓悟佛果禪師語錄』 卷18, (『大正新脩大藏經』 47, p.796下)

로서 설봉의존의 법사이다. 17년 동안 남과 북으로 유행하면서 조주의 영향으로는 언어의 克明과 簡單이라는 개념을 체득하고 남양혜충의 영향으로는 佛性, 身心, 法身, 無情說法 등의 사상을 체득하여 이후에 독특한 접화수단으로 활용하였다. 그 접화수단에 대해서는『운문록』에다 蘇澥가 붙인 서문(1076년)에 잘 나타나 있다.[182]

운문문언의 가르침은 그 어록에 잘 드러나 있다. 중국의 선종오가 가운데 당대 말기에 형성된 운문종의 개조인 운문문언의 법어집으로『雲門匡眞禪師廣錄』 3권은 대정신수대장경으로는 제47권에 수록되어 있다. 문인 守堅이 수집한 것으로 상권에는 對機 22칙, 十二時歌, 게송이 수록되어 있고, 중권에는 室中語要 185칙, 垂示對語 290칙이 수록되어 있으며, 하권에는 勘辨 165칙, 遊方遺錄 31칙, 遺表, 遺揭, 行錄, 請疏등이 수록되어 있다.[183]

---

182) 운문의 행장에 대해서는『운문록』에 수록되어 있는 것으로 947년에 뇌악이 찬술한 [행록]과 또 뇌악이 찬술한『大漢韶州雲門山光泰禪院故匡眞大師實性碑』(『당문습유』제48권)과 또 뇌악이 찬술한『大漢韶州雲門山大覺禪寺大慈雲匡聖宏明大師碑銘』(『全唐文』제893권), 그리고 각범혜홍이 찬술한『선림승보전』제1권의 기록이 자세하다.

183) 판본으로는 다음의 네 가지가 있다. (1)『雲門匡眞禪師廣錄』(咸淳 重刊本.『古尊宿語錄』권10-권12 및 명장본『고존숙어록』권15-권18)은 蘇澥가 서문(1076년 기록)을 부가하여 선화 2년(1120) 무렵에 福州鼓山의 圓覺宗演이 교감한 것으로 현존 最古本이며 완전본이다.(현존하지는 않지만 이전에 雷岳이 947년에 지은 운문의「행록」과 958년에 지은 운문의「실성비」에 의하면 어떤 형태로든 운문의 어록이 유행되고 있었다.) (2)『雲門匡眞禪師語』(『續開古尊宿語要』地集) : 가

운문의 삼구법문은 곧 이들 자료 가운데서 운문문언의 제자인 덕산연밀이 스승의 접화수단에 대하여 삼구로 정리한 것이 그 시초이다.[184] 『운문록』에 수록된 운문의 삼구법문의 내용은 다음과 같다.

운문이 시중하여 다음과 같이 말했다. '천중이란 函·蓋·乾·坤처럼 진여가 두루 편재하고 포용하며, 目·機·銖·兩처럼 일체에 두루 작용하며, 봄철에 온갖 만물이 생겨나는 반연을 초월해 있는 모습이다. 자, 그러면 어디 一句에 대하여 어디 한마디 말해 보거라.' 대중이 아무런 말도 하지 못했다. 그러자 운문 자신이 다음과 같이 말했다. '한 개의 화살로 세 관문을 꿰뚫어버렸다.'[185]

여기에서 函蓋乾坤은 상자와 그 뚜껑이 부합되고 하늘과 땅이 시공에 걸쳐 어김없이 조화를 이루는 모습으로서 스승과 제자의 문답이 완전하게 의기투합하는 것을 비유한 말이다. 目機銖兩은 저울로 사물을 재는데 있어서 저울

희 2년(1238) (3) 『韶州雲門匡眞文偃禪師』 1권(『五家語錄』 제3권)은 명대 말기. (4) 『御選慈雲匡眞弘明雲門偃禪師語錄』 1권(『御選語錄』 제6권)은 옹정황제 시절의 간본으로 『오가어록』 본을 계승한 것.
184) 『雲門匡眞禪師廣錄』 卷中, (『大正新脩大藏經』 47, p.563上) "函蓋乾坤 目機銖兩 不涉春緣"
185) 『雲門匡眞禪師廣錄』 卷中, (『大正新脩大藏經』 47, p.563上) "示衆云天中函蓋乾坤目機銖兩 不涉春緣作麼生承當 代云 一鏃破三關"

대와 눈금에 조금의 오차도 없이 완벽한 모습으로서 스승
이 제자의 번뇌와 망상을 제거해주는 것을 비유한 말이다.
不涉春緣[186]은 온갖 반연에 전혀 구애받지 않는 모습으로
서 제자의 근기와 성향에 맞추어 豁達不羈한 수단을 베풀
어주는 스승의 역량을 비유한 말한다. 이처럼 최초기에 그
의 제자 守堅이 집대성한 『운문록』의 내용에는 아직 본격
적으로 운문삼구라고는 명명되지 않았다. 곧 『선문강요집』
에서는 다음과 같이 말한다.

> 운문에게는 비록 삼구가 있지만 일찍이 삼구라는 명칭으로 정
> 립되지는 않았다. 그 적자인 덕산원명이 처음으로 운문삼구라
> 는 명칭을 내세웠는데, 곧 첫째는 절단중류이고, 둘째는 수파
> 축랑이며, 셋째는 함개건곤이다. 덕산의 제자 보안도 선사는
> 三句語의 순서에 따라서 차례로 게송을 붙였다.[187]

이로 보자면 운문의 삼구법문에 대하여 덕산연밀이 처
음으로 운문삼구라는 용어를 정립한 것으로 간주된다. 또

---

186) 不涉春緣은 때때로 不涉萬緣으로 기록된 경우가 있다. 이것은 봄철에
    온갖 만물이 소생하는 것으로 보아 萬緣을 春緣과 동일한 의미로 간
    주한 것이다.
187) 『禪門綱要集』, (『韓國佛教全書』6, p.858上-中) "雲門雖有此語 未甞立爲三
    句之名 其嫡子圓明密 始立三句之名 一截斷衆流 二隨波逐浪 三函盖乾坤 德山
    之嗣 普安道禪師 因三句語 隨以頌之" 기타 『人天眼目』卷2, (『大正新脩大藏經』
    48, p.312上) 참조.

한 환성지안도 『선문오종강요』에서 "비록 운문에게는 이 법어가 있었지만 일찍이 삼구라는 명칭으로 정립되지는 않았었다. 그 적자인 원명대사 덕산연밀이 처음으로 운문 삼구라는 명칭을 붙였다. 그리고 덕산의 제자인 보안도 선사가 그 삼구어의 순서에 따라서 거기에 게송을 붙였다."고 말하여 이 사실을 뒷받침하고 있다.[188] 또한 "한 개의 화살로 세 관문을 꿰뚫어버렸다"고 하여 삼구가 그대로 일구 곧 天中임을 표현하였다.

달리 一句를 내세웠는데 곧 天中이다. 천중에 대해서는 여러 가지 해석이 있다. 乾·坤의 체를 천중이라 말하기도 하고, 주역에서는 '크도다 乾元이여, 만물은 그것을 근본으로 삼아 비로소 생겨난다.'[189]고 말한다. 또 말하자면 天은 무위의 뜻이고, 中은 지나침도 없고 모자람도 없다. 말하자면 中은 無爲·自然·中正·不偏의 뜻이다. 그런즉 천중은 삼구에 즉해 있으면서도 그로부터 출현한 惣句[일구]이다.[190]

---

188) 『禪門五宗綱要』, (『韓國佛敎全書』9, p.462中) "雲門雖有此語 未嘗立三句之名 其嫡子圓明密 始立三句之名 德山之嗣普安道禪師 因三句語隨以頌之"

189) 『周易』 [乾卦], "大哉乾元 萬物資始" 참조.

190) 『禪門綱要集』, (『韓國佛敎全書』6, p.858上) "又立別置一句 天中者 商量頗多 乾坤之體曰天中 易曰大哉乾乎 萬物資始而生 又云天無爲意 中即無過不及之謂中 即但取無爲自然中正不偏之義而已 天中即三句所出底惣句" 기타 『人天眼目』卷2, (『大正新脩大藏經』48, p.312上) 참조.

이것은 운문삼구가 신훈의 삼구에만 국한되지 않고 본분일구로서의 기능도 아울러 지니고 있음을 말해주고 있다. 한편 환성의 말에 대하여 주석을 붙이면서 백파는 "그러나 '첫째는 函·蓋 운운'의 대목은 普安道 선사가 그 순서를 확정했다는 것은 분명히 잘못된 편집이다."[191]고 말한다. 곧 그 사법관계는 雲門文偃 - 德山緣密 - 普安道이기 때문에 덕산연밀이 운문문언의 법어인 함개건곤·목기수량·불섭춘연[192]을 바탕으로 하여 함개건곤·절단중류·수파축랑[193]으로 정형화하여 나열한 것이지 보안도가 나열한 것이 아니라는 의미이다. 여기에서 '첫째는 函·蓋 운운'의 대목은 다음의 내용을 가리킨다.

제일구는 函·蓋 및 乾·坤처럼 진여가 하늘과 땅을 두루 덮고 포용한다는 函·蓋·乾·坤이다. 이것은 곧 일체의 존재 모두가 眞如 그 자체라는 것이다. 제이구는 온갖 번뇌를 하나도 남김없이 말끔하게 절단해버린다는 截斷衆流이다. 이것은 곧 미혹의 근원을 절단하고 곧바로 眞如 그 자체가 되어 버리는 곳에 참선 학도의 요결이 있다는 것이다. 제삼구는 파도를

---

191) 白坡亘璇, 『禪門五宗綱要私記』, 日本 駒澤大學筆寫本 p.44. "一函蓋云云 此是普安之定次則應是誤編也". 이하 백파긍선의 『禪門五宗綱要私記』는 『私記』로 약칭함.
192) 『雲門匡眞禪師廣錄』 卷中, (『大正新脩大藏經』 47, p.563上) "函蓋乾坤[中]·目機銖兩[用]·不涉春〈萬=〉緣[體]"
193) 『雲門匡眞禪師廣錄』 卷下, (『大正新脩大藏經』 47, p.576中)

따르고 물결을 좇는다는 隨波逐浪이다. 곧 학인의 지도는 각기 상황에 근기에 따라 응하여 적절히 자재해야 함을 뜻하는 것이다.[194]

이에 대하여 환성지안의 『선문오종강요』에 인용된 靑山 旻 선사의 해석에는 운문의 삼구법문의 원형에 대한 구체적인 설명이 드러나 있다.

渾然하여 無爲이면서도 지나침과 미치지 못함이 없는 것을 天中 곧 태극의 元氣라 한다. 이에서 天地가 나누어졌다. 가볍고 맑으며 陽의 성품을 天이라 하고, 至高하고 無上한 것을 乾이라 한다. 저 덮고[蓋] 重濁하며 陰이 성품을 地라고 하고, 만물이 진열되어 있는 것을 坤이라 한다. 函처럼 二材가 이미 갈라진 즉 人材가 되어 만물의 最靈이 된다. 소위 눈으로 저울눈금을 가늠하는 것은 이에 人材가 하는 바로서 最靈의 效이기도 하다. 陰符經에서 '心은 物에서 생겨나고 機는 目에 있다.'라고 말하고, 이에 대한 주석에서는 '천하의 機는 心과 目처럼 가까운 것이 없다. 心이 이미 발생되니 機가 目으로 드러난다. 그런즉 目機는 이에 目에 보이는 바 機이다.'라고 말한다. 銖兩은 輕重으로 事에 있어서 目機에 응하는 것을 말한다. 마치 物에 있어서 저울로 재는 量과 같다. 그래서 혹 가볍다든가 무겁

---

194) 『雲門匡眞禪師廣錄』 [頌雲門三句語], (『大正新脩大藏經』 47, p.567中) ; 『禪門五宗綱要』, (『韓國佛教全書』 9, pp.461下-462上) ; 『人天眼目』 卷2, (『大正新脩大藏經』 48, p.312上)

다든가 하여 각기 그에 해당하는 용도를 따르는 것이다. 이미 人材가 있은 즉 四時의 行이 있어 만물이 興한다. 春〈萬=〉은 四時의 머리에 해당하는 것으로 만물을 생성시킨다. 만물이 곧 緣이다. 이 三材 곧 天·地·人과 四時 곧 春·夏·秋·冬 은 모두 태극의 원기로부터 涵養熏陶의 恩力을 稟受한 것이 다. 一鏃은 能透의 뜻으로 破하는 것을 透라 한다. 關은 難透 의 뜻이다. 그런즉 天中이란 一句이다. 함개건곤이란 體와 用 [中]이다. 목기수량은 用이다. 불섭춘연은 體이다. 一鏃도 또 한 一句이지만 특별히 初와 後가 不同할 뿐이다. 三關은 곧 위 에서 나열한 三句이다.195)

그리고 백파는 운문의 삼구법문 및 덕산연밀의 운문삼 구 및 보안도 선사의 운문삼구에 대한 게송 등에 대하여 나름대로 기준을 정하여 분명한 입장을 취하고 있다.196)

---

195) 『禪門五宗綱要』, (『韓國佛教全書』 9, p.462上) "渾然無爲 而無過不及 之謂天中 卽太極元氣也 於是天地剖判焉 輕淸陽爲天 至高而無上 是乾 也 若盖重濁 陰爲地 萬物所陳列 是坤也 如函二材旣剖卽有人材 而爲 萬物之最靈 所謂目機銖兩 乃人材之所爲 最靈之效也 陰符經云 心生於 物 機在於目 註云天下之機 莫近乎心目心旣發矣 機現乎目 則目機 乃 目所見機 銖兩猶輕重 言目機之應於事 猶權衡之量於物 或輕或重 各隨 其用也 旣有人材 而卽有四時行 而萬物興焉 春居四時之首 而生成萬物 萬物卽緣也 此三材四時 皆稟太極元氣 涵養熏陶之恩 力也 一鏃 能透 義 破則透也 關者 難透義也 然則天中者 一句也 函盖乾坤者 體用也 目 機銖兩 用也 不涉春〈萬=〉緣 體也 一鏃亦一句也 特初後不同爾 三關卽 前所列底三句也"

196) 이 점에 대해서는 이하 운문삼구를 임제의 삼현과 결부시키는 대목에 서 고찰한다.

이에 백파는 이것을 바탕으로 하여 덕산이 명명한 운문삼 구에다 임제종지의 교의인 삼현을 배대하여 설명을 가하고 있다.

2) 운문삼구와 임제삼현

임제의 삼현법문과 관련하여 덕산연밀은 운문의 삼구법 문에 대하여 그 용어를 변형시켜서 소위 운문삼구라는 용어로 확정하면서 거기에다 게송을 붙였다. 이것은 기타 『인천안목』 및 『선문오종강요』에도 수록되어 전한다.197) 그런데 守堅의 『운문광록』에 대하여 圓覺宗演이 校勘하고 王溢이 간행한 대정신수대장경본에는 그 말미에 [부록]의 형식으로 "운문삼구에다 게송을 붙임(기타 8수의 게송) 문 인으로서 덕산에 주석했던 원명대사가 서술한다"라고 말 하면서, 삼구에 대한 게송이 수록되어 있다.198)

그런데 이 게송이 『인천안목』에는 각 게송의 제목에 해 당하는 函蓋乾坤 · 截斷衆流 · 隨波逐浪이라는 용어가 생 략된 채로 덕산연밀의 제자인 普安道 선사의 게송으로 수

---

197) 『人天眼目』 卷2, (『大正新脩大藏經』 48, p.312上-中) 및 『禪門綱要集』, (『韓國佛教全書』 6, pp.858-859)에는 운문의 삼구에 대하여 언급하고 있다.

198) 『雲門匡眞禪師廣錄』, (『大正新脩大藏經』 47, p.576中) "頌雲門三句語 (幷餘頌八首) 門人住德山圓明大師緣密述"

록되어 있다.199) 그리고 이 운문삼구의 순서에 대하여 백파긍선은 『사기』에서 보안도 선사의 경우라고 하여 中·體·用의 순서로 간주하고 있다.200) 이것은 덕산연밀의 경우에 수파축랑을 中, 절단중류를 用, 함개건곤은 體로 각각 간주하는 경우와는 다르다. 그리고 전통적인 운문의 삼구는 함개건곤·절단중류·수파축랑이라 하여 중·용·체로 간주하고 있는 경우와도 또한 다르다.201)

그러면 덕산은 어떤 근거 내지 원리에서 운문의 '함개건곤·목기수량·불섭춘면'을 각각 함개건곤·수파축랑·절단중류라고 그 용어를 변형하였는가. 이와 관련하여 운문의 제자인 덕산연밀은 "제일구는 상자와 뚜껑 및 하늘과 땅처럼 진여가 두루 편재하고 포용하는 것이고,[函蓋乾坤] 제이구는 온갖 번뇌를 절단해버리는 것이며,[截斷衆流] 제삼구는 파도와 물결을 따르는 것이다.[隨波逐浪]"202)는 해석을 붙이고 있다. 이에 덕산원명의 제자인 普安道 선

---

199) 『人天眼目』卷2, (『大正新脩大藏經』48, p.312上-中) ; 『禪門綱要集』, (『韓國佛教全書』6, p.858中) 그러나 삼구 각각의 순서가 서로 일치한다는 것은 『禪門綱要集』, (『韓國佛教全書』6, p.858中)에 의거하여 알 수가 있다.
200) 『私記』, p.44. "普安卽此所列 卽中體用爲次也"
201) 여기에서 백파는 體中玄의 경우는 體로 간주하고, 句中玄(用中玄)의 경우는 用으로 간주하며, 玄中玄(意中玄)의 경우는 中으로 간주하고 있다.
202) 『禪門五宗綱要』, (『韓國佛教全書』9, pp.461下-462上) "後來德山圓明密禪師 遂離其語 爲三句曰 一函盖乾坤 二截斷衆流 三隨波逐浪"

사는 다시 三句語에 각각 게송을 붙여서 다음과 같이 설명하였다.

하늘과 땅과 일체의 만상/ 그리고 지옥 및 천당까지/ 만물이 다 진리로 드러나/ 어느 것도 부족함이 없네/
첩첩 산과 모든 봉우리가/ 낱낱이 다 먼지 쌓임이네/ 현묘한 도리 논하려 해도/ 빙소와해처럼 무너진다네/
변구와 이설로 다 물어도/ 높고 낮음에 부족함 없네/ 꼭 응병여약 경우 같은데/ 진찰 및 검진 자유롭다네/[203]

이 세 게송이 각각 函蓋乾坤, 截斷衆流, 隨波逐浪에 해당한다는 것에 대해서는 이미 『선문강요집』에서 설명되었다.[204]

때문에 이들 설화를 통해서 언급했던 것으로 보자면 염관의 문하에서 터득한 것은 30년 이전의 깨침이었고, 또 동산의 문하에서 터득한 일칙도 30년 이전의 일칙이었지만, 덕산의 문하에서 터득한 것을 가리키는 30년 이후에도 또

---

203) 晦巖智昭, 『人天眼目』 卷2, (『大正新脩大藏經』 48, p.312上) "普安道 頌三句 乾坤幷萬象 地獄及天堂 物物皆眞現 頭頭總不傷 堆山積嶽來 ——盡塵埃 更擬論玄妙 冰消瓦解摧 辨口利詞問 高低總不虧 還如應 病藥 診候在臨時"
204) 『禪門綱要集』, (『韓國佛教全書』 6, p.858上) "雲門雖有此語 未甞立爲三句之 名 其嫡子德明密 始立三句之名 一截斷衆流 二隨波逐浪 三函蓋乾坤 德山之嗣 普安道禪師 因三句語 隨以頌之 又立別置一句"

한 여전히 일칙이었다. 여기에서 30년 전이란 곧 권·실의 삼구이다. 덕산의 문하에서 터득한 것은 향상이었기 때문에 그 삼구 또한 일칙으로서 30년 이후의 일칙이었다.[205]

이와 같은 운문삼구는 백파에 의하자면 임제의현의 삼현과 밀접한 관계로 설정되어 있다. 그런데 임제삼현의 법어는 『임제록』의 "일구어마다 반드시 삼현문이 갖추어져 있고, 일현문마다 반드시 삼요가 갖추어져 있다. 그래서 權도 있고 用도 있는데 그대들은 어찌해야 그것을 알겠느냐."[206]는 구절에서 연유한다. 임제의 삼현은 삼요와 결부시켜 이해할 필요가 있다. 먼저 임제 삼현문의 원형은 體中玄·句中玄(用中玄)·玄中玄(意中玄)이다. 체중현은 언중에 어떤 가식도 없이 사물의 있는 그대로의 실상 및 도리를 드러내는 句를 말한다. 구중현은 분별정식에 구애받지 않는 實語로서 일체의 언어에 얽매이지 않고 그 玄奧를 깨치는 句를 말한다. 현중현은 모든 相待的인 논리나 어구의 장애를 벗어나 있는 현묘한 句를 말한다.

한편 임제의 삼요문은 분양선소의 설명에 의하면 다음과 같다. 제일요는 분별조작이 없는 언어이고, 제이요는 千聖이 그대로 玄要에 들어가는 것이며, 제삼요는 일체의

---

205) 설봉의 수행에서 이 경우에 해당하는 30년 이전은 미혹한 경지이고, 30년 이후는 증득한 경지를 가리킨다.

206) 『臨濟錄』, (『大正新脩大藏經』 47, p.497上) "一句語須具三玄門 一玄門須具三要 有權有用 汝等諸人作麼生會"

분별언어를 초절하여 무소의 뿔처럼 당당하게 나아가는 것이다.[207] 그리고 환성지안은 삼요에 대하여 그 내용을 機와 用의 관계로 파악하여 "첫째는 大機圓應이고, 둘째는 大用全彰이며, 셋째는 機·用齊施이다."[208]고 말한다. 이와 같은 삼현에 대하여 백파는 權에 즉하여 實을 설명한 것이기도 하고, 또한 權을 實의 입장에서 설명한 것이라고 말한다.[209]

여기에서 "일구마다 반드시 三玄門이 갖추어져 있다"는 것은 두 가지 의미가 있다. 첫째는 임제삼구로 말하면 제삼구를 가리킨 것인데 新熏과 途中으로써 교화문을 드러낸 것이다. 그것은 마치 스승이 노래를 부르고 제자가 그에 화답한 것과 같기 때문이다. 둘째는 "일구마다 반드시 삼현문이 갖추어져 있다."는 것은 제삼구에는 무릇 신훈의 삼구만 갖추어져 있는데 그 매 句마다 반드시 삼현문이 갖추어져 있다는 것으로서 제이구에서도 삼현을 설할 수가 있다는 말이다.

그리고 "일현마다 반드시 三要가 갖추어져 있다."는 것

---

207) 『人天眼目』卷1, (『大正新脩大藏經』48, p.302上) "如何是第一要 汾云 言中無作造 如何是第二要 汾云 千聖入玄奧 如何是第三要 汾云 四句 百非外 盡踏寒山道"

208) 『禪門五宗綱要』, (『韓國佛教全書』9, p.460上) "三要 一大機圓應 二大 用全彰 三機用齊施"

209) 『私記』, p.13. "卽權明實 又明權實上"

제5장 雲門宗의 교의   119

은 제이구의 삼현 가운데도 매 玄마다 또한 반드시 삼요가 갖추어져 있다는 것이다. 그래서 제일구에서도 삼요를 설할 수가 있다는 말이다.

이로써 보면 임제에게서는 삼구와 삼현과 삼요는 늘상 제법의 표준으로서 더불어 설정되어 있다. 그런데 제일구에서의 삼요는 實에 해당하는 것으로서 今時나 本分에 떨어지지 않는다. 때문에 모름지기 제이구에서의 삼현이어야 하는데 이 경우는 방편설의 삼현이다. 백파는 삼요와 삼현의 관계를 분별하여 "삼현과 삼요는 모두 고·금을 변별한 것으로 그 심·천이 같지 않다. 고·금이 삼현에 있을 경우에는 체·용이라 말하는데, 이것은 각각 未到이므로 제이구가 된다. 그러나 고·금이 삼요에 있을 경우에는 기·용이라 말하는데, 이것은 각각 能到이므로 제일구가 된다."[210]고 말한다.

백파는 바로 이와 같은 삼현과 삼요의 분별을 임제종지의 삼구에까지 적용하여 설명하고 있다.

이 三과 一이 所量의 法體인 제일구에 해당하는 경우에는 삼요 및 향상일규라 말하는데 上士가 그것을 듣는다. 마치 도장을 허공에다 찍는 것과 같기 때문에 불조의 스승이 된다. 이

---

210) 『私記』, p.1. "以玄要皆辨 古今而深淺不同 以古今在玄名爲體用 而各未到底故 爲第二句在要名爲機用 而各能到底 故爲第一句也"

三과 一이 所量의 法體인 제이구에 해당하는 경우에는 삼현 및 향상일로라 말하는데 中士가 그것을 듣는다. 마치 수면 위에다 도장을 찍는 것과 같기 때문에 인·천의 스승이 된다. 이 三과 一이 所量의 法體인 제삼구에 해당하는 경우에는 역시 신훈삼구라 말하는데 下士가 그것을 듣는다. 마치 진흙에다 도장을 찍는 것과 같기 때문에 남을 제도하기는커녕 자기도 구제하지 못한다.[211]

그래서 제이구에서의 삼현은 이미 權이므로 언설의 방편을 닮아 있다. 그러나 이 또한 權에 즉했지만 實을 설명한 것이므로 今時에 해당하는 것은 아니다. 때문에 이 또한 제삼구에서의 삼현으로서 방편설이다. 그런즉 저 제삼구에는 이미 삼현이 갖추어져 있다.

이리하여 이미 온전한 삼구이므로 매 句마다 각각 삼현을 갖추고 있다. 그리고 매 玄마다 각각 삼요를 갖추고 있다. 때문에 第三의 일구에는 삼구가 갖추어져 있고 삼현이 갖추어져 있으며 삼요가 갖추어져 있어서 더 이상 부족함이 없다. 또한 第二의 일구 가운데에도 삼구와 삼현과 삼요가 갖추어져 있어서 더 이상 부족함이 없다. 그리고 第一의 일구에도 삼구와 삼현과 삼요가 갖추어져 있어서 또

---

211) 『私記』 pp.3-4. "此之三一 在第一句名爲三要及向上一竅 上士聞之 如印印空 故爲佛祖師 在第二句名爲三玄 及向上一路 中士聞之 如印印水 故爲人天師 在第三句亦名三句 下士聞之 如印印泥故 自救不了也"

한 더 이상 부족함이 없다.

삼구가 그렇듯이 삼현도 역시 그와 같아서 매 玄마다 각각 삼구와 삼현과 삼요가 갖추어져 있다. 삼현이 이미 그렇듯이 삼요도 역시 그와 같아서 매 要마다 각각 삼구와 삼현과 삼요가 갖추어져 있다. 거기에는 本·末이 없고 背·面도 없으며 巧·拙도 없다.[212] 그러나 모름지기 삼구와 삼요와 삼현의 세 가지 機關은 필경에 모두가 하나의 기틀인 줄을 알아야 한다.

그럼에도 불구하고 여기에서 삼구와 삼현과 삼요의 深·淺·本·末에 대하여 擬議하고 計較할 수 있는 근거에 대하여 백파는 深·淺·本·末로써 분별하는 데 있어서 부득불 근기의 利·鈍을 따르지 않을 수가 없으므로 權도 있고 實도 있다고 말한다. 이것은 곧 일구마다 모름지기 삼현이 갖추어져 있어야 한다는 것을 결론지은 것이기도 하다.

"照도 있고 用도 있다"는 것은 위의 일현마다 모름지기 삼요가 갖추어져 있어야 한다는 말이다. 삼현이 이미 삼구에 갖추어져 있으므로 삼현에 갖추어져 있는 삼요도 또한 당연히 삼구에 들어 있다. 곧 그 삼구는 원래 제삼구로서 건화문으로 갖추어 놓은 것이다. 그러므로 삼구와 삼현과

---

212) 『禪門綱要集』, (『韓國佛敎全書』 6, p.583上)

삼요는 모두 스승이 노래하고 제자가 화답하는 말씀으로 이루어져 있다.

"그대들은 이것을 어찌해야 알 수가 있겠는가."라는 것은 대중들로 하여금 이 뜻을 알아차리라고 당부하는 것이다. 이것은 이후부터 본격적인 설명으로 보여주는 내용인데, 삼현의 名·相에 해당하는 체중현 등은 각각 삼세와 일념의 경우처럼 名·相[213)]에 해당한다.

처음의 경우는 體中玄과 用中玄(句中玄)의 두 가지를 서로 상대로서 설명한 것이고, 玄中玄(意中玄)의 마지막 한 가지 경우는 앞의 두 가지 곧 實體(체중현)와 權用(용중현 곧 구중현)보다 玄하여 無二圓融하기 때문에 玄中玄이라 말한다. 이런 점으로 보면 처음 곧 제일현인 체중현과 제이현인 구중현은 淺이고, 나중 곧 제삼현인 의중현은 深을 나타낸다.

그러나 뒤의 구중현과 의중현을 상대로 간주한다면 곧 구중현과 의중현이 체중현으로부터 유출된 것임을 설명한 것이다. 곧 능전의 言句 곧 구중현(용중현)과 소전의 義意 곧 의중현(현중현)은 모두 진여의 體(체중현)로부터 유출

---

213) 『禪門五宗綱要』, (『韓國佛教全書』 9, p.460上) "첫째 체중현은 삼세와 일념 등이고, 둘째 구중현은 경절과 언구 등이며, 셋째 현중현은 양 구와 방과 할 등이다. 또 각각 체중현·용중현·의중현이라고도 말한 다. 一體中玄 三世一念等 二句中玄 徑截言句等 三玄中玄 良久捧 〈棒?〉喝等 亦名體中玄 用中玄 意中玄"

된 것이기 때문이다. 이런 점으로 보자면 처음의 제일현인 체중현은 深이고, 나중의 제이현인 구중현과 제삼현인 의중현은 淺을 나타낸다.

이에 삼현에 원만하게 계합시키려고자 하면 한쪽으로만 치우치게 해서는 안된다. 때문에 만약 그처럼 치우치지 않게 되면 삼요와 더불어 차별이 없어지고 만다. 그러나 각범 혜홍의 말을 보면 오직 삼현에 대해서만 논하고 삼요에 대해서는 생략해버렸는데[214] 그것은 오류의 일례이다. 深은 무릇 제삼구 가운데의 삼구로서 이것은 理와 事가 격별한 신훈삼구이다. 그리고 지금 이 제이구 가운데의 삼현은 곧 위의 삼구에 도달한 입장에서 삼현이라 이름붙인 것이다. 그래서 일구에 즉한 삼구이기 때문에 玄이라 말하는 것이지, 위의 삼구 밖에 별도로 삼현이 있다는 것은 아니다.

3) 백파의 운문삼구 이해

백파는 우선 임제삼현과 관련하여 운문삼구의 전승에 대하여 운문종의 대의를 설명하는 가운데 다음과 같이 설정한다.

---

214) 『林間錄』卷下, (『卍續藏』87, p.263下) "古塔主喜論明此道 然論三玄 則可以言傳 至論三要則未容無說 豈不曰 一玄中具三要 有玄有要 自非 親證此道 莫能辯也"

운문삼구는 中・用・體의 순서로 되어 있는데, 中은 현중현이고, 用은 용중현이며, 體는 체중현이다. '자, 일구에 대하여 어디 한마디 말해 보라.'는 것은 삼구와 일구가 상즉하여 서로 無二의 일구이기 때문에 '한마디 말해 보라.'고 말한 것이다. '대중이 아무런 말도 하지 못했다.'는 것은 그 자리에 상상근기가 없었기 때문에 운문의 본의를 엿볼 수가 없었다는 것을 가리킨다. '한 개의 화살로 세 관문을 꿰뚫어버렸다.'는 것은 세 관문을 뚫어버렸지만 그 하나의 화살도 또한 없기 때문에 삼구와 일구가 모두 없어서[俱泯] 어디에서도 모색할 수가 없다. 이것은 곧 截斷을 설명한 것이다.215)

中・用・體의 순서라는 것은 『운문광록』에서 말한 "함개건곤[中]・목기수량[用]・부섭춘〈만=〉연[體]"의 대목을 언급한 것이다.216) 그리고 삼구에 붙인 중・용・체에 대하여 中은 현중현이고, 用은 용중현이며, 體는 체중현으로 간주한 것은 백파의 독창적인 견해이다.217) 이에 백파는 운문

---

215) 『私記』, p.48. "三句中用體爲次也 中爲玄中玄 用爲用中玄 體爲體中玄也 一句作麼生道者三一相卽無二之一句作麼生道也 衆無語者無上上根 故不能窺覰雲門本意也 一鏃破三關者 三關破則一鏃 亦亡故三一俱泯摸揉〈索?〉不着 是爲明截斷也"

216) 『雲門匡眞禪師廣錄』 卷中, (『大正新脩大藏經』 47, p.563上) "函蓋乾坤[中]・目機銖兩[用]・不涉春〈萬=〉緣[體]"

217) 본 대목은 백파가 운문종지를 임제의 삼현에 배대한 직접적인 경우에 해당한다. 백파가 운문종지에 대하여 '무릇 截斷만 설명하고 三要를 갖추지 못한 까닭에 임제종에는 미치지 못한다. 때문에 마조의 방전이다.' (『私記』 pp.9-10. "但明截斷則三要未具 故不及臨齊宗 故爲馬祖

제5장 雲門宗의 교의　125

삼구에 대한 다른 사람의 견해에 대해서도 나름대로 평가를 내리고 있다. 보안도 선사의 게송에 대해서는 다음과 같이 말한다.

보편적으로 운문의 경우는 위에서 말한 것처럼 中 · 用 · 體의 순서로 되어 있다. 그런데 또 보안도 선사가 이에 대하여 나열한 것은 곧 中 · 體 · 用의 순서이다.[218]

이 경우에 운문삼구에 붙인 보안도선사의 세 게송의 순서는 위에서 게송으로 언급했던 바와 같이 함개건곤 · 절단중류 · 수파축랑이다.[219] 이로써 보면 보안도 선사의 경우도 운문의 경우와 마찬가지로 함개건곤 · 절단중류 · 수파축랑의 순서인데도 불구하고 이 경우에는 그와는 달리 中 · 用 · 體라 하지 않고 中 · 體 · 用이라 말하고 있다. 한편 원명대사 덕산연밀의 경우에 대해서는 다음과 같이 말한다.

원명대사 곧 덕산연밀이 말한 '첫째는 절단중류이고, 둘째는

之傍傳也")고 평가한 것을 참조할 수 있다.
218) 『私記』, p.44. "盖雲門如上則中 · 用 · 體爲次 安卽此所列 卽中 · 體 · 用爲次也"
219) 『人天眼目』卷2, (『大正新脩大藏經』48, p.312上) "普安道頌三句 : 乾坤幷萬象 地獄及天堂 物物皆眞現 頭頭總不傷[中]. 堆山積嶽來 ——盡塵埃 更擬論玄妙 冰消瓦解摧[體]. 辨口利詞問 高低總不虧 還如應病藥 診候在臨時[用]"

함개건곤이며, 셋째는 수파축랑이다.'의 경우는 곧 體·用·中의 순서가 된다. 그런데 또 보안도 선사가 이에 대하여 나열한 것은 곧 中·體·用의 순서이다.[220]

이로써 보면 원명대사의 경우에도 운문의 경우와 마찬가지로 함개건곤·절단중류·수파축랑의 순서인데도 불구하고 이 경우에는 그와는 달리 中·用·體라 하지 않고 體·用·中이라 말하고 있다.[221] 이와 같이 동일한 삼구의 배열순서에 대하여 백파가 三玄을 다르게 적용하여 해석한 것은 무슨 이유인가. 백파는 이에 대하여 직접적으로 다음과 같이 말한다.

운문과 원명과 보안의 세 선사의 경우 이와 같이 혼란스럽게 언급된 것은 납자들로 하여금 정해진 規·模에 매이지 않도록 한 것으로 당처에서 바로 파악하게 한 것이다. 만약 제방의 경우처럼 體·用·中의 삼구로만 본다면 末(體·用)로부터 本(中)으로 나아가는 것이 되어 중·하근기를 왜곡하는 것이므로 그것은 規·模의 얽매임으로부터 벗어나지 못한 꼴이다.[222]

---

220) 『私記』, p.44. "圓明云 一截斷衆流 二函蓋乾坤 三隨波逐浪 卽體·用·中爲次 普安卽此所列 卽中·體·用爲次也"
221) 『禪門五宗綱要』, (『韓國佛敎全書』 9, pp.461下-462上)에서도 원명대사의 말이라 하여 "後來德山圓明密禪師 遂離其語爲三句 曰函蓋乾坤句 截斷衆流句 隨波逐浪句"의 순서로 나열되어 있다.

이것은 바로 위에서 언급한 것으로 종래 운문의 경우는 中·用·體의 순서이고, 덕산원명의 경우는 體·用·中의 순서이며, 보안도의 경우는 中·體·用으로서 각각 다른 경우를 가리킨다.223) 이로써 백파가 운문의 삼구법문을 임제의 삼현과 관련시켜서 해석한 의도는 명백해졌다. 곧 일체의 언구와 분별사려에 미혹하지 않도록 하려는 것이었다는 것이다. 그래서 백파는 다시 다음과 같이 말한다.

그러나 지금 운문의 경우는 그와는 다르다. 곧 規·模를 초월하여 本으로부터 末을 일으켜 친히 祖印을 제시하여 직접 상근대지를 위하였다. 이것이야말로 운문의 견해로서 대기·대용의 경지이고 시절이었다. 때문에 원명대사와 보안도 선사는 서로 回·互하면서 영원히 規·模를 벗어나서 운문의 意旨를 깊이 구명함으로써 先代를 닮은 자손이었다.224)

---

222) 『私記』, pp.44-45. "普安卽此所列 卽中·體·用爲次也 三師如是亂學者 直欲學者不存規模當下 構取耳 若諸方之體·用·中三句自末(體·用) 趨本(中) 曲被中下故 未出規模 今次雲門則不然 不存規模"

223) 나아가서 惟精禪師의 경우 구체적인 내용은 다음과 같다. 함개건곤은 體用相會[中], 수파축랑은 目機銖量[用], 절단중류를 主賓問答[體]으로 간주한다. 또 함개건곤은 體具萬德[體], 目機銖量은 高低輕重[用], 不涉萬春[中]으로도 간주한다. 『禪門綱要集』, (『韓國佛敎全書』 6, pp.858下-859上)

224) 『私記』, p.45. "從本起末 親提祖印 直爲上根大智 此是雲門見 大機大用地時節也 故圓明普安 互相回互 而永脫規模 深明雲門意旨 克肖之子孫也"

이것은 운문의 삼구법문을 그 제자 및 손제자의 시대에
각각 다른 명칭으로 전승되어 적용되었을지라도 그들의
본의는 근기에 따른 방편설법이었음을 백파는 수용하여
강조하고 있다.225) 이에 따라서 백파는 운문의 삼구를 다
시 세 가지 뜻으로 분류하여 더욱더 자세하게 설명한
다.226) 첫째는 다음과 같다.

　　첫째로 長靈守卓(1065-1123)이 말한 '체·용을 쌍조함으로써
함개건곤의 뜻을 智證한다.'는 것은 조·용의 동시로써 납자를
상대하는 것이고, '체·용의 쌍민으로써 절단중류의 뜻을 智證
한다.'는 것은 조·용의 부동시로써 납자를 상대하는 것이다.
그러나 쌍조와 쌍민에는 이미 그 전·후가 없다. 때문에 그와
는 달리 無私의 일구가 현전하는 경우야말로 어찌 수파축랑이
아니겠는가. 그래서 함개건곤과 절단중류로써 각각 좌·우를
삼고, 수파축랑으로써 中을 삼는다. 이것은 보안도 선사가 확

---

225) 『禪門綱要集』, (『韓國佛教全書』 6, p.上-中) "問雲門但有此語 不分前
　　後次第之名 圓明普安 即是雲門兒孫 爲什麼特立三句一句之名 隨意頌
　　之耶 答若是上根大智 才聞此語 徹見雲門骨髓 何待圓明普安 如此註解
　　只爲機有萬差故 圓明不1措眉毛 曲爲中下之流 落草註解 然若一向實執
　　三句名義 不明圓明昭陽本懷 則又却不是故 普安全爲隨言轉執者 別置
　　一句 如是三句施設 皆是大虛空ㅁ〈之?〉乎者也 打虛空作七八片 故望三
　　句未萠〈萌?〉前頭 立一句云別置 所以然者 若是此箇事 猶如大虛 不可
　　辨得 故稱一句 盖不得已爾 故云三句 豈能該"
226) 『人天眼目』 卷2, (『大正新脩大藏經』 48, p.312上) ; 『禪門五宗綱要』,
　　(『韓國佛教全書』 9, pp.461下-462上) ; 『禪門綱要集』, (『韓國佛教全
　　書』 6, pp.858中-859上) 등 참조.

정한 이래로 바로 제일구의 소식이 되었다.227)

둘째는 다음과 같다.

둘째로 유정선사가 말한 바처럼 절단중류는 用을 섭수하여 體
로 돌아가는 것이고, 수파축랑은 體로부터 用을 일으키는 것
이며, 함개건곤은 體와 用이 相會하는 것이다. 곧 절단중류와
수파축랑을 左·右로 삼고, 함개건곤으로 中을 삼은 것인데,
이것은 삼현의 순서와 같다.228)

셋째는 다음과 같다.

또한 셋째로 函·蓋·乾·坤처럼 진여가 두루 편재하고 포용
하는 函蓋乾坤을 體로 삼는데, 體는 만덕을 갖추고 있기 때문
이다. 또 目·機·銖·兩처럼 일체에 두루 작용하는 目機銖兩
을 用으로 삼는데, 輕·重을 따르기 때문이다. 또 온갖 반연을
초월해 있는 모습인 不涉萬緣을 中으로 삼는데, 體·用은 모
두 온갖 것을 반연하기 때문이다. 이 경우가 바로 운문문언이

---

227) 『私記』, pp.45-46. "一長靈卓云 以體用雙照智 訂〈證?〉函蓋乾坤義 以示
照用同時對機 以體用雙泯智 訂〈證?〉截斷衆流義 以示照用不同時對機
然雙照雙泯旣無前後 故無私一句現前 豈非隨波逐浪耶 卽以函蓋乾坤 截
斷衆流爲左右 以隨波逐浪爲中間 此是普安定次 而正爲第一句消息也"
228) 『私記』, p.46. "二〈三+?〉惟精禪師云 絶〈截?〉斷衆流攝用歸體 隨波逐
浪從體起用 函蓋乾坤體用相會 卽爲截斷衆流隨波逐浪爲左右 以函蓋
乾坤爲中 此是三玄之次也"

말한 순서로서 삼구가 서로 중간이 되어 신통변화와 같기 때문에 분명하게 확정할 수가 없다. 말하자면 劍鋒에는 길이 있지만 鐵壁에는 문이 없다.[229]

여기에서 셋째의 '운문문언이 말한 순서'와 관련해보면, 이 경우 곧 함개건곤의 경우를 體라 말하고, 목기수량의 경우를 用이라 말하며, 불섭춘연의 경우를 中이라고 말하는 순서는 백파가 위에서 운문삼구에 대하여 中·體·用의 순서로서 "函蓋乾坤[中]·目機銖兩[用]·不涉春〈萬=〉緣[體]"[230]라고 말한 경우와는 그 배열의 순서가 서로 모순된다. 그리고 이와 관련하여 일찍이 靑山叟는 운문삼구에 대하여 "함·개·건·곤이란 體와 用의 상즉[中]이고, 목·기·수·량은 用이며, 不涉春〈萬=〉緣은 體이다."[231]고 해석하였다.

또한 巴陵顥鑑의 경우는 提婆宗 - 절단중류 - 대기원응 - 體로 간주하였고, 吹毛劍 - 수파축랑 - 대용직절 - 用으로 간주하였으며, 禪敎同別 - 함개건곤 - 대기·대용 - 조용동시·조용부동시로 각각 간주하였다.[232]

---

229) 『私記』, p.46. "又函蓋乾坤爲體 體具萬德故 目機銖兩爲用 隨輕重故 不涉春〈萬=〉緣爲中 體用皆春〈萬=〉緣故 此是雲門之次也 三句互爲中間 如同神變 定當不得信 謂劍鋒有路 鐵壁無門也"
230) 『雲門匡眞禪師廣錄』 卷中, (『大正新脩大藏經』 47, p.563上)
231) 『禪門五宗綱要』, (『韓國佛敎全書』 9, p.462上) "不涉春〈萬=〉緣은 體이다. 函蓋乾坤者 體用也 目機銖兩 用也 不涉春〈萬=〉緣 體也"

한편 장령수탁의 경우에 函蓋乾坤 – 體用雙照 – 照用同時이며, 截斷衆流 – 體用雙泯 – 照用不同時이고, 隨波逐浪 – 雙照雙泯 – 一句現前으로 간주한 점233)을 보면 더욱더 그렇다. 이와 같이 다양하게 적용된 것을 도표로 보이면 다음과 같다.

雲門文偃	中(函蓋乾坤)	用(目機銖量)	體(不涉春緣)
德山圓明	體(函蓋乾坤)	用(截斷衆流)	中(隨波逐浪)
普安道	中(函蓋乾坤)	體(截斷衆流)	用(隨波逐浪)
惟精	中(函蓋乾坤) · 體(函蓋乾坤)	體(截斷衆流) · 用(目機銖量)	用(隨波逐浪) · 中(不涉春緣)
靑山叟	中(函蓋乾坤)	用(目機銖量)	體(不涉春緣)
長靈守卓	體 · 用雙照-函蓋乾坤-照 · 用同時	體 · 用雙泯-截斷衆流-照 · 用不同時	雙照 · 雙泯-隨波逐浪-一句現前
巴陵顥鑑	大機 · 大用-函蓋乾坤-禪敎同別-照用同時 · 照用不同時	體-截斷衆流-提婆宗-大機圓應	用-隨波逐浪-吹毛劍-大用直截

이와 같이 운문삼구와 삼현의 관계가 다양함에도 불구

---

232) 『私記』 pp.49-50.
　　여기에서 이에 파릉삼구를 운문삼구와 똑같다고 간주한 것은 백파긍선의 견해이다. 백파는 바로 이하 부분에서 첫째를 절단중류의 用句로, 둘째를 수파축랑의 體句로, 셋째를 함개건곤의 中句[體 · 用同時 및 體 · 用不同時]로써 그것을 설명한다. 이로써 백파는 이하에서 운문문언은 파릉호감을 늘상 인정하였다고 평가하는 부분과 비교하면 더욱더 그렇다.
233) 『私記』 p.45.

하고 그 모순된 배열을 언급하는 이유는 운문의 종지를 단적으로 "한 개의 화살로 세 관문을 꿰뚫어버렸다."[234]는 운문문언의 법어에 근거한다. 곧 운문문언이 제시한 삼구의 법어는 본래 격외선의 도리로서 조사선에 속한다는 점을 강조하기 위함이었다. 백파는 '하나의 화살로 세 관문을 꿰뚫는다.'는 것에 대하여 세 가지 뜻으로 해석한다.

첫째, 반조하는 지혜가 곧 '하나의 화살'이라는 뜻이다. 둘째, 설법의 경우에는 세 가지 名字가 있지만 반조의 경우에는 삼구와 일구라는 견해도 없다. 때문에 이구와 삼구 가운데 일구만이 '하나의 화살'이라는 뜻이다. 셋째, 모든 구는 정해진 차제가 없어서 하나를 들면 전체가 섭수된다. 곧 모든 상대를 단절했기 때문에 삼구는 別置하고 일구만 '하나의 화살'로 삼는다는 뜻이다.[235]

때문에 백파에 의하면 이 삼구의 명칭[名]은 비록 제이구이고 三玄이지만, 그 의미[意]는 실로 제일구이고 三要이다.[236] 이에 言을 따르지 않고 句에 막힘이 없이 운문의

---

234) 『雲門匡眞禪師廣錄』 卷中, (『大正新脩大藏經』 47, p.563上) "示衆云 天中函蓋乾坤 目機銖兩 不涉春〈萬=〉緣 作麼生承當 代云 一鏃破三關"
235) 『私記』, pp.46-47. "一返照智爲一鏃 說時有三名字 返照時不作三一解 故二三句中一句爲一鏃 句句無定次第 擧一全收 絶諸對故三別置 一句爲一鏃也"
236) 백파는 임제의 삼구에 대하여 그 深·淺의 경지를 각각 다음과 같이

골수를 철견할 것을 요구한다. 곧 운문종을 조사선으로 간주하는 까닭에 대하여 백파는 삼구(三玄)는 물론이고 일구(向上)마저 남아 있지 않기 때문이라고 말한다.

3. 抽顧와 一字關

백파는 또한 운문의 독특한 가르침의 수단이었던 抽顧에 대하여 평가를 붙이고 있다.[237] 곧 운문선사는 납승을 만날 때마다 어김없이 그를 돌아보고 "鑑"이라 말했다. 그리고 승이 뭐라고 말할라치면 "咦"라 말했다. 이것은 무미건조한 문답이야기로서 곧 일상의 견해를 截斷한 것이다. 그러나 오늘날 사람은 그 도리에 접근할 수가 없다. 이것

삼요와 삼현에 대비시키고 있다. 『私記』, pp.3-4. "이 三과 一이 所量의 法體인 제일구에 해당하는 경우에는 삼요 및 향상일규라 말하는데 上士가 그것을 듣는다. 마치 도장을 허공에다 찍는 것과 같기 때문에 불조의 스승이 된다. 이 三과 一이 所量의 法體인 제이구에 해당하는 경우에는 삼현 및 향상일로라 말하는데 中士가 그것을 듣는다. 마치 수면 위에다 도장을 찍는 것과 같기 때문에 인·천의 스승이 된다. 이 三과 一이 所量의 法體인 제삼구에 해당하는 경우에는 역시 신훈삼구라 말하는데 下士가 그것을 듣는다. 마치 진흙에다 도장을 찍는 것과 같기 때문에 남을 제도하기는커녕 자기도 구제하지 못한다. 此之三一 卽所量法體 題中三句卽能量秤衡 此之三一 在第一句名爲三要及向上一竅 上士聞之 如印印空 故爲佛祖師 在第二句名爲三玄及向上一路 中士聞之 如印印水 故爲人天師 在第三句亦名三句下士聞之 如印印泥故 自救不了也"

237) 『私記』, pp.48-49. 참조.

을 문인들이 기록하면서 顧·鑑·咦238)라 하였다.

 그 제자인 원명대사 덕산연밀은 顧·鑑·咦에서 顧자를 빼버리고 다만 鑑·咦라고만 말했다. 때문에 그것을 가리켜 顧를 빼버렸다[抽顧]고 말한다.239) 그런데 후손들은 그 종지를 상실해버리고 사람을 만날 때마다 화가 난 눈으로 직시하였는데 그것을 가지고 훈계하여 이끌어준다[提撕]고 말하고, 그 자리에서 깨우쳐준다[擧處便薦]고 말하면서 그것을 相傳하여 깨침의 안목으로 삼았다. 북탑의 祚禪師는 일찍이 그것을 찬탄하여 다음과 같은 게송을 지었다.

　운문문언의 추고송은 웃음을 자아내네
　말할라치면 그에게 고감이라 하였다네
　이것은 선교방편을 베풀어준 것이지만
　경지에 도달해 베풀어주기는 어렵다네240)

---

238) 顧는 '돌이켜 보거라', 鑑은 '살펴 보거라', 咦는 '납자를 경계하고 지적하여 크게 부르는 소리'이다. 운문은 납자에게서 질문을 받으면 이 세 글자를 활용하였기 때문에 달리 운문의 '三字禪' 내지 '三字關'이라 한다.

239) 덕산연밀의 抽顧頌은 『人天眼目』卷2, (『大正新脩大藏經』48, p.312中) "서로 만나도 눈썹 깜빡이지 않으니/ 그대가 東이라면 나는 또한 西라네/ 붉은 노을은 푸른 바다에 빠져들고/ 타는 붉은 해가 수미산을 둘러싸네/ 相見不揚〈揭=〉眉 君東我亦西 紅霞穿碧落〈海=〉白日繞〈遙=〉須彌" 참조.

240) 『人天眼目』卷2, (『大正新脩大藏經』48, p.312中 ; p.313中) ; 『智證傳』, (『卍續藏』63, p.188中) "抽顧頌曰 顧鑒咦 雲門經行 逢僧必特顧之曰 鑒 僧欲誚之 則曰 咦 率以爲常 故門弟子錄曰 顧鑒咦 圓明密禪師刪

또한 一字關에 대해서도 "이 또한 무미건조한 답화인데 견해를 截斷한 것이므로 그 도리에 접근할 수가 없다."[241] 는 주석을 붙여서 운문의 접화수단에 대하여 평가하고 있다.

4. 巴陵三句

백파는 파릉의 삼구를 제시하여 운문의 삼구에 대한 정통으로 간주하였음을 설명한다.[242] 곧 파릉의 이름은 호감으로서 운문문언의 제자이다. 총림에서는 파릉호감을 鑑 多口라고 불렀다. 巴陵顥鑑은 五代 · 宋初 운문종의 인물로서 운문문언의 법사이다. 그를 鑑多口(깡다구라 발음한다)라 부른 것은 파릉호감의 뛰어난 변설을 가리킨 말이기도 하다. 파릉의 삼구는 운문삼구와 완전히 똑같다. 파릉삼구를 운문삼구와 똑같다고 간주한 것은 백파긍선의 견해이다. 백파는 바로 이하 부분에서 첫째를 절단중류의 用句로, 둘째를 수파축랑의 體句로, 셋째를 함개건곤의 中句

去顧字 但以鑒咦二字爲頌 謂之抽顧頌 今其兒孫失其旨 接人以怒目直視 名爲提撕 名爲不認聲色 名爲擧處便薦 相傳以爲道眼 北塔祚禪師獨笑之 作偈曰 雲門抽顧笑嬉嬉 擬議遭渠顧鑒咦 任是張良多智巧 到頭於此也難施" 참조.

241) 『私記』, p.49. "此亦無味答話 截斷見解 溱泊不得也"
242) 『私記』, pp.49-51. 참조.

[體·用同時 및 體·用不同時]로써 그것을 설명한다. 이로써 백파는 이하에서 운문문언은 파릉호감을 늘상 인정하였다고 평가하는 부분과 비교하면 더욱더 그렇다.

파릉삼구의 연원은 『인천안목』에서 살펴볼 수가 있다.

한 승이 파릉에게 물었다. '제바종이란 무엇입니까.' 파릉이 말했다. '은주발 속에 흰 눈이 가득하다.' 또 물었다. '취모검이란 무엇입니까.' 파릉이 말했다. '산호 가지마다 달빛이 어려있다.' 또 물었다. '선[祖意]과 교[敎意]는 같습니까 다릅니까.' 파릉이 말했다. '닭은 추우면 횃대에 올라가고 오리는 추우면 물속에 들어간다.'243)

여기에서 첫째의 "제바종"은 절단중류구와 같다. "은주발에 흰눈이 가득하다."는 것은 곧 순결하여 티끌하나 없는 것으로 차가움의 극치로서 이미 말한 것처럼 "가득하기" 때문에 大機圓應하는 用이다. "제바"는 번역하면 天이다.

"처음에 용수가 바늘을 물속에 던지는 것을 보고서 흔연하게 서로 계합되었다. 이에 용수가 설법하기 위하여 월륜

---

243) 『人天眼目』 卷2, (『大正新脩大藏經』 48, p.313上) ; 『禪門五宗綱要』, (『韓國佛敎全書』 9, p.462下) "僧問巴陵 如何是提婆宗 陵云 銀碗裏盛雪 問如何是吹毛劍 陵云 珊瑚枝枝撑著月 問祖意敎意是同是別 陵云 雞寒上機 鴨寒下水"

상을 보였는데 오직 그 설법소리만 들리고 용수의 모습은 보이지 않았다. 그러자 제바가 대중에게 말했다. 지금의 이와 같은 상서는 대사께서 불성을 드러내어 설법으로 나타낸 것이지 색과 소리가 아니다."[244]

곧 제바는 그것이 색과 소리가 아닌 불성인 줄을 깨쳤기 때문에 절단중류의 體句를 제바종이라 말한 것이다.

둘째의 "취모검"은 곧 수파축랑구인데, 이것은 곧 활인검이기 때문이다. 珊瑚樹에는 향기가 가득하기 때문에 用이다. 그리고 또한 산호의 가지마다 달빛이 어려 있는 것은 곧 낱낱의 用 가운데 모든 體가 갖추어져 있다는 뜻인데 이것은 大用直截이다.

셋째의 "祖意[禪]와 敎意[敎]의 같고 다름"은 곧 함개건곤구와 같다. 닭은 추우면 나무 위로 올라간다는 것은 祖意로서 大機이고, 오리는 추우면 물속에 들어간다는 것은 敎意로서 大用이다. 때문에 조ㆍ용의 동시이다. 그러나 이것은 곧 평상사의 모습이지 결코 억지로 그런 것이 아니다. 때문에 또한 조ㆍ용의 부동시이기도 하다.[245] 이 또한 운문문언의 골수의 도리를 철견한 것이다.

백파는 이와 같은 파릉삼구에 대하여 '운문문언은 이 말을 듣고서 운운'의 대목으로써 파릉은 과연 운문문언의 적

---

244) 『佛祖歷代通載』 卷2, (『大正新脩大藏經』 49, p.504上)
245) 조ㆍ용의 동시와 조ㆍ용의 부동시를 포함하고 있는 까닭에 中이다.

자로서 운문의 言을 받들었지만 句에 얽매이지 않고 골수를 철견하였다고 평가한다.246) 때문에 운문은 그의 모든 설법에서 파릉의 말을 늘상 인정하였다. 파릉호감은 운문문언의 제자인데 『인천안목』에는 "운문문언이 파릉의 삼구를 듣고서 말했다. '훗날 노승의 기일이 되면 단지 이 三轉語만 가지고 나한테 공양하면 충분하다.'"247)는 코멘트가 붙어 있어서 그 일면을 참조할 수가 있다.

---

246) 『私記』, p.51. "雲門聞此語云云 以巴陵果是嫡子能不承言滯句徹見骨髓故滿口許他也"

247) 『人天眼目』 卷2, (『大正新脩大藏經』 48, p.313下), "雲門聞此語云 他日老僧忌辰 只擧此三轉語 供養老僧足矣"

제6장 曹洞宗의 교의

1. 백파의 曹洞宗旨觀

백파는『선문오종강요사기』[248]를 저술하였는데, 그것은 환성지안의『선문오종강요』에 대하여 나름대로 견해를 내세워 주석을 가하면서 멀리 회암지소의『인천안목』과 천책의『선문강요집』까지 인용하고 있다. 여기에서 백파는 기존의 선종오가에 대한 견해 가운데 조동종에서 전승되어 오고 있는 4종의 오위에 대하여 일률적으로 정중편 ◗, 편중정 ◖, 정중래 ◉, 겸중지 ○, 겸중도 ● 등 다섯 개의 동그라미의 형상을 공통된 것으로 적용하고 있다. 그러나 이 가운데서 왕자오위에 대해서는 그 구체적인 내용에 대해서는 아무런 언급도 없다. 때문에 여기에서는 왕자오위에 대한 백파의 견해는 생략하기로 한다. 구체적으로는 백파가 제시한 오위는 편정오위에 국한시키고 있지만 다섯 가지 용어는 왕자오위가 생략된 3종의 오위에 두루 그 원리를 포함시켜두고 있다.

---

248) 白坡亘璇,『私記』, 日本 駒澤大學筆寫本.

2. 偏正五位

백파는 『선문오종강요사기』에서 선종오가에 대하여 임제의 삼구를 중심으로 그 우열을 판별하고 있다. 그 제일구에는 조사선을 배열하고, 제이구에는 여래선을 배열하며, 제삼구에는 의리선을 배열한다. 그리고 각각 제일구의 조사선에는 임제종과 운문종을 해당시키고, 제이구의 여래선에는 조동종과 위앙종과 법안종을 해당시킨다. 나머지 제삼구의 의리선에는 선종오가 가운데 해당사항이 없다고 판별한다. 그리고 각각의 종지에 대해서는 임제종의 경우는 三要와 向上一竅로 간주하고, 운문종의 경우는 三玄과 向上一路로 간주하며, 조동종의 경우는 向上一路로 간주하고, 위앙종의 경우는 體와 用을 간주하며, 법안종의 경우는 體를 설명하는 것으로 판별한다. 그리고 백파는 이러한 기준에 대하여 종지가 심오한 것으로부터 얕은 것으로 판단한 것이라고 말한다.[249]

백파는 이와 같은 판단에서 조동종의 경우는 여래선으로서 향상의 종지를 서술한 것으로 파악하여, 임제종과 운문종에는 미치지 못하지만 위앙종과 법안종보다는 우월하다고 간주하였다. 이에 백파는 조동종을 운문종 앞에다 배

---

249) 『私記』, pp.10-11. 참조.

열하여 서술했던 『선가귀감』의 경우에 대하여 그것은 이
해하기 어려운 경우에 해당한다는 견해를 제시하고 있
다.250) 이와 같이 조선후기 당시의 선문 상황으로는 어디
까지나 임제종 정통으로 계승되고 있었음은 법맥의 정통
에 대해서도 마찬가지였다.251) 이런 백파는 조동종파의 교
의 가운데서 조동오위에 대하여 다음과 같이 평가한다.

> '正과 偏이 有와 無의 機에 떨어지지 않는다'는 하구는 분별
> [좌·우]에 떨어지지 않는 것이다. 곧 비록 편정오위를 시설
> 했지만 그것이 유·무의 기관에 떨어진 것이 아니라는 것
> 이다.252)

이와 같은 기본적인 입장에 근거하여 백파는 조동오위
의 근본에 해당하는 편정오위에 대하여 그 나름대로 안목
을 가지고 평가하고 있다. 조동오위에는 4종의 오위가 전
해온다. 첫째는 동산의 편정오위이고,253) 둘째는 조산의

---

250) 『私記』, pp.51-52. "此乃優劣皎然 於龜鑑中 以此宗置雲門宗之上 乍
可不知也"
251) 김호귀, 『청허휴정의 오가법맥 인식의 배경에 대한 고찰』, (『韓國禪
學』 제22호. 2009.4)
252) 『私記』, p.53. "下句不落左右 雖設偏正五位而不落有無之機也"
253) 『撫州曹山元證禪師語錄』, (『大正新脩大藏經』 47, pp.531中-532下)의
[解釋洞山五位顯訣]의 대목이 이에 해당한다. 곧 동산의 오위에 대하
여 그 제자인 曹山本寂이 逐位頌을 붙여 완성하였다. 이후로 조동종 뿐만 아
니라 임제종 계통에서도 중시되어 보편화되었다. 우리나라에서는 조산본적의

군신오위이며,254) 셋째는 석상의 왕자오위이고,255) 넷째는 동산의 공훈오위이다.256) 이들 4종 오위에 대하여 백파는 각각 다음과 같이 평가한다.

편정오위는 동산양개가 내세운 것으로 이·사·체·용을 설명하여 직접 법체를 드러낸 것이므로 이 편정오위는 通相이고 나머지 세 종류는 別相이다. 군신오위는 조산본적이 내세운 것으로 유위는 신하이고 무위는 임금으로 설명한다. 때문에 또한 이·사·법·체를 설명한 것이다. 왕자오위는 제조사의 행상을 설명한 것이다. 공훈오위는 납자의 행리를 설명한 것이다. 뒤의 왕자오위와 공훈오위의 두 경우도 또한 동산양개가 내세운 것이다.257)

제자인 曹山慧霞 및 光輝가 각각 주석을 붙이고 이에 고려의 一然이 補를 붙여 간행한 重編曹洞五位가 전승되고 있다. 기타 『人天眼目』 卷3, (『大正新脩大藏經』 48, pp.314上-315下) ; 『禪門五宗綱要』, (『韓國佛敎全書』 9, pp.462下-464上) 참조.

254) 『瑞州洞山良价禪師語錄』, (『大正新脩大藏經』 47, p.525下) ; 『撫州曹山元證禪師語錄』, (『大正新脩大藏經』 47, p.527上) ; 『禪門五宗綱要』, (『韓國佛敎全書』 9, pp .464下-465上) ; 『人天眼目』 卷, (『大正新脩大藏經』 48, p.316中)

255) 『人天眼目』 卷3, (『大正新脩大藏經』 48, pp.316中-317下)

256) 『筠州洞山悟本禪師語錄』, (『大正新脩大藏經』 47, p.516上) ; 『人天眼目』 卷3, (『大正新脩大藏經』 48, 315下-316中) ; 『禪門五宗綱要』, (『韓國佛敎全書』 9, p.464上-下)

257) 『私記』, p.54. "有四種五位 初偏正五位 洞山所立 而明理事體用 直現法體 故此爲通相 後三爲別相也 二君臣五位曹山所立 而明有爲臣無爲君 故亦明理事法體也 三王子五位 明諸祖行相也 四功勳五位 明學人行李也 後二亦洞山所立也" 이것은 사종오위의 근본은 동산의 편정오위

偏正五位는 조동종의 대표적인 교의로서 偏과 正과 中의 관계를 활용하여 수행납자가 지향하는 기본적인 생활방식을 보살도의 입장에서 시설한 것이다. 그리고 조산의 군신오위는 동산의 편정오위에 기초하여 편과 정의 개념을 각각 臣과 君으로 대입하여 설한 것이다. 그리고 왕자오위는 동산오위설에 기초하여 石霜慶諸가 독자적인 입장에서 비유의 명칭을 활용하여 創唱했다는 것은 위에서 주석으로 언급한 『인천안목』의 경우를 통해서도 알 수가 있듯이 보편적인 사실이다. 그런데도 무슨 이유에서인지 여기에서 백파는 4종의 오위를 모두 동산의 설로 간주하고 있다. 그 까닭에 대해서는 이하의 오위에 대한 낱낱의 해설과 관련하여 파악해볼 수 있는데 전체적으로 백파는 다음과 같이 말한다.

무릇 오위는 모두 本無中(향상)에서 唱出되었다. 때문에 이제 오위의 마지막 겸중도에서는 다시 本無中의 정위로 돌아간다. 그러나 把觸하려는 것이 아니기 때문에 '塵俗에서 和同한다네'라고 말한다. 곧 향상일로는 언설과 분별사유로써는 미칠 수가 없기 때문이다. 무릇 향상의 경지에 대하여 군·신·편·정 등의 언설로는 그것을 파악할 수가 없는 법이다. 다만 편·

<hr>

로부터 유래된 것임을 가리킨다. 동산의 편정오위는 그의 제자 조산본적이 逐位頌을 붙임으로부터 정형화되었다.

정이라는 四臣에 의거하여 주중주의 향상과 존귀처를 설명할
수 있을 뿐이다. 비록 편·정이라고 말할지라도 그 뜻은 향상
의 경지에 있다. 때문에 오위에서는 모두 흑과 백이 회호하므
로 감히 흑과 백이라는 말을 배척할 수가 없다. 흑과 백이 원
래 本無中에서 唱出된 즉 향상은 본래부터 흑과 백 가운데 있
었기 때문이다.[258]

말하자면 오위는 모두가 흑과 백이 회호하는 관계이기
때문에 비록 석상경제의 말일지라도 그것이 동산이 창창
했던 다섯 측면의 원리에 근거를 두고 있다고 간주하는 것
이다. 이제 오위의 각각에 대하여 백파가 근거를 두었던
그 구체적인 내용을 살펴보기로 한다. 4종의 오위 가운데
서 조동오위의 근원에 해당하는 것은 편정오위이다. 편정
오위는 동산양개에 연원을 두고 그 제자 조산본적이 정립
한 것이다.[259]

---

258) 『私記』, p.65. "盖五位皆從無中(向上)唱出 故今於五位之末 還歸無中
之正位 而不欲把觸 故云炭裏坐也 以向上一路言思不及故也 盖在向上
而以君臣偏正言者不欲把中故 但約偏正之四臣 以明主中主之向上尊貴
處也 言雖偏正而意在向上 故五位中 皆黑白回互 而不敢斥言黑白也 以
黑白元是無中唱出 則向上自在黑白中故也"

259) 『瑞州洞山良价禪師語錄』, (『大正新脩大藏經』 47, p.525下) "正中偏
三更初夜月明前 莫怪相逢不相識 隱隱猶懷舊日嫌 偏中正 失曉老婆逢
古鏡 分明覿面別無眞 休更迷頭猶認影 正中來 無中有路隔塵埃 但能
不觸當今諱 也勝前朝斷舌才 兼中至 兩刃交鋒不須避 好手猶如火裏蓮
宛然自有沖天志 兼中到 不落有無誰敢和 人人盡欲出常流 折合還歸炭
裏坐"

여기에서 첫째의 ⬓ 정중편에 대하여 백파는 다음과 같이 말한다.

동산이 게송으로 말한 '초야의 삼경 달빛 없는 어둠이므로'라고 말했다. 삼경은 곧 흑이고, 초하룻날 밤도 흑이며, 달이 뜨기 이전도 흑이다. 이것은 곧 일체가 모두 하나로 통하는 회호의 측면으로서 황제의 휘에 저촉되는 것이 아니다. 정중편은 理를 깨침의 體로 간주한다. 때문에 '모든 이치가 현상에 즉해 있다.'고 말한다.[260]

첫째로 ⬓ 이 도형의 두 부분 가운데 위의 부분인 흑은 正이고 아래의 한 부분은 백으로서 偏이다. 때문에 정중편이라 말한 것이다.

둘째의 ⬓ 편중정에 대하여 백파는 다음과 같이 말한다.

동산은 게송으로 '잠이 없는 노파가 古鏡을 들여다본다.'고 말했다. 이것은 明과 白을 말한 것이 아니라 失曉와 古鏡을 말한 것이다. 곧 明과 白의 글자가 회호하지만 황제의 휘에

---

260) 『私記』, p.56. "洞山頌云 三更初夜月明前 謂三更是黑 初夜是黑 月明前是黑 是能回互不觸諱也 正中偏者 以理爲門體也 故云全理卽事" 백파가 근거한 내용은 『禪門五宗綱要』, (『韓國佛教全書』 9, p.462下) 참조.

저촉되는 것이 아니다. 무릇 失曉는 어둠속의 밝음인데 古鏡도 또한 밝음 속의 어둠으로서 노파의 머리가 하얀 것은 회호 가운데서 白字를 말한 것이다. 편중정은 事를 깨침의 用으로 간주한다. 때문에 '모든 현상이 곧 이치로서 全事卽理'고 말한다.[261]

둘째로 ◐ 이 도형의 두 부분 가운데 위의 백은 偏이고 아래의 한 부분은 흑으로서 正이다. 때문에 偏中正이라 말한다. 그래서 정중편과 편중정 이하의 삼위는 모두 위의 정중편과 편중정에 합치된다. 이로써 반야의 德과 智는 십주 이전의 功과 行과 더불어 이 편중정에서 성취된다. 곧 一卽二의 二句, 二卽一의 一句, 不一不二의 雙非句, 而一而二의 兩亦句처럼 이들 사구가 원용한 것이 그대로 곧 반야의 덕이다.

셋째의 ◉ 정중래에 대하여 백파는 다음과 같이 말한다.
이것은 理와 事가 일여한 것을 설명한다. 중앙의 흑 부분은 正이고, 사면의 백 부분은 偏이다. 偏中의 언구는 모두 정위에서 唱出된 것으로 낱낱이 挾妙이다. 때문에 편과 정을 나눌

---

261) 『私記』, pp.57-58. "洞山云 失曉老婆逢古鏡 不言明與白而言失曉與古鏡 是能回互明與白字 而不觸諱 盖失曉是暗中之明 古鏡亦暗中之明 老婆頭白謂言回互白字也 偏中正者 以事爲門用也 故云全事卽理" 백파가 근거한 내용은 『禪門五宗綱要』, (『韓國佛敎全書』 9, p.463上) 참조.

수가 없다. 곧 삼구가 모두 소멸되고 오직 일구만 남아 있다. 때문에 理와 事(삼구)가 일여(일구)하다. 또한 정중래라고도 말하는데, 正은 흑 부분이고 來는 백 부분이다.262)

곧 정중편의 경우는 편과 정이 서로 대적하여 성립되어 있으므로 삼구이다. 그러나 이 정중래의 경우는 편 속에 정이 들어있어서 편과 정이 하나이므로 일구이다. 때문에 정중편의 경우는 위는 백이고 아래는 흑이었지만, 이 정중래의 경우는 백 가운데 흑이 갖추어져 있다. 나아가서 백파는 조동오위를 제삼위인 정중래를 중심으로 해석을 가한다.

제일위 곧 정중편은 理이고, 제이위 곧 편중정은 事이다. 이미 理와 事가 있는 즉 거기에는 중간이 있는데 그것이 곧 삼구이다. 이 제삼위 곧 정중래에 이르러서 理와 事가 일여해진다. 때문에 삼구는 상즉하여 제일구가 된다. 곧 하나의 화살로 세 관문을 타파한다. 제사위 곧 겸중지는 體로부터 用을 일으키는 것이다. 때문에 화살이 뚫고나간 자리가 분명하다. 제오위 겸중도는 用을 섭수하여 體로 돌아가는 것으로, 곧 삼구와 일구가 융즉하여 끝내 몰파비로서 언설로 미칠 수가 없고 지혜로 도달할 수도 없다. 때문에 모색할 수조차 없다.263)

---

262) 『私記』, p.59. "此明理事一如 中央黑分爲正 四面白分爲偏也 偏中言句 皆從正位唱出 一一挾妙 故偏正不可分 則三句都泯 而唯一句在 故理事 (三句)一如(一句) 亦名正中來 正者黑分 來者白分也"

263) 『私記』, p.61. "第一位理第二位事也 旣有理事則自有中間故爲三句也

이것은 정통적인 조동오위가 제오위인 겸중도를 중심으로 해석되는 것과는 달리 임제종 계통에서는 정중래를 중심으로 해석해온 것을 수용한 것이다.[264] 이로써 백파는 정중편과 편중정의 두 가지 경우는 功과 位가 相資하고 사구가 원융하므로 반야의 덕이지만 이 정중래의 경우는 功과 位가 일여하여 獨一無伴하므로 법신의 덕이라고 해석한다.[265]

넷째의 ○ 겸중지[266]에 대하여 백파는 다음과 같이 말한다.

이 도형은 全白이기 때문에 대용 이전의 位로서 明에 즉해 있다. 白 가운데 黑을 갖추고 있는 즉 白 밖에는 黑이 없다. 때문에 지금은 비록 白 뿐이지만 黑이 그 속에 들어 있다. 무릇

至此第三位則理事一如 故三句相卽爲一句也 卽一鏃破三關也 第四位從體起用故分明箭後路第五位攝用歸體則三一融卽了沒把鼻言能及而智不到故摸搎〈索?〉不着也"

264) 백파가 임제종 계통의 법맥임을 감안한다면 충분히 이해할 수 있는 대목이다. 오위에 대한 해석에서 제오위 兼中到中心說 및 제삼위 正中來中心說에 대해서는 김호귀, [一然의 曹洞五位觀], (『韓國禪學』 제9호. 2005.2) 참조.

265) 『私記』, p.62. "前二功位相資四句圓融故爲般若德 此位功位一如獨一無伴故爲法身德也"

266) 조동종의 전통적인 용어로는 제4위의 명칭이 편중지인데도 불구하고 『사기』에서 백파가 제4위를 용어를 겸중지로 언급한 것은 백파의 경우 철저하게 임제종지의 입장에서 조동오위를 평가하고 있음을 보여준다.

앞의 정중래의 경우는 權에 즉하여 實을 설명한 것이므로 일구의 體였다. 그러나 이 겸중지의 경우는 實에 즉하여 權을 일으키므로 삼구의 用이다.[267]

넷째의 ○ 겸중지에 대하여 백파는 삼구의 완연한 뜻을 가리키는 것으로 곧 대용을 가리키는 것으로 간주한다. 그러므로 보살행을 의미하는 異類中行으로서 全偏에 해당한다. 앞의 정중래의 경우는 體였기 때문에 宗旨에 통하였지만,[通宗] 지금 여기 겸중지의 경우는 用이기 때문에 途中에 통한다.[通塗] '鼓唱의 雙擧'에서 鼓는 正이고 唱은 偏으로서 偏을 겸하고 正을 겸하는 까닭에 겸중지가 된다.

다섯째의 ● 겸중도에 대하여 백파는 다음과 같이 말한다.

이 도형은 全黑으로서 편과 정이 모두 사라진 상태다. 때문에 용을 섭수하여 체로 돌아간다[攝用歸體]고 말한다. 무릇 정중편·편중정·정중래 등 앞의 三位에서 이와 사를 편과 정으로 간주한 것은 곧 임제종의 제삼구 가운데 단지 今時의 삼구에 해당하고, 겸중지·겸중도 등 뒤의 二位에서 체와 용을 편과 정으로 간주한 것은 곧 제이구의 권·실 가운데 삼현에 해당

---

267) 『私記』, p.62. "○ 此圈全白 故爲大用前位卽明 白中具黑則白外無黑 故今雖但白 而黑在其中 盖前位卽權明實 故爲一句體 今卽實起權故爲 三句用也"

한다. 때문에 이 오위는 단지 제이구의 여래선일 뿐이다. 이에 영원히 체와 용 및 향상의 朕迹을 벗어난 연후에야 바야흐로 제일구의 조사선에 들어가서 대기·대용이 된다.[268]

이에 대하여 백파는 黑字의 도리를 설한 것으로 흑자와 회호하는 까닭에 동산의 게송에는 塵俗[炭]이라 말한 것이다. 무릇 오위는 모두 本無中(향상)에서 唱出되었다. 때문에 이제 오위의 마지막 겸중도에서는 다시 本無中의 정위로 돌아간다. 그러나 황제의 휘에 저촉되는 把觸[269]이 아니기 때문에 "塵俗에서 和同한다네[炭裏坐]"라고 말한다. 곧 향상일로는 언설과 분별사유로써는 미칠 수가 없기 때문이다. 무릇 향상의 경지에 대하여 군·신·편·정 등의 언설로는 그것을 파악할 수가 없는 법이다. 다만 편·정이라는 四臣에 의거하여 주중주의 향상과 존귀처를 설명할 수 있을 뿐이다. 비록 편·정이라고 말할지라도 그 뜻은 향상의 경지에 있다.

때문에 오위에서는 모두 흑과 백이 회호하므로 감히 흑과 백이라는 말을 배척할 수가 없다. 흑과 백이 원래 本無

---

268) 『私記』, p.64. "此圈全黑 偏正俱泯 故云攝用歸體也 盖初三位中 以理事爲偏正者 卽臨濟第三句中 但今三句 後二位以體用爲偏正者 卽第二句權實中三玄也 故此五位 但爲第二句如來禪也 永脫體用及向上之朕迹故 然後方入第一句祖師禪 而爲大機大用也"
269) 황제의 諱 곧 正位에 저촉되는 것을 가리킨다.

中에서 唱出된 즉 향상은 본래부터 흑과 백 가운데 있었기 때문이다. 이에 대혜는 曹山本寂의 군신오위에 대하여 언급하면서 다음과 같이 말한다.

理를 설하고 事를 설하는 것은 經敎에 글로 설명되어 있다. 그러나 교외별전과 직지의 가르침[道]도 과연 그러한가. 만약에 그와 같다면 조산요오를 심하게 꾸짖어도 좋을 것이다.[270]

이로써 백파는 겸중도에 대하여 用을 섭수하여 體에 돌아가는 것과 수행[功]과 깨침[位]이 모두 없다고 간주하였다.

3. 君臣五位와 功勳五位

백파는 군신오위와 공훈오위에 대해서도 주석을 가하고 있는데 먼저 군신오위에 대하여 설명한다. 곧 조산본적의 군신오위[271]에 대하여 백파는 "군은 무위이고, 신은 유위에 해당한다. 비록 유위와 무위라고 설명은 했지만 뜻은 유위와 무위의 향상에 간섭받지 않는다. 그래서 군은 정위로서 오직 무위의 도리 뿐이다.", "臣은 편위로서 오직 유위의 현상 뿐이다.", "臣向君은 편중정이다.", "君視臣은 정

---

270) 『人天眼目』 卷3, (『大正新脩大藏經』 48, p.316下)
271) 『禪門五宗綱要』, (『韓國佛教全書』 9. pp.464下-465上) ; 『撫州曹山本寂禪師語錄』 卷上, (『大正新脩大藏經』 47, p.537上)

중편이다.", "君臣道合은 偏과 正의 겸대이다. 겸대란 理와
事가 일시이다. 겸대인 까닭에 반연에 상응해서도 제법에
집착하지 않는다. 그래서 偏이 그대로 正인 까닭에 염오가
없고 偏이 없으며, 正이 그대로 偏인 까닭에 청정이 없고
正이 없다. 이미 고정된 자리가 없기 때문에 그것을 가리
켜 虛玄의 大道이고 無着의 眞宗이라 말한다."272)고 설명
한다.

　이들 군신오위 각각에 대하여 설명을 가하면서 위의 臣
向君과 君視臣의 二位는 理와 事가 회호함을 설명한 것이
라고 말한다. 그러나 臣向君은 곧 편중정이기 때문에 다시
는 眞理가 없고, 君視臣은 곧 정중편이기 때문에 事相을
건립하지 않는데, 君視臣의 경우는 君向臣의 용어를 변형
한 것임을 지적한다.273) 그리고 偏의 글자 뒤에 位의 글자
가 누락되어 있음과274) 眞空의 空字를 여기에서는 宗字로

---

272) 『私記』, pp.73-74. "君是無爲 臣是有爲 雖明爲無爲 而意在不干爲無爲
　　之向上也 一 君〈爲+?〉正位 但無爲理也 臣向君 偏中正也 … 君視臣
　　正中偏也 … 君臣道合偏正兼帶 兼帶者理事一時 兼帶故應緣而不墮諸
　　法也 偏卽正故非染非偏 正卽偏故非淨無正 旣定當不得故 謂之虛玄大
　　道無着眞宗也"
273) 『私記』, p.74. "上二位明理事回互而三則偏中正故 更無眞理四則正中偏
　　故 不立事相也 向作視" 본래의 君視臣을 환성지안은 君向臣으로 기
　　록하였기 때문에 백파는 여기 『私記』에서 向을 視로 정정했다는 것
　　을 가리킨다.
274) '偏位也'가 『禪門五宗綱要』, (『韓國佛教全書』 9. p.465上)에는 '偏也'라
　　되어 있음을 가리킨다.

바꾸었음도[275] 지적하고 있다. 이처럼 백파는 환성지안의 견해를 비판적으로 수용한다.

나아가서 조산의 "君과 臣을 偏과 正이라 표현한 것은 中을 침범하지 않으려는 것이다. 때문에 臣을 君이라 일컫는 것은 감히 배척하는 말이 아니다는 말은 바로 이런 경우이다. 이것이야말로 우리 조동종의 종요이다."[276]는 대목에 대하여 주석을 가한다. 곧 '中을 침범하지 않으려는 것이다.'는 것은 향상의 존귀처인 中을 觸犯하지 않으려는 것을 가리키고, '臣을 君이라 일컫는다.'는 것에서 臣은 四臣[277]을 말하는 것으로 곧 군신오위를 가리키며, '君'은 향상을 말하는 것으로 곧 主中主이고, '감히 배척하는 말이 아니다.'는 것은 향상의 존귀처이기 때문이므로 무릇 君과 臣을 偏과 正의 입장에서 四臣으로써 표현한 것이라고 해석한다.[278]

다음으로 백파는 功勳五位에 대하여 설명한다. 동산양

---

275) 환성지안의 『禪門五宗綱要』에서 眞空이라 말한 것을 백파는 『私記』에서 眞宗으로 정정했음을 가리킨다.

276) 『撫州曹山本寂禪師語錄』 卷上, (『大正新脩大藏經』 47, p.537上)

277) 君臣五位에서 제이의 臣, 제삼의 臣向君, 제사의 君視臣, 제오의 君臣道合 등 네 차례 등장하는 臣을 가리킨다.

278) 『私記』, p.75. "曹山又云 以君臣偏正言者 不欲犯中故 臣稱君不敢斥言是也 此吾法之宗要因作偈曰 學者先須識自宗莫將眞際(向上)雜頑空不欲犯中者不欲觸犯於向上尊貴之中也 臣稱君者臣謂四臣則指君臣 五位也 君謂向上則主中主也 謂不敢斥言向上尊貴處故但以君臣偏正之四臣爲言也" 참조.

개의 공훈오위는 납자가 功과 位에 참학하여 궁극적으로 功과 位가 없는 경지에 이르는 것을 설명한 것이다. 이에 대하여 백파는 다음과 같은 해석을 붙이고 있다.279)

첫째의 向時는 일체의 位에 두루 해당하는 것으로, 位는 진신의 位이므로 작용이 없어도 일체의 位에 통하고, 둘째의 奉時는 位를 따라서 功을 내세운 것으로서, 功이란 수행의 공이고, 用은 공용의 작용이며, 셋째의 功時는 功을 轉하여 位로 나아가고 位를 轉하여 功으로 나아가는 것이고, 넷째의 共功時는 功과 位가 모두 드러난 경우이며, 다섯째의 功功時는 功과 位가 모두 없어서 今時가 사라진 상태이다.

여기에서 백파는 功功時의 경우 일개의 공훈에서 공훈이라 말하면 그 공훈은 곧 觸關이고, 공훈이라 말하지 않으면 그 공훈은 背關이 되어버린다고 간주한다. 그래서 만약 功과 位의 朕迹을 투과하려면 다만 공훈이라고만 불러야 가능하다. 때문에 다시 功功이라 말하는 것이다. 마치 理와 事가 원용한 이후에는 다만 사사무애라고 부르는 경우와 같다. 곧 어떤 법도 함께하지 않음으로써 단지 공훈이라고만 부르는 까닭이다. 그런데 이미 공훈이라 불렀다면 곧 그 어찌 不共이 아니겠는가. 이미 功功뿐이라면 그

---

279) 『私記』, pp.67-71. 참조.

것은 곧 온전하게 공훈으로서 마치 사사무애와 같아야 한다. 그래서 노승은 단지 노승이라 불릴 뿐이므로 내 면전에는 그대가 없다. 그대는 단지 그대라고 불릴 뿐이므로 그대 면전에는 내가 없다. 이것은 곧 산은 단지 산일 뿐이고 물은 단지 물일 뿐이라는 경우와 같다.

백파는 위의 공훈오위에 대하여 다름과 같이 총평을 한다.

> 만약 공훈오위를 합하여 논하면 다음과 같다. 向時의 경우는 단지 位 뿐이고, 奉時의 경우는 단지 功 뿐이며, 功時의 경우는 功과 位가 일여하여 걸림없이 회호하고, 共功時의 경우는 功과 位가 모두 드러난 까닭에 照(位)와 用(功)이 同時이며, 功功時의 경우는 功과 位가 모두 사라진 까닭에 照와 用이 不同時이다.[280]

그리고 백파는 대혜의 "공훈오위에 대하여 그대가 말한 고인의 뜻도 과연 그러한가. 만약 꼭 그렇게 어떤 기특한 것이라도 있다면 그것은 곧 입으로 전수하고 마음으로 전수하는 갈등일 뿐이다. 그러나 이미 그렇지 못하다면 자, 고인의 의도가 무엇인지 한마디 말해 보거라."[281]는 인용

---

280) 『私記』, p.72. "若五位合論 則向時但位 奉時但功 功時功位一如無碍回互 共功時功位齊彰 故爲照(位)用(功)同時 功功時功位齊泯 故爲照用不同時也"
281) 『人天眼目』 卷3, (『大正新脩大藏經』 48, p.316上)

문을 들어서 납자들은 모름지기 저 공훈오위라는 언구에 조차 얽매여서는 안된다고 강조한다. 그래야만 동산양개의 골수를 철견하여 향상일로가 된다는 것이다. 그리고 백파는 "이 공훈오위에 대한 본래의 주석282)은 대혜의 해석과 비교하면 약간 다른데 그 의도는 또한 여기에 드러나 있지 않다. 무슨 까닭에 환성지안 노사는 대혜의 해석을 활용하지 않았는지 그 이유에 대해서 나 백파는 차라리 알다가도 모를 일이다."283)라고 말한다.

이처럼 백파가 붙인 조동오위의 해석에 나타나는 특징은 몇 가지로 요약된다. 첫째로 백파는 4종의 오위에다 모두 ⊜ ⊖ ◉ ○ ● 등 다섯 개의 동그라미의 형상을 공통된 것으로 적용하고 있다. 이런 까닭에 석상경제의 왕자오위마저도 동산의 오위로 간주할 수 있는 것으로 해석을 하여 "사종오위에 공통되는 형상이므로 제일 앞에 내놓는다."284)고 말한다. 백파는 이하에서 개별적으로 나열되어 있는 10절의 경우도 이 사종오위를 벗어나지 않는다. 백파에 의하면 4종의 오위에 해당하는 내용으로 나열되어 있는 다음의 10절이 모두 이에 해당한다.285)

---

282) 『禪門五宗綱要』, (『韓國佛教全書』 9, p.464上-下) ; 『人天眼目』 卷3, (『大正新脩大藏經』 48, pp.315下-316上)
283) 『私記』, p.73. "此五位本註與大慧釋小異 而意亦不現何以喚醒老不用大慧釋乎 乍可不知也"
284) 『禪門五宗綱要』, (『韓國佛教全書』 9, pp.462下-464上)

제일 편정오위에서 "정중편" 및 "모든 이치가 현상에 즉해 있다.[全理卽事]"의 2절은 편정오위를 설명한 것이다.

제이 군신오위에서 "君位 臣位 운운" 등 3절은 군신오위를 설명한 것인데 이하에서 별도로 언급하기 때문에 이에 대한 해석의 말은 생략되어 있다.

여기 군신오위의 3절 가운데서 "發大心 운운"286)의 1절은 敎乘에서 설한 것에 배대한 것이고, "降王宮 운운"287)의 1절은 본사 석가모니께서 교화한 행적에 배대한 것이다.

이상 2절은 비록 이 가운데서 반드시 필요한 대목은 아닐지라도 義理가 완비되어 있음을 드러내려는 것이기 때문에 편집하는 과정에서 또한 편정오위 가운데에 배속한 것이다. 이로써 여래선이 여래의 교설과 완전히 동일해진다.

제삼 왕자오위에서 "誕生內紹 운운"288)의 1절은 왕자오

---

285) 『禪門五宗綱要』, (『韓國佛敎全書』 9, pp.462下-465上) 이하의 설명에 등장하는 것으로 편정오위를 비롯한 4종의 오위에 대한 10가지 항목과 그에 대한 각각의 해설을 가리킨다. 여기 10절 가운데 순서대로 편정오위에 대해서는 2절, 군신오위에 대해서는 3절, 왕자오위에 대해서는 1절, 공훈오위에 대해서는 4절이 각각 해당된다.

286) "敎乘의 象을 참구하는 것으로 보자면 이것은 머리로서 문수의 근본지에 해당한다. 이것은 마치 선재동자가 처음 문수를 친견하고 본래도리[本理]를 頓明하여 발보리심한 것과 같기 때문에 發大心이다."는 대목을 가리킨다. 『禪門五宗綱要』, (『韓國佛敎全書』 9, pp.462下-463上)

287) "만약 석가모니본사의 일생교화에 의거하면 곧 왕궁에 처음 하강하는 모습이다."는 대목을 가리킨다. 『禪門五宗綱要』, (『韓國佛敎全書』 9, p.463上)

위를 설명한 것이다.

그리고 제사 공훈오위에서 "發明大事 운운",[289] "向時 운운",[290] "일체의 位를 다 포함하고 있어", "깨침에 막 들어가는 문이다" 등의 4절[291]은 모두 공훈오위를 설명한 것이다. 그런즉 이 4절 가운데 "君位 운운" 하는 절은 편정오위에다 군신오위를 섞은 것이다. 그것은 마찬가지로 理·事에 돌아가기 때문이다. 그리고 "誕生內紹 운운" 하는 절은 공훈오위에다 왕자오위를 섞은 것이다.

이처럼 백파는 4종의 오위에 대하여 낱낱의 속성을 ◖◗ ◉ ○ ● 등 다섯 개의 동그라미의 형상이 나타내는 상징이라는 하나의 틀에다 묶어서 해석해버렸다. 때문에 4종의 오위가 단순명쾌하게 드러나기는 하지만 각각의 속성이 특징을 발휘하지 못하게 되었다. 이것은 조동의 가풍에서 보자면 도저히 용납하지 못할 처사이다. 왜냐하면 조동의 가풍에서는 4종의 오위에 대하여 편정오위에 대해서는 순수한 원리의 측면을 표현한 것이고, 군신오위와 공훈

---

288) "만약 諸祖와 합치되면 곧 그것은 처음에 법왕의 집에 나기 때문에 탄생이라 한다."는 대목을 가리킨다. 『禪門五宗綱要』, (『韓國佛敎全書』 9, p.463上)

289) "만약 참학인이 생사를 痛念하여 선지식의 開示를 만나 身心을 세계가 형성되기 이전으로 향하면 雙眼이 豁開하여 本有를 頓明할 것이므로 이 發明大事에 배속된다."는 대목을 가리킨다.

290) "왕자로서 오랫동안 깨침을 등지다가[背覺] 이제야 비로소 깨침에 합치된다.[合覺] 때문에 向이라 한다."는 대목을 가리킨다.

291) 『禪門五宗綱要』, (『韓國佛敎全書』 9, p.463上)

오위와 왕자오위는 편정오위의 실천적인 측면으로 출현된 것이기 때문이다.

둘째로 환성지안이 『선문오종강요』에서 대혜의 견해를 수용하지 않는 것과는 달리 백파긍선은 『선문오종강요사기』에서 대혜의 견해를 적극적으로 수용하고 있다. 때문에 오위 각각에 붙인 설명에서 『인천안목』의 내용을 들어서 빠짐없이 "大慧云"이란 형식으로 그 구절을 19회에 걸쳐 인용하여 자기의 견해를 옹호하는 근거로 활용하고 있다.

우선 정중편에 대해서는 "이에 대하여 대혜는 다음과 같이 말한다. 이분의 黑 가운데 일분이 白인 도형은 정중편이다. 그래서 白의 부분을 黑이라 설해도 또한 흑자를 침범하는 것은 아니다. 침범하면 곧 황제의 휘를 저촉하는 것이다."[292]고 설명한다.

편중정에 대해서는 "이에 대하여 대혜는 다음과 같이 말한다. 이분의 白 가운데 일분이 黑인 도형은 편중정이다. 그래서 黑의 부분을 白이라 설해도 또한 백자를 침범하는 것은 아니다."[293]고 설명한다.

---

292) 『私記』, p.56. "大慧云 以二分黑一分白圈子爲正中偏 却來白處說黑底 亦不犯着黑字犯着 則觸諱矣"; 『人天眼目』 卷3, (『大正新脩大藏經』 48, p.316下)

293) 『私記』, p.57. "大慧云 以二分白一分黑圈子爲偏中正却來 黑處說白底 不得犯着白字"; 『人天眼目』 卷3, (『大正新脩大藏經』 48, p.316下)

정중래에 대해서는 "이에 대하여 대혜는 다음과 같이 말했다. 정중래에 대하여 동산은 '無 가운데 번뇌를 벗어나는 길이 있다.'고 말했다. 말하자면 무릇 어떤 언구든지 모두 無 가운데서 창출되어 곧 挾妙가 완수된다는 것이다. 無는 정위에서 오는 것도 아니다. 無는 明 곧 정중편에 있거나, 暗 곧 편중정에 있거나, 至 곧 겸중지에 있거나, 到 곧 겸중도에 있거나 상관없이 모두 挾妙로서 종지에 통한다. 무릇 하나의 계위에는 모두 다섯 가지의 행상이 갖추어져 있다. 마치 하나의 손바닥에 다섯 개의 손가락이 속해있는 것과 같이 모자람도 없고 남음도 없다."[294]고 설명한다.

　　겸중지에 대해서는 "이에 대하여 대혜는 다음과 같이 말한다. 겸중지는 말하자면 白을 겸하고 黑을 겸하며 偏을 겸하고 正을 겸하여 至한다. 무엇을 至라 말하는가. 마치 사람이 귀가할 경우에 집에 도착하기 이전에 別業을 하면서 도중에 남을 위하여 어떤 상황에 있는 것을 말하는데 또한 회호하기도 하므로 그 妙는 體前에 있다."[295]

---

294) 『私記』, p.59. "大慧云 正中來 洞山云 無中有路出塵埃 謂凡有言句 皆無中唱出 便有挾妙了也 無不從正位中來 或明或暗 或至〈或+?〉到 皆挾妙通宗 凡一位皆具此五事 如掌之五指 無欠無餘〈剩?〉"; 『人天眼目』卷3, (『大正新脩大藏經』 48, p.316下)

295) 『私記』, pp.62-63. "大慧云 兼中至 謂兼白兼黑 兼偏兼正而至 何謂至 如人歸家未到而至 別業乃在中〈中-?〉途爲人邊事 亦能回互 妙在體前"; 『人天眼目』 卷3, (『大正新脩大藏經』 48, p.316下)

고 설명한다.

겸중도에 대해서는 "대혜는 다음과 같이 말한다. 겸중도
는 말하자면 앞의 정중편·편중정·정중래·겸중지 등 四
位를 겸하는데 모두 挾妙하여 정위에 돌아간다."296)고 설
명한다.

그리고 백파는 대혜의 견해에 대해서도 낱낱의 코멘트
를 가함으로써 백파 자신의 견해에 대한 주장의 근거로 활
용하고 있다.

4. 조산의 三種墮

조산본적의 삼타에 대하여 주석을 가하고 있다. 조산이
제시했던 삼종타의 내용은 다음과 같다.

조산본적이 다음과 같이 설법하였다. '범부의 생각과 성인의
견해가 곧 쇠사슬과 같은 그윽한 길이다. 그러니 모름지기 그
것을 잘 활용할 줄만 알면 그만이다. 대저 불조의 혜명을 올바
르게 계승하려는[正命食] 자라면 모름지기 삼종타를 갖추어야
한다. 첫째는 털을 뒤집어쓰고 뿔을 받아 태어나는 것, 곧 축
생으로 태어나는 보살의 변역생사이다[披毛戴角, 沙門墮] 둘째

---

296) 『私記』, p.64. "大慧云 兼中到謂兼前四位 皆挾妙而歸正位故" ; 『人天
眼目』 卷3, (『大正新脩大藏經』 48, p.316下)

는 소리와 색깔 등 감각세계를 배제하지 않은 채 그대로 자유롭게 수용하는 것이다.[不斷聲色, 類墮, 隨類墮] 셋째는 음식을 받아먹지 않는 것, 곧 나한이 되어 분별심을 내지 않는 것이다[不受食, 尊貴墮]' 그러자 조포납 스님이 물었다. '披毛戴角이란 어떤 것입니까.' 조산이 말했다. '그것은 사생육도의 부류에 들어가 異類中行(和光同塵・拖泥帶水)하는 것이다.' 또 물었다. '不斷聲色이란 어떤 것입니까.' 조산이 말했다. '외부대상의 경계에 지배되지 않는 것이다.' 또 물었다. '不受食이란 어떤 것입니까.' 조산이 말했다. '자신이 존귀하다는 상을 내어 본분사를 아는 것이다.'297)

삼종타는 조산이 학인에게 제시해 준 세 가지 수행방식으로 일종의 기관이다. 여기에서 墮는 빠진다는 뜻이 아니다. 일체에 걸림이 없는 무애자재한 지혜이고 능수능란한 수완을 말한다. 그래서 첫째의 披毛戴角의 沙門墮는 중생세간에 몸을 던져 중생제도에 몰입하는 것이다. 사문이 지위나 어떤 깨침의 경지에 구속되는 것이 아니라 그것을 초월하여 어떤 중생이라도 수순하여 더불어 자유를 터득하는 것이다. 둘째의 不斷聲色의 隨類墮는 감각의 육진 경계에 집착을 끊고 어떤 절대적인 경지를 추구하는 것도 아니며 회피하는 것도 없이 지각을 초월한 자유를 터득하는 것

---

297) 『撫州曹山元證禪師語錄』, (『大正新脩大藏經』 47, pp.533下-534中)

이다. 셋째의 不受食의 尊貴墮인데 食은 자기의 본분사를 가리키는 것이다. 납자의 본분사인 상구보리 하화중생을 지각하고 그것에 집착도 없는 본래면목과 본지풍광을 말한다. 자신의 신분을 초월하여 일체의 중생과 더불어 노닐 수 있는 자유로운 본분이다.[298)]

이와 같은 삼종타에 대하여 백파는 다음과 같이 주석을 붙이고 있다.

첫째는 尊貴墮이다. 이것은 집착하고 전도된다는 뜻에 대하여 내려준 가르침이다. 모름지기 깨침의 소식[那邊事]을 알고나면 도리어 그것이 今時[這邊]의 行履가 되는데 그것을 가리켜 음식을 받는다고 말하는 줄을 알아야 한다. 그래서 비록 這邊에 있을지라도 那邊에 어둡지 않다. 때문에 하루종일 밥을 먹건만 한 톨의 쌀도 씹은 적이 없다고 말하는 것이다. 만약 這邊이 없다고 해서 무릇 那邊에만 집착한다면 곧 존귀처에 집착하고 전도되는 것을 벗어나지 못한다. 이것이야말로 납자들의 큰 병통이다. 둘째는 類墮이다. 이것은 일부러 또는 고의적인 것으로 곧 온전한 보살행[全偏]을 가리킨다.[299)] 그래서 제삼의 삶으로써 사문이 몸을 바꾸는[果] 것이다. 그러나 佛位와 祖位는 너무 孤高하여 이류로 하여금 두려움을 느끼게 하므로 몸

---

298) 『人天眼目』卷3, (『大正新脩大藏經』48, pp.317下-318上) ; 『禪門五宗綱要』, (『韓國佛敎全書』9, p.465上) 참조.
299) 보살이 중생을 제도하기 위하여 變易生死해서 異類中行하는 보살행을 의미한다.

을 바꾸어 兩種異類에 들어가는 것이다.300) 셋째는 隨墮이다. 이 경우도 역시 집착하는 뜻에 대하여 내려준 가르침이다. 모름지기 聲·色은 본래 공하지만 도리어 성·색에 들어가는 것인 줄 알아야 한다. 비록 성·색에 어둡지는 않지만 성·색은 본래 공한 體이기 때문에 성·색 가운데 들어가서 잠자고 성·색 가운데서 앉고 누워도 장애되지 않는다. 만약 성·색이 본래 공한 줄 모르고서 단지 성·색에 앉아만 있다면 경계를 따라서 어지럽게 치달리는 경우를 벗어나지 못한다. 그리하여 성·색에 집착하고 전도되고야 만다.301)

이 주석302)에서 類墮는 곧 보살행의 故意이기 때문에 藥

---

300) "둘째는 水牯牛가 되어 異類墮하는 것이다. 수고우가 되는 것은 사문이 몸을 바꾼다는 말이다. 말하자면 佛祖位는 孤高하여 위험한 곳이다. 그러므로 고인은 安身立命을 긍정하지 않고 도리어 이류중에 轉入하는 것이야말로 藏身하는 은밀처라고 말한다. 그래서 佛祖位에서는 不住의 경지에 머무는데 밤이 되면 여전히 갈대꽃에서 잠잔다고들 말한다. 이것이 異類中事이다."『禪門五宗綱要』,(『韓國佛教全書』 9, p.465上) 여기에서 兩種異類는 보살이 중생의 세계와 동물의 세계에 화현하여 제도하며 살아가는 모습을 가리킨다.

301) 『私記』, pp.75-76. "一 尊貴墮 此是着倒意須知那邊了却來這邊 雖在這邊不昧那邊故終日喫飯云云也 若不來這 邊但着那邊 則未免着倒於尊貴處是爲學者大病也 二 類墮 此是故意全偏也 以第三沙門果太孤危故轉身入於兩種異類也 三 隨墮 此亦着意也 須知聲色本空了却來聲色裡 則雖有聲色不昧本空之體故不妨向聲色裡睡眠云云 若不識聲色本空 但坐聲色則未免隨境亂走 故爲着倒於聲色也"

302) 『禪門五宗綱要』,(『韓國佛教全書』 9, p.465上)의 [曹山三墮大陽明安和尙釋]을 가리킨다. 또한 『人天眼目』 卷3,(『大正新脩大藏經』 48, pp.317下-318上) 참조.

에 해당한다. 그래서 類墮의 전·후에 나열된 尊貴墮와 隨墮는 모두 집착에 대한 것이므로 病에 해당한다. 그러나 이와 같은 주석은 常說에는 부합되지 않는다. 무릇 常說이라면 곧 삼종타가 모두 보살행의 故意이다.

그 삼종타 가운데 하나인 尊貴墮의 경우는 비록 這邊에 있을지라도 고의적으로 那邊에 墮하는 까닭에 "하루종일 밥을 먹건만 한 톨의 쌀도 씹은 적이 없다고 말하는 것이다."고 말한다.

둘째의 類墮의 경우는 이 주석과 동일하다. 그러나 셋째의 隨墮의 경우는 성·색이 본래 공한 줄 알기 때문에 또한 고의적으로 그것에 墮한다. 때문에 '성·색 가운데서 잠자고 성·색 가운데서 앉고 눕는다.'고 말한다. 자세한 내용은 『인천안목』 가운데 적음존자 각범혜홍의 [三墮頌]303) 및 百丈端의 頌 곧 [三墮頌幷總]304)이 참고가 된다.

5. 洞山의 三種滲漏와 三種綱要

1) 동산의 삼종삼루

백파는 동산의 삼종삼루305)에 대해서도 주석을 가하고

---

303) 『人天眼目』 卷3, (『大正新脩大藏經』 48, p.318中-下)
304) 『人天眼目』 卷3, (『大正新脩大藏經』 48, pp.318下-319上)

있다. 여기에서 삼종은 모두 理와 事의 양변으로서 깨침으로 나아가지[圓轉] 못하는 경우를 내세운 것이다. 곧 일변에 오랫동안 치우쳐서[偏枯] 원만하지 못하기 때문에 滲漏라 한다.[306]

첫째는 見滲漏인데 見은 지견을 말한다. 당사자의 소견에서 機가 位를 벗어나 있지 않으므로 그 機는 곧 理機이다. 그러나 만약 소견이 理境에 체재하여 理位를 벗어나지 못하면 몸을 바꾸어[轉身]하여 事에 취향해도 無爲의 깊은 구렁에 떨어진다.[307] 때문에 그것을 일컬어 삼루라 한다. '妙는 轉位하는 데에 있다.'[308]는 것은 이하의 情滲漏와 語滲漏를 가리킨다. 주석에서 말한 '語 가운데'에서 '語'는『인천안목』에서는 '可'[309]인데 이 둘은 모두 '箇'와 동일하기 때문에 옳다. '可中'은 理機中을 말한 것인데 곧 一色의 理邊에 앉아있는 것이므로 不盡善이다. 그래서 '만약 事에 즉한 至

---

305) 동산의 삼종삼루는 다음과 같다. "若要辨驗眞僞 有三種滲漏 一見滲漏 謂機不離位 墮在毒海 二情滲漏 謂滯在向背 見處偏枯 三語滲漏 謂究妙失宗 機昧終始 學者濁智流轉 不出此三種 子宜知之"『瑞州洞山良价禪師語錄』, (『大正新脩大藏經』 47, p.526上) ;『人天眼目』 卷3, (『大正新脩大藏經』 48, p.319上) ;『禪門五宗綱要』, (『韓國佛敎全書』 9, p.465上-中) 참조.

306)『私記』, pp.77-79. 참조.

307) 이것은『선문오종강요』의 "機가 位를 벗어나지 못하면 毒海에 떨어진다."는 것에 해당한다.

308)『禪門五宗綱要』, (『韓國佛敎全書』 9, p.465上) "卽是語中不盡善也"

309)『人天眼目』 卷3, (『大正新脩大藏經』 48, p.319上) "只是可中未盡善"

理를 따라서 말한다면 그것은 곧 盡善이다.'고 말한다.

또한 '모름지기 종적을 잘 변별해야'310)라는 것은 비록 理 가운데 있을지라도 모름지기 事에 즉한 종적을 변별하면 바야흐로 현기의 묘용이 된다.311)

둘째는 情滲漏인데 情은 편애를 말한다. 곧 理와 事에 대하여 늘상 取·捨하는 마음이 있는 까닭에 偏枯이다. 모름지기 理와 事가 상즉하여 영원히 取·捨하는 마음이 단절되어야 바야흐로 盡善인 줄을 알아야 한다.

셋째는 語滲漏인데 語는 모든 어구를 말한다. '묘를 체득했지만 종지를 상실했다.'312)는 것은 어구를 맞이할 경우에 단지 그 모든 妙만 체득하려고 할 뿐으로 無語 가운데의 종지를 상실해버린 것을 가리킨다. '機가 終始에 어둡다.'313)는 것은 機가 理에 즉해 있고 事에 즉해 있건만 지금은 단지 有語에만 머물러 있고 그 無語에는 어두운 것을 가리킨다. 때문에 '終始에 어둡다'고 말한다. 여기에서 始는 有語이고 終은 無語를 가리킨다. '濁智로 流轉하

---

310) 『人天眼目』 卷3, (『大正新脩大藏經』 48, p.319上) ; 『禪門五宗綱要』, (『韓國佛敎全書』 9, p.465中)
311) 『人天眼目』 卷3, (『大正新脩大藏經』 48, p.319上) ; 『禪門五宗綱要』, (『韓國佛敎全書』 9, p.465中) 참조.
312) 『人天眼目』 卷3, (『大正新脩大藏經』 48, p.319上) ; 『禪門五宗綱要』, (『韓國佛敎全書』 9, p.465中)
313) 『人天眼目』 卷3, (『大正新脩大藏經』 48, p.319上) ; 『禪門五宗綱要』, (『韓國佛敎全書』 9, p.465中)

면서'의 이하 부분314)은 삼종삼루는 濁智로 流轉하지 않음이 없음을 총결한 대목이다. 비록 모두가 濁智로 流轉하지만 삼종삼루에 대하여 약간씩 차이가 없지도 않다. 見은 곧 執ㆍ着이고, 情은 곧 取ㆍ捨이며, 語는 곧 心ㆍ苗인 까닭에 終ㆍ始에 어둡다. 말하자면 所見이 일변에 집착하는 까닭에 늘상 취ㆍ사의 情이 남아 있다. 이미 見과 情이 그와 같이 원만하지 못하기 때문이다. 所發言句도 또한 단지 有語中에만 남아있는 까닭에 無語의 종지를 상실해버리고 만다. 앞의 견삼루와 정삼루의 두 가지는 自行滲漏이고, 마지막의 어삼루 한 가지는 利他滲漏이다. 이처럼 동산은 삼종의 번뇌를 직시하고 그것으로부터 벗어나는 방법으로 그 번뇌를 벗어날 것을 보여주고 있다.

2) 동산의 삼종강요

백파는 동산양개가 창도한 [삼종강요]315)에 대하여 언급

---

314) "학자들은 濁智로 流轉하면서 이 삼종삼루를 벗어나지 못하고 있다. 妙를 체득했지만 종지를 상실했다는 것은 語路에 막히고 句에서 종지를 상실하는 것이다. 機가 終始에 어둡다는 것은 말하자면 當機가 暗昧하여 단지 語中에만 머물러 있어 종지가 원만하지 못한 것이다. 句句가 모름지기 有語中無語하고 無語中有語해야 비로소 妙旨의 密圓함을 얻는다."는 대목을 가리킨다.

315) 『인천안목』에서는 [曹山三種綱要頌]이라 하였다. 『人天眼目』 卷3,

하고 있다. 그런데 삼종강요의 원형은 다음과 같다. 『동산
어록』에 수록된 동산의 삼종강요는 다음과 같다.

또한 강요를 말하는 게송 3수가 있다.
첫째는 북을 치고 노래하며 함께 하는 것이다.
게송은 다음과 같다.
황금 바늘 및 두 자물쇠를 갖추니
좁은 길에서도 감쪽같이 은신하네
보배 문양을 멋드러지게 수놓으니
몇 겹의 비단 황금 바늘이 뚫었네[316]

둘째는 쇠사슬과 같이 확고한 진리이다.
게송은 다음과 같다.
밝음 가운데 곧 어둠 섞여 있으니
수행과 교화가 분별하기 어렵다네
힘이 다해 전진 후퇴 하지 못하니
쇠사슬과 그물에 괴로울 뿐이라네

셋째는 범성에 떨어지지 않는 것이다. 곧 理와 事가 서로 간섭
하지 않는 것이다.

(『大正新脩大藏經』 48, p.319中)
316) 이것을 의미상으로 풀어보면 다음과 같다. "지혜를 구비하고 번뇌장
과 소지장을 떨쳐내니 미세한 번뇌마저 일어나지 않네. 불법의 진리
를 오묘하게 풀어내니 곳곳에 교화가 퍼져가네."

게송은 다음과 같다.

현상과 이치가 상호간에 간섭없고

돌이켜 비추어도 아득히 어둡다네

바람을 등져보아도 방법이 없으며

번갯불처럼 뒤따라갈 수조차 없네[317]

이와 같은 삼종강요에 대하여 백파는 온전히 利他의 요
술에 대해서만 설명하였다고 평가하였다.[318] 첫째는 敲·
唱俱行이다.[319] 이·사와 명·암이 모두 드러나 있기 때문
에 대용이다. 까마귀가 해상을 나는 경우로 말하면, 까마
귀는 본래 허공을 날기 때문에 理이다. 그러나 지금의 경
우는 千波의 해상을 나는 까닭에 곧 事에 즉한 理이다. 토

---

317)『瑞州洞山良价禪師語錄』, (『大正新脩大藏經』47, p.526上) ;『人天眼目』卷3,
   (『大正新脩大藏經』48, p.319中) "又綱要偈三首 一敲唱俱行 偈云 金針雙
   鎖備 挾路隱全該 寶印當風妙 重重錦縫開 二金鎖玄路 偈云 交互明中暗
   功齊轉覺難 力窮忘進退 金鎖網鞔鞔 三不墮凡聖(亦名理事不涉) 偈云 事
   理俱不涉 回照絶幽微 背風無巧拙 電火爍難追" 여기 동산의 어록에서 말
   한 金鎖玄路가 백파의『私記』에서는 鉤鎖玄路로 표기되어 있다. 『筠州
   洞山悟本禪師語錄』, (『大正新脩大藏經』47, pp.515下-516上) ;『瑞州洞
   山良价禪師語錄』와『人天眼目』각 본마다 相異한 글자가 보인다.
318)『私記』, p.79. "洞山唱道三綱要 全明利他之要術也"
319) 환성지안의 주석은 다음과 같다. "敲는 擊으로서 理를 絶斷하는 것이
   다. 唱은 放으로서 事를 放開하는 것이다. 敲한 즉 까마귀가[해] 海上을
   날고 唱하면 이에 토끼가[달] 天中을 달린다. 理를 敲하고 事를 唱하니
   事와 理가 齊擧하고 明과 暗이 雙彰하니 把住와 放行이다. 그러니 전체
   가 자기의 대용을 말미암고 종횡으로 정편에 막힘이 없다."『禪門五
   宗綱要』, (『韓國佛敎全書』9, p.465中)

끼가 천중을 달리는 경우로 말하면, 토끼는 본래 땅을 달리기 때문에 事이다. 그러나 지금은 무형의 천중을 달리는 까닭에 理에 즉한 事이다. 이것이 곧 理와 事가 함께 드러나 있는 경우이다.

둘째는 鉤·鎖玄路이다.320) 提는 곧 鼓의 뜻이다.321) 말하자면 事를 唱하여 理를 攝하는 것이다. 이리하여 理와 事가 상즉하면 혈맥이 단절되지 않기 때문에 鉤·鎖玄路이다. 위에서 말한 까마귀가 날고 토끼가 달리는 경우와 마찬가지이다.

셋째는 不涉理·事이다.322) 理·事와 明·暗이 모두 사라져 있기 때문에 用을 섭수하여 體에 돌아가는 경우이다.

위에서 언급한 고·창구행과 구·쇄현로의 두 경우는 오위로 말하면 제사위 편중지에 해당하고, 마지막의 불섭이·사의 한 경우는 오위로 말하면 겸중도에 해당한다.

---

320) 환성지안의 주석은 다음과 같다. "비록 玄唱하고 玄提한다 할지라도 혈맥은 단절되지 않게끔 하므로 金鎖이다." 『禪門五宗綱要』, (『韓國佛教全書』 9, p.465中)

321) 주석 가운데 "비록 玄唱하고 玄提한다 할지라도"에서 提를 가리킨다.

322) 환성지안의 주석은 다음과 같다. "위의 鉤鎖玄路 부분에서 명암이 交羅하고 偏正이 互用하는 것은 雙放이다. 지금 여기 곧 不墮凡聖 부분에서 事理가 不涉하는 것은 雙收이다." 『禪門五宗綱要』, (『韓國佛教全書』 9, p.465中)

제7장 潙仰宗과 法眼宗의 교의

1. 潙仰宗旨의 이해

1) 백파의 潙仰宗旨觀

위앙종에 대하여 백파는 "체·용을 해명한다."[323]는 환성지안의 견해를 그대로 수용한다. 그리고 위앙종지에 대하여 "임제의 삼구 가운데 제이삼구인 권·실삼구에 해당한다."[324]고 말한다. 곧 임제의 兩重三句 가운데 제일삼구는 理·事三句를 가리키고, 제이삼구는 權·實三句로 간주되어 있다. 이에 백파는 대략적으로 緣을 언급하여 用을 설명하는 것으로 機를 잊고 體를 터득하는 것으로[325] 간주한다. 곧 權과 實의 무애에 대해서만 설명하고 향상에 대해서는 설명하지 못하기 때문에 조동종에 미치지 못한다는 것이다. 때문에 백파는 그 순서에 대하여 임제종, 운문종, 조동종에 이어서 네 번째로 위앙종을 설명한다.

백파는 환성지안이 『선문오종강요』에서 언급한 오가의

---

323) 『禪門五宗綱要』, (『韓國佛教全書』 9, p.465下)
324) 『私記』, p.80. "卽臨濟三句中 第二句權實三句"
325) 이 대목의 해석에 대해서는 『天如惟則禪師語錄』, (『卍續藏』 70, p.833
   中-下)에서 "大約的으로 機를 잊고 體를 터득함에 있어 緣을 언급하
   여 用을 설명한다 大約忘機得體擧緣明用"는 표현한 것을 참조.

위앙종에 대한 내용 가운데서 師資唱和 父子一家에 대하여 "체와 용은 동일하여 이에 一家之事임을 드러내어 가리킨다."326)고 해석한다. 이것은 潙仰宗이라는 말에서 潙山과 仰山이 일가를 형성하고 있음을 가리킨다. 곧 스승과 아버지는 體이고 제자와 아들은 用으로서 唱和하여 一家가 되므로 마찬가지로 一家之事가 된다는 것이다. 주석에서는 "스승과 제자가 노래로 화답하고 아버지와 아들이 일가를 이루며"327)라는 대목이 이에 해당한다.

다음으로 "옆구리에 글자를 끼고 서로 頭角을 다툰다. 실중에서 제자를 증험하여 잘 사자를 가려낸다."는 말에 대해서는 체와 용이 떨어져 있지 않음을 설명한다. 여기에서 '옆구리에 글자를 끼고328) 서로 頭角을 다툰다'는 것은 用 가운데 體가 있는 것이다. 그리고 '書字'라는 두 글자는 위산의 스님 영우인데, 이는 곧 존귀한 那人인 까닭에 體가 된다. 그 밖의 여섯 글자 곧 "脇下" 및 "頭角崢嶸"은 모두 用이 된다.

그리고 '실중에서 제자를 증험하여 잘 사자를 가려낸

---

326) 『私記』, p.80. "標指體用同是 一家之事"
327) 『禪門五宗綱要』, (『韓國佛教全書』 9, p.465下)
328) "脇下書字"를 해석한 것이다. 이것은 위산 자신이 죽은 후에 水牯牛로 태어날 것인데 그 옆구리에 '潙山僧某甲'이라는 다섯 글자가 씌여 있을 것임을 예언하였다. 『潭州潙山靈祐禪師語錄』, (『大正新脩大藏經』 47, p.581下) "老僧百年後 向山下作一頭水牯牛 左脅下書五字云 潙山僧某甲 當恁麼時 喚作潙山僧"

다.'는 것은 體 가운데 用이 있는 것인데, '室中'과 '腰折'은 體이고, '驗人'과 '師子'는 用이다.[329)

다음으로 "사구와 백비를 離하고 絶하기 때문에 한 주먹에 쳐부순다. 입은 두 개이고 혓바닥은 한 개도 없지만 九曲珠를 한 바늘에 꿰뚫었다. 망가진 비석조각 옛길에 덩그러니 나뒹굴고 있다. 무쇠로 만들어진 암소는 소실에서 낮잠만 잔다네"의 대목은 직접적으로 體와 用을 설명한다.

이 가운데서 四句와 百非 자체는 곧 用이지만 그 사구와 백비를 離하고 絶하기 때문에 한 주먹에 쳐부순다[330)고 말한다. '입은 두 개이고'는 체와 용을 갖추고서 아버지와 아들이 의기투합하는 까닭이고, '혓바닥은 한 개도 없지만'[331)은 향상일구와 차별이 없어서 스승과 제자가 唱和하

---

329) "실중에서 제자를 증험하여 잘 사자를 가려낸다."는 대목을 가리킨다. 『禪門五宗綱要』, (『韓國佛教全書』 9, p.465下)

330) 四句와 百非 자체는 用이지만 그것을 離하고 絶한 까닭에 用을 벗어난 體라는 것이다. 이와 관련된 내용은 다음과 같다. 어느 날 앙산이 꿈속에서 미륵의 내원중당으로 들어가는 꿈을 꾸었다. 거기에서 제2좌가 되어 '마하연법은 離四句하고 絶百非합니다. 잘 들으시오.'라고 설법을 하였다. 그랬더니 그 말을 듣고 대중이 모두 흩어져버렸다는 이야기이다. 이것은 대승법을 소승이 감당할 수가 없다는 것으로 이에 위산이 앙산을 성인의 경지에 들었다고 인가함을 가리킨다.『袁州仰山慧寂禪師語錄』(『大正新脩大藏經』 47, p.583上) 참조.

331) 앙산혜적의 임종게를 가리킨다. 『袁州仰山慧寂禪師語錄』(『大正新脩大藏經』 47, p.588上) "여기 모인 그대 제자들이여/ 바른 눈으로 다시 바라보라/ 두 개의 입에 혀 없는 것이/ 곧 우리 위앙종의 종지이다/ 一二二三子 平目復仰視 兩口無一舌 此是吾宗旨"

고 아버지와 아들이 一家를 이루는 것으로 체와 용에 장애가 없는 까닭에 '九曲珠를 한 바늘에 꿰뚫었다.'고 말하고, '중생제도를 위하여 수많은 落草'332)라고도 말한다. 그러므로 이 대목을 임제삼구와 비교하자면 上句는 '근본지인 문수보살이 어찌 무착의 질문을 용납하겠느냐.'에 해당하고, 下句는 '방편의 후득지는 일체를 끊어버리는 근본지와 어찌 모순이 되겠느냐.'333)에 해당한다.

이하 '위앙종풍을 알고자 하는가. 망가진 비석조각 옛길에 덩그러니 나뒹굴고 있다. 무쇠로 만들어진 암소는 소실에서 낮잠만 잔다네'334)의 대목은 위앙의 종지는 곧 體와 用이 다르지 않음을 결론적으로 드러낸 것이다. 여기에서 上句 곧 '망가진 비석조각 옛길에 덩그러니 나뒹굴고 있다'는 것은 體卽用이고, '망가진 비석조각 옛길에[斷碑古]'의 세 글자는 體에 해당하는데 그것은 글자로 헤아릴 수가 없는 까닭이다. '橫路'의 두 글자는 用에 해당한다. 下句 곧 '무쇠로 만들어진 암소는 소실에서 낮잠만 잔다네'는 것은 用卽體인데, '무쇠로 만들어진 암소'는 用이고, 잠을 자는 곳인 '少室'은 體에 해당한다.

---

332) 落草는 빈천한 곳에 들어간다는 뜻으로 중생의 교화를 위하여 보살이 향하문에 나서는 것을 가리킨다. 入鄽垂手 橫說豎說 和光同塵 異類中行 拖泥帶水 등과 같은 의미이다.
333) 『臨濟錄』, (『大正新脩大藏經』 47, p.497上)
334) 『禪門五宗綱要』, (『韓國佛敎全書』 9, p.465下)

2) 三種生

나아가서 백파는 위앙종의 교의로는 유일하게 위산이 앙산에게 말한 "나는 대원경지로써 종요를 삼아서 삼종생을 벗어난다."는 想生과 相生과 流注生의 三種生에 대해서만 설명을 가한다. 곧 『능엄경』에서 말한 "想相은 塵이고 識情은 垢이다. 이 둘을 모두 멀리 벗어나면 그것이 곧 그대의 법안이 마땅히 淸明해지는 경우인데 어찌 無上知覺을 성취하지 못할 것인가."[335]를 인용하여 다음과 같이 말한다.

想生은 見分이고, 相生은 相分이며, 流注生은 自證分이다. 이 유주생은 또한 業相인데 動作으로써 뜻을 삼기 때문이다. 이 三生을 만약 모두 청정케 하면 그것이 곧 대원경지이다. 때문에 바야흐로 자재를 터득한다. 그러나 가령 토끼가 달을 보고서 멀리 달의 정기를 생각하면 곧 새끼를 잉태하기 때문이라는 것은 情想의 想일 뿐이다.[336]

---

335) 『大佛頂如來密因修證了義諸菩薩萬行首楞嚴經』 卷4, (『大正新脩大藏經』 19, p.124中) "想相爲塵識情 爲垢二俱遠離 則汝法眼應時淸明 云何不成無上知覺"

336) 『私記』, p.82. "想生見分也 相生相分也 流注生 自訂〈證?〉分 業相也 以動作爲義故也 此三生 若能淨盡 則爲大圓鏡智 故云方得自在 兔子望月 遙想月精 而懷胎故也 此是情想之想"

삼종생은 불도수행에서 장애가 되는 세 가지 잘못된 생각을 말한다.[337] 이 내용과 비교해 볼 수 있는『禪門五宗綱要』[338]의 三種生의 내용은 곧 想生·相生·流注生이다. 想生은 能思心이 雜亂한 것이다. 相生은 所思心이 歷然한 것이다. 미세한 流注는 전부가 塵垢이다. 만약 이것을 모두 청정케 하면 바야흐로 자재하게 된다.

한편 圓相에 대하여 설명한 圓相·暗機·義海·字海·意語·黙論의 여섯 가지 명칭은 圓收六門 또는 圓相六義라고도 한다.[339] 南陽慧忠이 제자인 耽源應眞에게 내려준 圓相의 뜻을 仰山慧寂이 접화수단으로 활용한 것이다. 圓相의 96가지 뜻을 여섯 가지로 분류한 것이다. 圓相은 절대의 진실 내지 불법의 진실을 나타낸다. 義海는 온갖 삼매가 모두 一圓相에 포함되어 있음을 말한다. 暗機는 주·객대립이 발생하기 이전의 작용을 말한다. 字學은 圓相이

---

337) 『人天眼目』卷4, (『大正新脩大藏經』48, p.322中-下) "三種生 師謂仰山曰 吾以鏡智爲宗要 出三種生 所謂想生相生流注生 楞嚴經云 想相爲塵 識情爲垢 二俱遠離 則汝法眼應時淸明 云何不成無上知覺 想生卽能思之心雜亂 相生卽所思之境歷然 微細流注 俱爲塵垢 若能淨盡方得自在後有僧問石佛忠禪師 如何是想生 忠云 兎子望月 如何是相生 忠云山河大地 如何是流注生 忠云 無間斷 想生頌(石佛) 密密潛行世莫知 箇中已是涉多岐 如燈焰焰空紛擾 急急歸來早是遲 相生 法不孤生仗境生 纖毫未盡逐峥嶸 回光一擊便歸去 幽鳥忽聞雙眼明 流注生 塵塵聲色了無窮 不離如今日用中 金〈鉤?〉鎖玄關輕掣斷 故鄕歸去疾如風" 참조.
338) 『韓國佛教全書』9, p.465下.
339) 『人天眼目』卷4, (『大正新脩大藏經』48, p.322上-中)

불법을 나타내는 글자라는 것을 말한다. 意語는 원상 그대로가 宗意를 나타냄을 말한다. 黙論은 원상 그대로가 宗意에 계합됨을 나타낸다.

여기에서 말하는 圓相이 만들어진 것은 남양혜충 국사가 시자에게 전해준 것으로부터 시작되었다.[340] 그리고 시자인 탐원응진은 讖記를 계승하여 앙산에게 전승하였다.[341] 그리하여 마침내 위앙종풍의 독특한 교의로 성립되었다.

2. 法眼宗旨의 이해

1) 백파의 法眼宗旨觀

법안종지에 대하여 백파는 "유심을 해명한다."[342]는 환성지안의 견해를 그대로 수용하고, 六相 및 四料揀에 대하여 설명한다. 그리고 법안종은 곧 임제의 삼구 가운데 제이구에 해당하는 것으로 權에 상대한 實에 해당한다고 평가한다. 무릇 權에 즉하여 實을 드러낸 것으로 權과 實의 무애가 되지 못한다. 때문에 위앙종에 미치지 못한다고 하

---

340) 『景德傳燈錄』 卷5, (『大正新脩大藏經』 51, p.244下)
341) 『大潙五峰學禪師語錄』, (嘉興藏25, p.756上)
342) 『禪門五宗綱要』, (『韓國佛教全書』 9, pp.465下-466上)

여 선종오가 가운데 가장 낮게 간주한다.

환성지안의 『선문오종강요』에 보이는 법안종지의 대강에 대하여 백파는 "言 속에 響이 있고 句 속에 鋒을 감추고 있으며"[343]는 대목에 대하여 진신에 의거하여 유심을 설명하는 것으로 평가한다.[344] 上句 곧 '言 속에 響이 있고'는 언설 이전에 홀로 드러난 眞身이고, 下句 곧 '句 속에 鋒을 감추고 있으며'는 언구 속에서 이미 드러난 자기이다.

다음으로 "觸髏로 항상 세계를 방어하고 콧구멍으로 가풍을 갈아낸다."[345]는 대목에 대해서는 현신에 의거하여 유심을 설명하는 것으로 평가한다.[346] 상구 곧 '觸髏로 항상 세계를 방어하고'라는 것은 널리 번뇌세계에 상응하여 찰해를 섭수한다. 때문에 촉루로 항상 세계를 방어한다. 하구 곧 '콧구멍으로 가풍을 갈아낸다.'는 것은 한편으로는 움직이고 한편으로는 고요하면서 널리 진신을 드러내지 않음이 없다. 때문에 콧구멍으로 가풍을 갈아내는 것은 본분의 가풍이다.

다음으로 "바람을 일으키는 도리깨와 달빛을 머금은 모

---

343) 『禪門五宗綱要』, (『韓國佛教全書』 9, p.465下) "言中有響 句裏藏鋒"
344) 『私記』, p.83. "文中初對 約現〈眞?〉身明唯心"
345) 『禪門五宗綱要』, (『韓國佛教全書』 9, p.465下) "髑髏常干世界 鼻孔磨觸家風"
346) 『私記』, p.83. "次一對 約現身明唯心"

래섬에서 眞心을 드러내고, 푸른 대나무와 노란 꽃은 묘법을 뚜렷하게 드러낸다."347)는 대목에 대해서는 통체적으로 만법에 의거하여 유심을 설명하는 것으로 평가한다.348) 상구 곧 '바람을 일으키는 도리깨와 달빛을 머금은 모래섬에서 眞心을 드러내고,'는 聲法(바람)과 色法(달)이 모두 진심이고, 하구 곧 '푸른 대나무와 노란 꽃은 묘법을 뚜렷하게 드러낸다.'는 것은 常(대나무)과 無常(꽃)이 모두 묘법 아님이 없다.

2) 六相

백파는 법안종지 가운데 六相에 대하여 설명한다. 육상에 대하여 백파는 『인천안목』의 다음 내용을 고스란히 수용하고 있다.

> 육상이란 첫째는 총상이고, 둘째는 별상이며, 셋째는 동상이고, 넷째는 이상이며, 다섯째는 성상이고, 여섯째는 괴상이다. 總相이란 비유하면 하나의 집이 총상이다. 서까래 등은 別相이다. 서까래 등 모든 인연이 화합하여 집을 짓는데 각각 어긋나지 않으면 집 이외의 다른 것이 되지 않기 때문에 同相이

347) 『禪門五宗綱要』, (『韓國佛敎全書』 9, p.465下) "風柯月渚 顯露眞心 翠竹黃花 宣明妙法"
348) 『私記』, pp.83-84. "次一對 通約 萬法明唯心"

라 말한다. 서까래 등 모든 인연이 서로 적재적소에 위치여 낱낱이 不同한 것을 異相이라 말한다. 서까래 등 모든 인연이 一과 多가 서로 성취되는 것을 成相이라 말한다. 서까래 등 모든 인연이 각각 自體의 法에 위치하는 것이지 본래부터 만들어진 법이 아니므로 괴상이라 말한다. 곧 진여의 일심은 총상으로서 세간과 출세간법을 능섭하는 줄 알아야 한다. 그러므로 제법을 섭수하기에 總이라는 명칭을 얻고, 제연을 발생시키기에 別이라는 호칭을 성취하며, 법들이 모두 똑같기에 同相이 되고, 형상을 따르되 동등하지 않기에 異門이라 일컬으며, 경계를 건립하는 까닭에 成이라 일컫고, 부동의 본래자리[不動自位]이므로 壞가 된다.[349]

백파는 『인천안목』 및 『선문오종강요』에서 말하는 내용을 다음과 같이 거의 그대로 수용한다.

이상 육상의 뜻은 보살이 초지에서 세간의 일체법문을 관통하고 법계의 근원[宗]에 能入하여 斷常의 見에 떨어지지 않는 것이다. 만약 오직 別相만 향하면 行位만 좇아 근원[宗]에 어그러지고 말

---

349) 『私記』, pp.84-85. "又眼目云 六相者〈一總二別三同四異五成六壞 總相者+?〉譬如一舍是摠相 椽等是別相〈椽等+?〉諸緣和合作舍 各不相違 非作餘物 故名同相 椽等諸緣 遞互相〈相互?〉望 一一不同故〈故-?〉名異相 椽等諸緣 一多相成 名成相 椽等諸緣 各住自法本無〈不?〉作 故名壞相 則知眞如一心爲摠相 能攝世〈間+?〉出世間法 故〈約攝諸法+?〉得摠名 能生諸緣成別號 法法皆齊爲同相 隨相不等稱異門 建立境界故稱成 不動自位故〈而?〉爲壞也〈也-?〉"

것이다. 만약 오직 同相만 향하면 進修를 잃고 寂에 떨어지고 말 것이다. 때문에 位마다 佛階의 墀가 완연했고 重重의 磨鍊이 本位에서 不動하였다. 이런즉 同異가 具濟하고 理事가 不差하며 因果가 無虧하고 迷悟가 全別하다. 大旨를 논하고자 하면 六相은 도리어 꿈속에서 渡河나 마찬가지일 뿐이다. 만약 화엄의 正宗에 의거하자면 십지도 오히려 허공속의 鳥跡일 것이고, 만약 圓修에 의거하자면 미혹을 끊고 습기를 대치하는 것이 理行의 相資 아님이 없을 것이므로 한 가지도 빠뜨려서는 안될 것이다.350)

그리고 나아가서 백파는 별상 등351) 육상의 義와 相에 대해서는 상식적인 것으로 간주하여 그 설명을 생략하고, 네 번째의 壞相에서 壞字는 異字이어야 한다고 말한다. 가

---

350) 『人天眼目』 卷4, 『大正新脩大藏經』 48, p.324中) ; 『禪門五宗綱要』, (『韓國佛敎全書』 9, pp.465下-466上) "此上六相義者 是菩薩初地中 觀通世間一切法門 能入法界之宗 不墮斷常之見 若一向別 逐行位而乖宗 若一向同 失進修而墮寂 所以位位即佛階墀宛然 重重磨鍊本位不動 斯則同異具濟 理事不差 因果無虧 迷悟全別 欲論大旨 六相還同夢裏渡河 若約正宗 十地猶如空中鳥跡 若約圓修 斷惑對治習氣 非無理行相資 缺一不可 是以文殊 以理印行 差別之道無虧 普賢 以行會理 根本之門不廢"

351) "總相・別相・同相・異相・成相・壞相(이것은 화엄경에서 말하는 六相의 뜻으로서 초지보살이 설하는 바이다. 『人天眼目』 卷4, 『大正新脩大藏經』 48, p.324上-中. 참조.) 總相은 하나에 多德을 합하기 때문이다. 別相은 多德은 동일하지 않기 때문이다. 同相은 多義가 相違하지 않기 때문이다. 壞相은 多義가 相似하지 않기 때문이다. 成相은 모든 게 연기성취이기 때문이다. 壞相은 諸緣이 自性에 住하기 때문이다."는 대목이 이에 해당한다. 『禪門五宗綱要』, (『韓國佛敎全書』 9, pp.465下-466上)

령 동상과 별상을 언급하면 총상 · 이상 · 성상 · 괴상이 따라온다. "이로써 문수는" 이하 부분352)은 깨침에 대해서는 한결같이 동일할 수 없다는 것이다. 그리고 "보현은" 이하 부분353)은 깨침에 대해서는 한결같이 다를 수 없다는 것이다.

3) 天台德韶의 四料揀

또한 백파는 천태덕소 국사의 四料揀에 대하여 다음과 같이 설명을 가한다.

천태덕소국사의 사요간 곧 證理 · 證智 · 證斷 · 證應은 다음과 같다. 聞聞은 放하는 것으로서 경계에 그대로 반응하여 행동하는 것[證應]이다. 聞不聞은 收하는 것으로 경계를 초월하여 반응을 끊어버린 것[證斷]이다. 不聞聞은 明하는 것으로 聖諦의 경계를 터득하여 반응하는 것[證智]이다. 不聞不聞은 瞎하는 것으로 깨침을 얻어 긍정부정을 초월한 것[證理]이다.354)

---

352) "이로써 문수는 理로써 行을 印하여 차별의 道에 이지러짐이 없었고"는 대목이 이에 해당한다. 『禪門五宗綱要』, (『韓國佛敎全書』 9, pp.465下-466上)

353) "보현은 行으로써 理를 會하여 근본의 門을 없애지 않았다."는 대목이 이에 해당한다. 『禪門五宗綱要』, (『韓國佛敎全書』 9, pp.465下-466上)

354) 『私記』 pp.85-86. "應斷約利他 應則建立化門 全身落草 故云放也 斷則所有言句 皆顯眞心 則亦無言句可得 故云收也 智理約自行 智則聲色浩浩處 終日自徘徊 則無念智自在 故云明也 〈理則+?〉 理事俱忘 了無縫

천태덕소의 사요간은 성인이 친히 證·見·聞의 경계에 의거한 4종을 말한다.[355] 첫째는 不聞聞이고, 둘째는 不聞不聞이며, 셋째는 聞不聞이고, 넷째는 聞聞이다. 천태교학의 해석에 의하면 처음 證道에 들어가 修道를 홀연히 버려서 有라 할 바가 없는 것을 不聞이라 이름하고, 진리가 豁開하게 밝혀져 照할 바가 없는 것을 聞의 입장에 있어서 不聞聞이라 이름한다. 이와 같이 대반열반을 증득했지만 聞相이 없는 것을 不聞不聞이라 이름한다. 證이 일어나 惑이 멸하는 것을 聞不聞이라 이름한다. 寂而常照이지만 두드리면 응하는 것을 聞聞이라 이름한다.

初句(不聞聞)는 證智이고, 次句(不聞不聞)는 證理이며, 제삼구(聞不聞)는 證斷이고, 제사구(聞聞)는 證應이다. 理와 事에 있어서 智로 자타를 斷하고 처음 智證하는 가운데서 無缺을 구족하는데 이 하나의 妙證으로 涅槃海를 다한다. 다시 不聞聞은 了因을 證하는 것이고, 聞不聞은 緣因을 證하는 것이며, 不聞不聞은 正因을 證하는 것이고, 聞聞은 境界를 證하는 것이다.

내지 이 四種을 生生·生不生·不生生·不生不生으로 설명하기도 한다. 또한 마찬가지로 4種聞의 뜻을 다음과 같이

磚 不容度量 故云暗也"
355)『禪門五宗綱要』,(『韓國佛教全書』9, p.466上) ;『宗鏡錄』卷65,(『大正新脩大藏經』48, p.780中) 참조.

제7장 潙仰宗과 法眼宗의 교의　185

설명하기도 한다. 첫째의 生生은 인연소생법이고, 둘째의 生不生은 我를 空이라 설하는 것이며, 셋째의 不生生은 假名이라고도 이름하고, 넷째의 不生不生은 中道義라고도 이름한다. 만약 이 四生이 無生임을 能了한다면 바야흐로 성인의 見·聞의 경계에 통달한 것이다. 이 不取不捨로써 一道之原에 통달하고 非有非空으로써 諸法之實을 見한다.

여기에서 '證應'과 '證斷'은 이타행에 의거한 것이다. 여기에서 應은 곧 교화문으로 건립된 것인데 全身을 落草에 투입하는 것이므로 放이라 말한다. 斷은 곧 일체의 언구가 모두 진심을 드러낸 것인데 또한 언구가 없어도 진심을 터득할 수 있으므로 收라 말한다. '應理'와 '應智'는 자리행에 의거한 것이다. 智는 곧 聲과 色이 파다한 것인데 종일토록 無念智가 자재하므로 明이라 말한다. 理는 곧 理와 事가 모두 소멸된 것인데 끝내 縫과 罅가 없어서 度量을 용납하지 않으므로 瞎이라 말한다.356) 이로써 보자면 백파는 법안종의 종풍에 대해서 자리행과 이타행의 측면에서 사요간을 해석하고 있다.

---

356) 『私記』, pp.85-86.

제8장 백파와 선종의 雜說

1. 圓悟克勤의 五宗綱要

백파긍선은 『사기』의 말미에서 잡록에 해당하는 부분을 설정하여 그에 상응하는 평가를 내리고 있다. 먼저 선종의 오가에 대한 강요를 다음과 같이 평가하고 있다.[357]

지금까지는 오종의 가풍을 개별적으로 나열하였기 때문에 그 義理가 대단히 드넓어서 한눈에 알아보기가 어려웠다. 때문에 이하에서는 원오노사가 老婆心切하게 그 종요를 개별적으로 그리고 총체적으로 요약하여 납자들로 하여금 일시에 전체를 볼 수 있도록 하였다.

임제종요 : '완전한 대기와 완전한 대용이고'라는 초구는 삼요

---

357) 『私記』, pp.86-88. "上來別列五宗家風 義理浩澣難可頓見 故圓悟老師 老婆心切 撮其宗要 欲使學者 一時頓見也 臨濟 初句標擧三要 二句四 唱八棒 無非機用 三句向接足不得處 求人得入 四句向迅速難追處 垂手 接人也 雲門 初句三句卽一句 故法王法令獨一無伴 二句截斷衆流之祖 意 當處現露也 三句一句卽三句 故三句可辨 四句三句卽一句 故一鏃遼 空也 曹洞 上二句明五位 上句君臣五位 下句偏正五位也 下二句明向上 上句向上一路 了沒朕迹 下句尊貴御路 四臣不昧也 潙仰 初二句明體 用 同是一家事也 後二句 明暗語黙皆體用 異稱體用回互交馳 故不露 體用之朕迹也 法眼 初二句 〈明+?〉諸法唯心 故見色聞聲 〈皆+?〉無非 明心悟道處也 後二句 〈明+?〉言句唯心 故句裡已彰自己(上句) 言外獨 露全身(下句)也"

를 언급한 것이다. '棒과 喝이 시시때때로 드러나며'의 제이구는 四喝과 八棒으로서 機와 用 아님이 없다. '칼날 위에서도 사람을 구제하고'라는 제삼구는 발도 붙일 수 없는 곳을 향하여 사람을 제도하려 들어가는 것이다. '번갯불에서 교화의 손 드리우네'의 제사구는 신속하게 도달하기 어려운 곳을 향하여 교화의 손길을 드리워 사람을 제접하는 것이다.

운문종요 : '북두성에 몸을 감춰두고'의 제일구는 삼구가 일구에 즉한 경우이다. 그러므로 법왕의 법령은 독일하여 짝할 것이 없는 것이다. '금풍에 몸체가 드러나며'의 제이구는 截斷衆流하는 조사의 뜻이 바로 당처에서 드러나는 것이다. '삼구로 원만히 변별하고'의 제삼구는 일구가 삼구에 즉한 경우이다. 그러므로 삼구를 변별할 수 있는 것이다. '일족으로 허공을 가르네'의 제사구는 삼구가 일구에 즉한 경우이다. 그러므로 하나의 화살로써 허공을 가르는 것이다.[358]

조동종요 : 위의 '君과 臣이 합치되고 偏과 正이 相資하며'의 두 구는 오위를 설명한 것이다. 이 가운데 '君과 臣이 합치되고'의 제일구는 군신오위이고, '偏과 正이 相資하며'의 제이구는 편정오위이다. 아래의 '鳥道와 玄途의 방편 곧 金針 玉線이라네'의 두 구는 향상을 설명한 것이다. '鳥道와 玄途의 방편'의 제삼구는 向上一路로서 끝내 종적이 없는 것이고, '곧 金針 玉線이라네'의 제사구는 尊貴御路로서 四臣에 통하는 것이다.[359]

---

358) 『圓悟佛果禪師語錄』 卷18, (『大正新脩大藏經』 47, p.796下)
359) 四臣은 주작[朱]·호랑이[虎]·곰[熊]·큰곰[羆]으로서 악마들로부터

위앙종요 : 위의 '스승과 제자가 노래로 화답하고 아버지와 자식이 일가를 이루며'의 두 구는 체와 용이 다같이 一家事임을 설명한 것이다. 아래의 '밝음과 어둠이 번갈아 交馳하니 언설과 침묵조차 드러나지 않네'의 두 구는 명·암과 어·묵이 모두 체와 용으로서 체와 용이 회호하고 교치함을 달리 일컬은 것이다. 때문에 체와 용의 朕迹조차 드러나지 않는다.

법안종요 : 처음의 '소리를 듣고 깨치기도 하고 색을 보고도 마음을 밝히며'의 두 구는 제법의 유심을 설명한 것이다. 때문에 색을 보고 소리를 듣는 것이 모두 마음을 밝혀 도를 깨치는 이치 아님이 없다. 뒤의 '언구 가운데 칼날을 감추니 언중에 비밀한 가르침 있네'의 두 구는 언구의 유심을 설명한 것이다. 때문에 언구 속에 이미 자기(상구 곧 제삼구)가 드러나 있고, 언구 밖에 全身이 홀로 드러나 있다.(하구 곧 제사구)

이처럼 개별적으로 오가종풍을 언급하고나서 이제 총론적으로 다음과 같이 말한다.

'五家는'의 이하360)는 오종의 대의를 총체적으로 드러낸

고유한 결계를 지켜서 황제를 보호하는 존재이다. 『撫州曹山元證禪師語錄』, (『大正新脩大藏經』 47, p.528上) "僧擧 陸亙大夫問南泉 姓甚麼 泉曰姓王 亙云 王還有眷屬也無 泉曰 四臣不昧 亙云 王居何位 泉曰 玉殿苔生"

360) "五家는 聲調를 改換하고 妙門을 펼치고 넓히며 俗風을 바꾸고 옮기며 백방과 천면의 모든 방향과 측면의 無속에서 唱出하고 初機를 위해 婉曲하게 설한다. 만약 뛰어난 자들이라면 朕迹에 머물지 않고도 높이 내세워 드러내고 갈등을 截斷할 것이다. 그런즉 千兵은 얻기 쉬워도 一將은 구하기 어려운 법이다. 번뇌의 풀 속에 들어가 사람을

것이다. 곧 모든 방향에서 방편이 없는 가운데서도 방편을 唱出한 것은 완곡하게 初機를 위한 것이다. 그런즉 각각 그 본의는 어구에 한정되지 않는다. 그러므로 만약 뛰어난 납자라면 언구의 朕迹에 막히지 않고 오가종사들의 골수를 철견할 것이다.

'聲調를 改換하고'의 이하 부분361)은 임제종은 機와 用으로써, 운문종은 截斷으로써, 조동종은 向上으로써, 위앙종은 體와 用으로써, 법안종은 唯心으로써 각각 설명한 일례들이다. 그래서 풍속을 바꾸기도 하면서 병에 따라서 약을 처방해준 것이다. 그러므로 '千兵은 얻기 쉬워도'라는 것은 언구에 막히는 자는 많고, '一將은 구하기 어려운 법이다.'는 것은 골수를 철견하는 자가 적다. 이 두 구는 결론적으로 뛰어난 납자를 얻기 어렵다는 것을 드러낸 것이다.

찾고, 귀 기울여 한가닥 통로를 얻으며, 機에는 기준이 있으니 어디로 向하려 한즉 어그러져버리고, 句下에 無私하니 動한즉 窠臼가 되어버리고 만다. 靈鋒과 寶劍은 覿面에 堂堂해야지 滯殼하면 迷封되어 種草를 감당할 수가 없다."는 대목이 이에 해당한다.

361) "聲調를 改換하고 妙門을 펼치고 넓히며 俗風을 바꾸고 옮기며 백방과 천면의 모든 방향의 無속에서 唱出하고 初機를 위해 婉曲하게 설한다. 만약 뛰어난 자들이라면 朕跡에 머물지 않고도 높이 내세워 드러내고 갈등을 截斷할 것이다. 그런즉 千兵은 얻기 쉬워도 一將은 구하기 어려운 법이다."는 대목이 이에 해당한다.

2. 三種師子

또한 백파는 삼종사자 이야기를 끄집어내어 납자를 증험하는 안목으로 내세우고 있다. 이 삼종사자의 이야기는 다음과 같은 환성지안의 『선문오종강요』의 내용에 근거하고 있다.

부산원감이 시중설법하였다. 분양선소에게 師子의 句가 있다. 사자에 3종이 있다. 첫째는 종지를 초월하여 터득한 특이한 눈이다.[超宗異目] 둘째는 눈썹을 맞추고 함께 머뭇거리는 것이다.[齊眉共躅] 셋째는 그림자를 드리우고 소리를 듣는 것이다.[影響音聞] 만약 종지를 초월한 특이한 눈의 경우 사자를 능가하는 것을 보면 가히 種草가 되어 傳授할 수가 있을 것이고, 만약 눈썹을 맞추고 함께 머뭇거리는 경우라면 사자와 어깨를 나란히 한 것을 보고서 사자의 덕이 반감되며, 만약 그림자를 드리우고 소리를 듣는 경우라면 野干이 사자의 기세에 의지한들 어찌 해골까지 사자의 것이겠는가. 때문에 先德이 부촉하여 다음과 같이 말했다. '만약 당당하게 사자를 보거든 모름지기 자세하게 사자를 窮勘하여 한치도 소홀히 해서는 안 된다. 잘못 후인의 인가를 받을지도 모른다.'362)

---

362) 『禪門五宗綱要』, (『韓國佛教全書』 9, p.466中) "三種師子話 浮山圓鑑 禪師示衆云 汾陽有師子句其師子有三種 一超宗異目 二齊眉共躅 三影響音聞若超宗異目 是過於師 可爲種草 方堪傳授 若齊眉共躅 見與師齊 減師半德 若影響 音聞時干 倚勢異類 何分所以先德付囑云 若當相見

여기에서 '종지를 초월하여 터득한 특이한 눈'이란 명안 종사가 출현하여 교화하는 문은 대개 權에 즉하여 實을 드러내려는 것임을 가리킨다. 그러므로 만약 진정한 납자라면 權과 實에 얽매이지 말고 곧장 향상에 들어가서 곧 종사를 초월하는 도리를 보아야 한다. 때문에 '종지를 초월하여 터득한 특이한 눈'이라 말한다. 그런 후에야 바야흐로 명안종사가 파종해 놓은 言草를 감당하여 그 德이 스승과 같아질 수가 있다. 이것이 곧 제일구에서 깨치면 부처님과 조사의 스승이 된다는 것이다.

'눈썹을 맞추고 함께 머뭇거리는 것'이란 곧장 향상에 들어가지 못하고 다만 權과 實의 삼현만을 알 뿐임을 가리킨다. 그러므로 "눈썹을 맞추고 함께 머뭇거리는 것"이라 말한다. 見은 비록 스승과 같을지라도 德은 스승에 미치지 못한다. 이것이 곧 제이구에서 깨치면 인간과 천상이 스승이 된다는 것이다. 위의 '종지를 초월하여 터득한 특이한 눈'과 '눈썹을 맞추고 함께 머뭇거리는 것'의 두 구의 경우는 가히 사자라 부를만하다는 것이다.

그리고 '그림자를 드리우고 소리를 듣는 것'이란 단지 귀로 들은 언구에만 빠져있을 뿐이고 언구가 드러낸 본분은 모르는 것을 가리킨다. 때문에 곧 제삼구에서 깨치면 자기

切須子細窮勘 不得鹵莽 恐誤後人之印可也". 기타『人天眼目』卷2, (『大正新脩大藏經』48, p.307上) 참조.

도 구제하지 못한다는 것이다. 이것은 이리가 사자굴에 들어간 격인데, 그것을 어찌 사자라 부를 수 있겠는가 하는 것이다.[363]

3. 汾陽善昭의 삼구

백파는 달리 『선문강요집』의 분양삼구에 대해서도 주석을 가하고 있다.[364] 분양선소의 삼구는 임제의 삼구와 동일한데 단지 머리와 꼬리만 바뀌어 있다. 때문에 얕은 곳으로부터 깊은 곳에 이른다.[365]

'着力句'는 곧 임제의 제삼구에 해당한다. 말하자면 제일 가는 존귀하고 위대한 功德像을 취하여 고갯마루를 점령해버리는 것이다. 때문에 성불의 부동적인 본래자리라고도 말할 수 있다. 곧 이 경지에 들어간 사람은 돈오·점수의 괴뢰인 삼구가 아니다. 이로써 대유령의 남쪽으로 도망간 까닭은 大悲像을 주조하여 돈오·점수를 진압하기 위한 것이었다.

'轉身句'는 곧 임제의 제이구에 해당하는 것으로 牛丑類이다. 鑄鐵牛에게 물을 먹임으로써 길을 점령한즉 달리 길

---

363) 『私記』, pp.90-91. 참조.
364) 『私記』, pp.91-93. 참조.
365) 이와 달리 임제의 삼구는 깊은 곳으로부터 얕은 곳으로 이른다는 것을 전제한 것이다.

을 가는 소와 똑같다. 그렇지만 본래 鐵牛이기 때문에 길을 걸어갈 수는 없다. 비유로써는 무릇 소와 똑같지만 모든 번뇌에 물들지 않는 것은 實에 즉하여 權을 일으키기 때문이다. 비록 돈오·점수와 동일할지라도 權에 즉한 實이기 때문에 또한 돈오·점수라는 삼구의 번뇌에 물들지 않는다.

'親切句'는 곧 임제의 제일구에 해당한다. 마치 사람이 사자의 탈을 쓰고 동쪽으로 가고 서쪽으로 가면서 제멋대로 오고가는 것과 같다. 그렇지만 본래의 뜻으로 말하면 그것은 일어나고 넘어지는 것이 자재하여 어디에서나 활기가 넘치는 모습이다. 곧 대기대용이고 종횡자재하여 가는 곳마다 쾌활하다.

무릇 임제종지에서는 특별히 상사·중사·하사의 入處를 설명한다. 때문에 勝으로부터 劣을 향하는 것으로 차제로 삼은 것이다. 그런데 분양선소의 경우에는 오직 한 사람이 터득한 모습에 대해서만 설명한다. 때문에 劣로부터 勝을 향하는 것으로 차제를 삼았다.

이와 같이 回互하는 자는 深에 즉하면서 淺에 즉하고 淺에 즉하면서 深에 즉하는데 어찌 擬議할 수 있겠는가. 이것이야말로 가히 일구 가운데 삼현을 갖추고 일현 가운데 삼요를 갖춘 것이라 말할 수 있다. 그러므로 모름지기 삼구와 삼현과 삼요는 궁극적으로 명연하게 一機에 있는 줄을 알아야 한다.

4. 岩頭全豁의 四藏鋒

백파는 암두전활의 사장봉으로 알려져 있는 네 가지 지
혜의 현명한 활용방법에 대하여 주석을 가하고 있다.366)
이 암두전활의 칼날을 감추는 네 가지[四藏鋒]는 『선문오
종강요』의 다음과 같은 내용에 근거하고 있다.

이를테면 '就事하여 칼날을 감추는 것은 全事이고, 就理하여
칼날을 감추는 것은 全理이며, 入就하여 칼날을 감추는 것은
理事의 俱이고, 出就하여 칼날을 감추는 것은 理事가 泯이다.'
는 네 가지 경우를 가리킨다. 앞의 제일과 제이의 두 가지 경
우는 用과 體이고, 뒤의 두 가지 경우는 중간인데 그 가운데
제삼은 照이고 제사는 遮이다. '入就'란 就事와 就理에 雙入하
는 것이다. '出就'란 就事와 就理에서 起出하는 것이다.367)

四藏鋒이란 암두전할이 내세운 것이다. 就事하여 칼날

---

366) 『私記』, p.93. 참조.
367) 이것은 『人天眼目』 卷6, (『大正新脩大藏經』 48, p.329上)에 의하여
　　내용을 보충한 것이다. 『禪門五宗綱要』, (『韓國佛教全書』 9, p.466中
　　-下). "巖頭四藏鋒 四藏鋒者 師所立也 謂就事者全事也 就理者全理也
　　入就者理事俱也 出就者理事泯也 後之學者 不根前輩所立之意 易就爲
　　袖 使晚生衲子疑宗師袖中有物 出入而可示之也 故不得不詳審"

제8장 백파와 선종의 雜說　195

을 감추는 것으로 이것은 全事이다. 就理하여 칼날을 감추
는 것으로 이것은 全理이다. 入就하여 칼날을 감추는 것으
로서 理事의 俱이다. 出就하여 칼날을 감추는 것으로서 理
事가 泯이다. 훗날의 학자는 선배들이 내세운 뜻에 근거하
지 말고 새롭게 바꾸어 소매속에 감추어버려야 한다. 그래
서 늦깎이 납자들로 하여금 宗師가 소매속에 들어 있는 物
을 출입하여 보여주는 것을 의심케 해야 한다. 때문에 부
득불 자세하게 살피지 않으면 안된다.

5. 六代祖師의 問答

백파가 제시한 육대조사의 문답은 중국선종의 육대조사
들의 문답을 기록한 것으로[368] 다음과 같은 『선문오종강
요』에 근거를 두고 있다.

> 달마조사의 문답은 一隻履이다. 구년의 面壁 冷坐에도 아는
> 자 없네. 五葉의 꽃 피니 遍界에 향 가득하다. 또 말했다. '銕
> 圍山을 밟아 부수어버린다.' 혜가조사의 문답은 一隻臂이다.
> 세 척만큼 높이 쌓인 눈발을 보아라. 사람들의 毛骨까지 한기
> 가 스며든다. 또 말했다. '천하를 提攜한다.' 승찬조사의 문답
> 은 一身罪이다. 나병 죄의 성품을 끝내 찾지 못했다. 그 죄는

---

368) 『私記』, pp.93-94. 참조.

본래 허물과 흠이 아니었네. 또 말했다. '눈동자에 힘줄이 생겨 꽃이 피어나는 것에 견주었다.[抿目强生花]' 도신조사의 문답은 一隻虎이다. 위엄과 웅혼은 시방세계에 떨쳐냈네. 설법과 자태는 삼세우주에 요동친다. 또 말했다. '眼光이 百步에까지 威를 떨친다.' 홍인조사의 문답은 一株松이다. 경계 및 풍모 애써 드러내지 않는다. 더욱더 무위가풍을 굳세게 요구한다. 혜능조사의 문답은 一張碓이다. 유위의 關棙마저 밟아 부수어버리네. 이에 바야흐로 有와 無를 알게 된다.369)

여기에서 백파는 다음과 같이 주석을 가하고 있다. 곧 초조 보리달마의 '一隻履'의 경우 '구년의 면벽 冷坐에도 아는 자 없네.'의 상구는 휴대한 신발을 전수하지 않은 것이고, '五葉의 꽃 피니 遍界에 향 가득하다.'의 하구는 남겨둔 신발을 전수한 것이다. 또한 이러한 경우에 이르러서는 途中에서는 신발을 가지고 떠나갔고, 산중에서는 榔 속에 남겨 두었다.

제이조 태조혜가의 '一隻臂'의 경우 '세 척만큼 높이 쌓

---

369) 『人天眼目』 卷6, (『大正新脩大藏經』 48, p.331下)에 의하여 내용을 보충한 것이다. 『禪門五宗綱要』, (『韓國佛敎全書』 9, p.466下). "六祖問答 達磨一隻履 九年冷坐無人識 五葉花開遍界香 又云 踏破銕圍山 二祖一隻臂 看看三尺雪 令人毛骨寒 又云 提攜天下 三祖一罪身 覓之不可得 本自無瑕類 又云 抿目强生花 四祖一隻虎 威雄震十方 聲光動寰宇 又云 眼光百步威 五祖一株松 不圖標境致 且要壯家風 六祖一張碓 踏著關棙(捩)子 方知有與無"

인 눈발을 보아라. 사람들의 모골까지 한기가 스며든다.'
의 두 구는 모두 냉철한 위엄을 설명한 것이다. 때문에 殺
到의 경우로서 세 척만큼이나 높이 쌓인 눈발에는 그 뜻이
없지 않다. 그것은 三要를 구족한 까닭이다.

제삼조 감지승찬의 '一身罪'의 경우 '나병 죄의 성품을
끝내 찾지 못했다. 그 죄는 본래 허물과 흠이 아니었네.'의
두 구도 또한 殺到의 상태를 설명한 것이다. 때문에 대기
로서 온갖 소리가 들려와 번뇌를 통어한다.

제사조 대의도신의 '一隻虎'의 경우 '위엄과 웅혼은 시방
세계에 떨쳐났고, 설법과 자태는 삼세우주에 요동친다.'의
두 구는 모두 活到의 상태를 설명한 것이다. 때문에 대용
이므로 震動 역시 직절의 뜻이다.

제오조 대만홍인의 '一株松'의 경우 '경계 및 풍모 애써
드러내지 않는다.'의 상구는 잘못을 가려내는 것이고, '더
욱더 무위가풍을 굳세게 요구한다.'의 하구는 사시가 불변
한 까닭에 대기이고 覆義가 있는 까닭에 대용임을 여법하
게 설명한 것이다.

제육조 대감혜능의 '一張碓'의 경우 '유위의 關梛마저 밟
아 부수어버리네.'의 상구는 대기가 원응한 것이고, '이에
바야흐로 有와 無를 알게 된다.'의 하구는 대용(有)이 직절
(無)한 것이다.

6. 十無問答

백파는 『선문오종강요』에서 다음과 같이 제시된 [십무
문답]에 대하여 낱낱이 열거하고는 그에 대하여 주석을 가
하고 있다.

十無의 문답은 다음과 같다. 無爲國 : 높은 곳에 누워 잠자는
복희의 세상이고 노래나 부르는 요순시절이다. 無星秤 : 저울
의 눈금을 누가 변별하는가 눈금이 전혀 없어도 대단히 분명
하다. 無根樹 : 東皇의 힘을 빌리지 않아도 처음부터 항상 우
담발화는 늘상 피어있다. 無底缽(鉢) : 깊이 처박아두고 일월
광명 차단해도 언제나 하늘과 땅에 드러나 있다. 無絃(弦)琴
: 단 지음이 아니면 들을 수 없으니 곧 지음이 아니면 연주하
지 않는다. 無底船(舡) : 흰 개구리밥 및 붉은 여뀌꽃 언덕에
텅 빈 배 달빛만 싣고 돌아오다. 無生曲 : 한 곡 두 곡을 불러
도 아는 이 없고 비 그친 밤 연못에 가을 물 깊다. 無孔笛 :
等閑히 한 곡조 불러대니 모두가 태평스런 봄날을 앞다투어
칭찬한다. 無鬚鎖 : 마치 손을 펼치면 움직일 수 없고 주먹을
쥐면 바람도 통하지 않는다. 無底籃 : 그러나 사방의 바닷물을
모두 끌어담고 오방의 수미산을 다 包括한다. 無縫塔 : 분명하
게 층층이 높은 듯 우뚝하니 그 그림자가 참으로 위풍당당하
다. 無孔鎚 : 천수대비가 잡아당겨도 일어나지 못하지만 손쉽
게 조사관을 쳐부순다.[370]

먼저 "십무의 문답은 다음과 같이 거듭하여 수가 열까지 이른다."[371]는 대의를 붙이고는 다음과 같이 해설을 가한다.[372] 곧 태평성대의 국가인 "무위국"의 경우에 "높은 곳에 누워 잠자는 복희의 세상이고"의 상구는 대기이고, "노래나 부르는 요순시절이다."의 하구는 대용임을 알 수가 있다.

눈금이 없는 저울인 "무성칭"의 경우에 "저울의 눈금을 누가 변별하는가"의 상구는 機인데 눈금[星]이 없어서 변별하기 어려운 것이고, "눈금이 전혀 없어도 대단히 분명하다."의 하구는 用인데 무게가 분명한 까닭이다.

뿌리가 없는 나무인 "무근수"의 경우에 "東皇의 힘을 빌리지 않아도"의 상구는 대기이고, "처음부터 항상 우담발

---

370) 『禪門五宗綱要』, (『韓國佛敎全書』9, pp.466下-467上). "十無問答 增數十也 無爲國 上句大機 下句大用可知 無星秤 上句機無星 難卜故 下句用斤兩分明故 無根樹 上句大機 下句大用 無底鉢 上句機隱藏日月故 下句用滿貯乾坤故也 無弦琴 無聲中有聲則機中有用故莫妄彈 無底舡 上句大用 下句大機也 無生曲 雨過夜塘大用直截秋水深大機圓應故爲一曲兩曲 之同時而雨過水深也 是常事故爲不同時無人會也 無孔笛 上句機以無心吹一曲故 下句用吹起劫外本太平歌與人共賞故也 無鬚鎖 掣開爲用餘皆機也 無底籃 上句用千波競起故 下句機相盡名亡故也 無縫塔 上句卽用之機 下句卽機之用也 無孔鎚 上句卽機也 以觀音神力提不起故 下句用也雖然能破祖師關故也" 마지막 無縫塔과 無孔鎚의 두 항목은 『韓國佛敎全書』에만 수록되어 있다. 기타 『人天眼目』卷6, (『大正新脩大藏經』48, pp.331下-332上) 참조.

371) 『私記』, p.94. "增數十也"

372) 『私記』, pp.94-96. 참조.

화는 늘상 피어있다."의 하구는 대용이다.

밑바닥이 없는 밥그릇인 "무저발"의 경우에 "깊이 처박아두고 일월광명 차단해도"의 상구는 機인데 해와 달을 감추어둔 것이고, "언제나 하늘과 땅에 드러나 있다."의 하구는 用인데 하늘과 땅에 가득 쌓여있는 것이다.

줄이 없는 거문고인 "무현금"의 경우에 소리가 없는 가운데 소리가 나는 즉 機 가운데 用이 있는 것이므로 함부로 거문고를 타지 말라.

바닥이 없는 배인 "무저선"의 경우에 "흰 개구리밥 및 붉은 여뀌꽃 언덕에"의 상구는 대용이고, "텅 빈 배 달빛만 싣고 돌아오다."의 하구는 대기이다.

무생의 노래인 "무생곡"의 경우에 비가 온 뒤의 연못은 대용 · 직절이고, 가을날 물이 깊은 것은 대기 · 원응이다. 때문에 한 곡조와 두 곡조가 同時가 되고, 비가 온 뒤에 물이 깊어진다. 이것은 일상사의 모습이므로 不同時가 되는데 그것을 아는 사람이 없다.

구멍이 없는 피리인 "무공저"의 경우에 "等閑히 한 곡조 불러대니"의 상구는 機인데 무심하게 한 곡조 부르는 것이고, "모두가 태평스런 봄날을 앞다투어 칭찬한다."의 하구는 用인데 겁외가풍의 본래성이기도 한 태평가를 불러대니 사람들이 더불어 賞讚하는 것이다.

절대 열 수가 없는 자물쇠인 "무수쇄"의 경우에 당겨서 열어주는 것은 用이고, 그 밖의 것은 모두 機이다.

밑바닥이 없는 바구니인 "무저람"의 경우에 "그러나 사방의 바닷물을 모두 끌어담고"의 상구는 用인데 온갖 파도가 다투어 일어나는 것이고, "오방의 수미산을 다 包括한다."의 하구는 機인데 모양이 없어지고 명칭이 사라진 까닭이다.

기워 붙이지 않은 "무봉탑"의 경우에 "분명하게 층층이 높은 듯 우뚝하니"의 상구는 用에 즉한 機이고, "그 그림자가 참으로 위풍당당하다."의 하구는 機에 즉한 用이다.

구멍이 없는 쇠망치인 "무공추"의 경우에 "천수대비가 잡아당겨도 일어나지 못하지만"의 상구는 곧 機인데 관음의 신통력으로도 일으켜 세우지 못하는 것이고, "손쉽게 조사관을 쳐부순다."의 하구는 用인데 그것은 조사관을 쳐부수기 때문이다.

7. 四異類

한편 다음과 같은 『선문오종강요』의 "사이류"라는 대목을 인용하여 거기에 설명을 가하고 있다.[373]

---

373) 『私記』, p.96. 참조.

네 가지 다름과 같음[四異類]에서 異는 무차별이고 類는 차별이다. 성품이 늘 윤회세계 왕래하는 것을 類라 말한다. 성품은 自失하지 않고 여여한 것을 異라 말한다. 보살 형상이 육도중생과 같은 것을 類라 말한다. 자기가 깨우쳐 윤회를 벗어난 것을 異라 말한다. 사문이 披毛戴角하는 보살실천행을 類라 말한다. 분명하여 역겁에 변역이 없는 것을 異라 말한다. 종문에서 쓰고 말하는 모든 언어를 類라 말한다. 보살의 지혜도 이르지 못하는 곳을 異라 말한다.[374]

이에 대하여 백파는 다음과 같이 주석을 가하고 있다. 곧 異는 正이고, 類는 偏이다. 원래 이것은 조동종의 가르침이지만 다른 종파에서도 통용되었다. 이것은 조동종의 근본적인 교의에 해당하는 편정오위의 교의를 이후에는 임제종 등 다른 종파에서도 수용하여 전승했음을 가리킨다. '왕래'는 일체중생을 설명한 것이다. '보살'은 보살의 교화행을 설명한 것이다. '사문'은 명안종사가 몸을 바꾸어 보살도를 실천하는 것을 설명한 것이다. '종문'은 곧 종문에서 직접적으로 활용하는 법체를 설명한 것이다.

---

374) 『禪門五宗綱要』, (『韓國佛教全書』 9, p.467上) "四異類(異則無差別 類則差別) 往來性常輪廻 名爲類 性不自失 名爲異 菩薩形似六道衆生 名爲類 自己不同輪廻 名爲異 沙門披手戴角 名爲類 明得不變易名爲異 宗門一切言語 名爲類 智不到處 名爲異"

8. 趙州從諗의 三門

또한 『선문오종강요』의 다음과 같은 문수와 관음과 보현의 덕성을 노래한 [조주삼문]의 대목을 인용하여 설명을 붙이고 있다.

> 조주의 삼문(누구의 게송인지 알려져 있지 않다) :
> 만약 문수의 모습을 말하자면
> 두 가닥으로 머리카락 땋았고
> 東林에는 푸른 숲이 빽빽하며
> 南岳은 푸르게 우뚝 솟아있고
> 하늘가엔 달이 매달려 있으며
> 마당엔 비맞은 베짱이가 있네
> 또다시 현묘한 모습을 찾자면
> 화살이 이미 신라를 지났다네
>
> 圓通의 문을 두드리고자 하나
> 圓通의 문은 잠겨있지 않다네
> 성루엔 기상 나팔소리 울리고
> 岳寺에는 저녁 종소리 들리네
> 학은 맑디맑은 밤중에 우는데
> 碧峰을 흐르는 샘물 소리라네
> 자비심이 보광전에 하나 가득

어느 곳엔들 相從하지 않으랴

보현의 진면목 알고자 하려면
우뚝 솟았지만 걸려있지 않네
담쟁이덩굴 정상에 걸쳐 있고
항아리 들고서 祥蓮을 딴다네
野老는 관솔로 등불을 밝히고
山童은 달빛섞인 물 길어오네
어디를 둘러봐도 날 깜깜하여
첩첩 산중만 대면하고 있다네[375]

이에 대하여 백파는 먼저 총론적인 입장에서 다음과 같
은 주석을 가하고 있다.[376] 곧 문수는 대기·원응을 문으
로 삼고, 보현은 대용·직절을 문으로 삼으며, 관음은 기
용·제시를 문으로 삼는다. 이것들은 모두 묘용으로서 傍
參[377]에 해당하므로 낱낱이 모두 삼요를 갖추고 있다. 나

---

375) 『禪門五宗綱要』, (『韓國佛教全書』 9, p.467上-中). "趙州三門(未詳誰
頌) 文殊의 面目 文殊面目 若謂文殊貌 頭頭路不阿 東林靑鬱密 南岳碧
嵯峨 天際懸空月 庭中帶雨莎 更尋玄妙相 箭已過新羅. 觀音의 妙唱 觀
音妙唱 叩圓通肩 圓通戶不封 城樓鳴曉角 岳寺起昏鍾 鶴唳當淸夜 泉
聲瀉碧峯 悲心咸普廣 何處不相從. 普現의 妙用 普賢妙用 若謂識普賢
嵯峨本不懸 蘿擧登絶頂 瓶挐採祥蓮 野老燈松火 山童汲月泉 縱橫如未
曉 對面隔重巓" 또한 『五家宗旨纂要』 卷中 [洞宗三解脫門], (『卍續藏』
65, p.276中) 참조.
376) 『私記』, pp.96-100. 참조.
377) 『撫州曹山本寂禪師語錄』 卷下, (『大正新脩大藏經』 47, p.544中) 참

아가서 백파는 첫째, 문수보살의 면목에 대하여 다음과 같이 말한다.

문수의 면목은 大智이다. 이것은 모든 사람이 본래구족하고 있는 면목이다. 일체의 색법에 즉하여 문수의 면목을 설명한다. 곧 푸른 숲, 푸른 산, 허공의 달, 비를 맞은 베짱이 등이 모두 색이다.

글 가운데 처음의 '만약 문수의 모습을 말하자면 두 가닥으로 머리카락 땋았고'의 두 구는 대기의 면목이 두두물물에 드러나 있지만 조금도 阿曲된 도리가 없음을 가리킨다. 곧 온갖 색이 그대로 드러나 있고 조사의 뜻이 그대로 드러나 있기 때문이다.

다음의 '東林에는 푸른 숲이 빽빽하며 南岳은 푸르게 우뚝 솟아있고'의 두 구는 機와 用을 여법하게 설명한 것이다. 상구는 대용이고 하구는 대기이다. 이것은 대용에 즉한 機이기 때문이다.

다음의 '하늘가엔 달이 매달려 있으며 마당엔 비를 맞은

조. 『팔요현기』는 조산의 교화방편에 있어서 오위와 삼종의 墮와 사종의 異類와 더불어 가장 특징적인 것으로 실로 조동종의 교의가 동산과 조산을 중심으로 형성된 것은 바로 조산의 이 『팔요현기』에 형식적인 구조를 응축하고 있기 때문이다. 곧 조산의 『팔요현기』란 말 그대로 여덟 가지 현묘한 機關을 의미한다. 기관은 공안의 구조를 설명함에 있어서 그 공안의 체계화를 가장 잘 나타내고 있는 용어 가운데 하나이다. 따라서 여덟 가지의 현묘한 기관이란 곧 回互 · 不回互 · 宛轉 · 傍參 · 樞機 · 密用 · 正按 · 傍提이다.

베짱이가 있네.'의 두 구는 기와 용이 회호하고 방참한 연유를 설명한 것이다.

상구는 殺 가운데(하늘의 허공) 活이 갖추어져 있다.(매달려 있는 달) 때문에 대기·원융이다. 하구는 活 가운데 (마당에 내리는 비) 殺이 갖추어져 있다.(비 맞은 베짱이) 때문에 대용·직절이다.

마지막의 '또다시 현묘한 모습을 찾자면 화살이 이미 신라를 지났다네'의 두 구는 일체색의 경계를 벗어나서는 다시 대기의 현묘한 면목이 없음을 결론적으로 드러낸 것이다. 때문에 이것을 벗어나서 달리 문수의 면목을 찾는다면 곧 어그러지고 만다.

둘째, 관음보살의 묘창에 대하여 다음과 같이 말한다.

관음보살의 묘창은 원통법문을 증득하였기 때문에 機用 齊施이다. 일체의 색법에 즉하여 관음의 묘창을 설명한다. 곧 기상 나팔소리, 저녁을 알리는 범종소리, 학의 울음소리, 샘물 흐르는 소리 등이 모두 색이다.

글 가운데 '圓通의 문을 두드리고자 하나 圓通의 문은 잠겨있지 않다네'의 두 구는 機와 用이 구족된 원통법문이다. 운명이라고 간주하는 팔자를 타개해주는 까닭에 일체처에 분명하게 드러나 있다.

다음의 '성루엔 기상 나팔소리 울리고 岳寺에는 저녁 종소리 들리네'의 두 구는 機와 用을 여법하게 설명한다. 상구는 用이고 하구는 機이다. '성루'는 시끄러운 곳이지만 또한 새벽의 나팔소리를 울려준다. 그래서 시끄러운 것에다 다시 시끄러운 것을 더하는 모습이다. '岳寺'는 조용한 곳이지만 또한 저녁의 종소리를 알려준다. 그래서 조용한 것에서 다시 조용한 것을 빼주는 모습이다. 때문에 機·用齊施이다.

다음의 '학은 맑디맑은 밤중에 우는데 碧峰을 흐르는 샘물 소리라네'의 두 구는 기와 용이 회호하고 방참한 연유를 설명한 것이다. 상구는 대용·직절이고, 하구는 대기(푸른 산봉우리)·원응(샘물 흐르는 소리)이다. 이 두 구는 글은 비록 비슷하지만 뜻은 분명하다. 그것을 생각해보라.

마지막의 '자비심이 보광전에 하나 가득 어느 곳엔들 相從하지 않으랴'의 두 구는 원통의 법재가 모든 사람에게 갖추어져 있음을 결론적으로 드러낸 것이다.

셋째, 보현보살의 묘용에 대하여 다음과 같이 말한다.

보현보살의 묘용은 묘용이기 때문에 대용이다. 이것은 모든 사람들이 일용사에서 운용하는 常道의 대용이다. 곧 무를 들고 있는 것, 산에 오르는 것, 물병을 손에 쥐고 있는 것, 연을 채취하는 것, 관솔불을 붙이는 것, 불을 지피는 것, 달리 어려비취는 샘물 등이 모두 목전의 평상사이다.

글 가운데서 '보현의 진면목 알고자 하려면 우뚝 솟았지만 걸려있지 않네'의 두 구는 대용은 늘상 일상사에 작용하고 있어서 본래부터 멀리 떠난 적이 없음을 가리킨다.

다음의 '담쟁이덩굴 정상에 걸쳐 있고 항아리 들고서 祥蓮을 딴다네'의 두 구는 機와 用을 여법하게 설명한 것이다. 상구는 機이고 하구는 用이다. 이것은 대기에 즉한 用이기 때문이다.

다음의 '野老는 관솔로 등불을 밝히고 山童은 달빛섞인 물 길어오네'의 두 구는 기와 용이 회호하고 방참한 연유를 설명한 것이다. 상구는 대기(野老)·원응(松火)이고, 하구는 대용(山童)·직절(月泉)이다. 불은 밝은 까닭에 원응이고, 달은 차가운 까닭에 직절이다.

마지막의 '어디를 둘러봐도 날 깜깜하여 첩첩 산중만 대면하고 있다네'의 두 구는 이들 機(종)와 用(횡)은 늘상 일상의 생활속에 있지만 그것은 마치 그것을 곧바로 알지 못하면 대면하고 있어도 천리나 떨어져 있는 경우와 마찬가지임을 결론적으로 드러낸 것이다.

이처럼 이들 삼문 가운데 색과 소리와 일용사 등은 낱낱이 목전의 평상사이다. 곧 원래 이것은 照·用不同時의 소식이다. 그러나 그 낱낱에 모두 機와 用의 면목이 있는 까닭에 또한 照·用同時도 갖추고 있다. 同時는 傳受이고, 不同時는 無傳受이다. 때문에 말후구는 원만무결하다. 이것은 문수와 관음과 보현 등 세 보살의 면목이지만 또한

모든 사람의 면목이기도 하다. 조주는 이 삼문을 가지고
사람들이 깨치기를 권장한 것이다.

제9장 『禪門五宗綱要私記』의 사상적 특징

1. 大機와 大用에 근거한 해석

백파는 오가의 내용을 大機·大用이라는 하나의 機關을 통하여 전개하고 있다. 임제종의 종지는 물론이고, 운문종과 조동종과 위앙종과 법안종의 교의까지도 대기와 대용의 기관으로 일관하고 있는 것은 백파의 안목이 어디에 있는가를 분명하게 보여주고 있다. 일찍이 환성지안은 임제종지의 특징으로 "임제종지는 機와 用을 해명한다."는 것으로 정의한 바 있다.[378] 이에 대하여 백파는 임제의 '삼구'에 대한 해석에 대해서는 다음과 같이 말한다.

上句 곧 '三要印開朱點窄'은 大機圓應으로서 곧 殺到底이다. 앞의 三要印開의 네 글자는 用이고, 뒤의 朱點窄이라는 세 글자는 照이다. 照로써 主를 삼으면서도 그것이 用을 벗어나지 않는다. 때문에 先照後用이라 말한다. 下句는 '未容擬議主賓分'으로서 大用直截로서 곧 活到底이다. 앞의 未容擬議의 네 글자는 네 글자는 照이고, 뒤의 主賓分의 세 글자는 用이다.

---

378) 『禪門五宗綱要』, (『韓國佛敎全書』 9, p.459下) "臨濟宗 明機用"

用으로써 主를 삼으면서도 그것이 照를 벗어나지 않는다. 때
문에 先用後照라 말한다.[379)]

대기와 대용의 출현에 대하여 '三要' 부분에서는 다음과
같이 말한다.

제일요는 선조후용이다. 대기는 원응으로써 義를 삼는데 이것
은 곧 대용의 機이다. 때문에 백장은 대기를 터득하여 더 이
상 부족함이 없었다. 제이요는 선용후조이다. 대용은 직절로
써 義를 삼는다. 지금 全彰이라 말한 것은 단지 用의 義만 설
명한 것으로 이것은 대기의 용이다. 그러므로 대용을 벗어나
서 다시 대기는 없다. 때문에 황벽은 대용을 터득하여 더 이
상 부족함이 없었다.[380)]

또한 '四照用' 부분에서는 선조후용은 大機圓應이고, 선
용후조는 大用直截이며, 조용동시와 조용부동시는 機用齊
施로 각각 해석하고 있다.[381)] 이와 같은 대기와 대용은 일

---

379) 『私記』, p.5. "上句大機圓應卽殺到底也 上四字用 下三字照也 以照爲
主而亦不離用 故爲先照後用 … 下句大用直截卽活到底也 上四字照 下
三字用也 以用爲主而亦不離照 故爲先用後照"
380) 『私記』, p.19. "第一要先照後用 大機以圓應 爲義是大用之機 故大機外
更無大用也 故百丈得大機 而更無餘事也 第二要先用後照 大用以直截
爲義今云全彰 但明用義也 是大機之用 故大用外更無大機也 故黃蘗
〈檗?〉得大用 而更無餘事也"
381) 『私記』, pp.35-37.

찍부터 백장과 황벽의 선기를 비유한 것이었다.

> 위산이 물었다. '마조가 배출한 84명의 선지식 가운데 대기를
> 터득한 사람은 몇 명이고 대용을 터득한 사람은 몇 명인가.'
> 앙산이 말했다. '백장은 대기를 터득하였고, 황벽은 대용을 터
> 득하였습니다.'382)

그러나 역대로 대기와 대용을 겸비한 것으로 비유한 인
물은 임제의현에 대한 평가였다. 곧 林泉從倫이 1296년에
『임제록』에 붙인 서문은 다음과 같다.

> 때문에 임제조사는 정법안으로 열반심을 해명하였고, 대지 ·
> 대자를 일으켜서 대기 · 대용을 운용하였다.383)

때문에 대기와 대용은 임제종지를 한마디로 정의한 용
어이기도 하였다. 이에 근거하여 백파는 오가종요384)에 대

---

382) 『袁州仰山慧寂禪師語錄』, (『大正新脩大藏經』 47, p.587中) "潙山云
馬祖出八十四人善知識 幾人得大機 幾人得大用 師云 百丈得大機 黃檗
得大用"
383) 『臨濟錄』, (『大正新脩大藏經』 47, p.495上) "故臨濟祖師以正法眼 明
涅槃心 興大智大慈 運大機大用"
384) 『禪門五宗綱要』, (『韓國佛教全書』 9, p.466上-中) "圓悟五家宗要 全
機大用 棒喝交馳 劍刃上求人 電光中垂手 臨濟. 北斗藏身 金風體露 三
句可辨 一鏃遼空 雲門. 君臣道合 偏正相資 鳥道玄途 金針玉線 曹洞.
師資唱和 父子一家 明暗交馳 語黙不露 潙仰. 聞聲悟道 見色明心 句

하여 붙인 원오극근의 해석에 대해서도 다음과 같이 대기와 대용으로 평가하고 있다.

먼저 임제종지에 대해서는 "완전한 대기와 완전한 대용이고"라는 초구는 삼요를 언급한 것이다. "棒과 喝이 시시때때로 드러나며"의 제이구는 四喝과 八棒으로서 機와 用 아님이 없다.[385]고 말한다.

十無의 문답[386]에 대해서는 다음과 같이 그 전체를 機와 用으로 회통한다.

태평성대의 국가인 '무위국'의 경우에 '높은 곳에 누워 잠자는 복희의 세상이고'의 상구는 대기이고, '노래나 부르는 요순시절이다.'의 하구는 대용임을 알 수가 있다. 눈금이 없는 저울인 '무성칭'의 경우에 '저울의 눈금을 누가 변별하는가'의 상구는 機인데 눈금[星]이 없어서 변별하기 어려운 것이고, '눈금이 전혀 없어도 대단히 분명하다.'의 하구는 用인데 무게가 분명한 까닭이다. 뿌리가 없는 나무인 '무근수'의 경우에 '東皇의 힘을 빌리지 않아도'의 상구는 대기이고, '처음부터 항상 우담발화는 늘상 피어있다.'의 하구는 대용이다. 밑바닥이 없는 밥

裏藏鋒 言中有響 法眼. 五家改聲換調 展拓妙門 易俗移風千方百面 盡向無中唱出 曲爲初機若是俊流 不留朕迹 掀翻露布 截斷葛藤 然則千兵易得 一將難求 入草尋人 聊通一綿 機前有准 擬向卽乖 句下無私 動成窠臼 靈鋒寶劍 覿面堂堂 滯殼迷封 不堪種草"

385) 『私記』, p.86. "初句標擧三要 二句四唱八棒 無非機用"
386) 『禪門五宗綱要』, (『韓國佛教全書』9, pp.466下-467上) ; 『人天眼目』卷6, (『大正新脩大藏經』48, pp.331下-332上) 참조.

그릇인 '무저발'의 경우에 '깊이 처박아두고 일월광명 차단해도'의 상구는 機인데 해와 달을 감추어둔 것이고, '언제나 하늘과 땅에 드러나 있다.'의 하구는 用인데 하늘과 땅에 가득 쌓여있는 것이다. 줄이 없는 거문고인 '무현금'의 경우에 소리가 없는 가운데 소리가 나는 즉 機 가운데 用이 있는 것이므로 함부로 거문고를 타지 말라. 바닥이 없는 배인 '무저선'의 경우에 '흰 개구리밥 및 붉은 여뀌꽃 언덕에'의 상구는 대용이고, '텅 빈 배 달빛만 싣고 돌아오다.'의 하구는 대기이다. 무생의 노래인 '무생곡'의 경우에 비가 온 뒤의 연못은 대용직절이고, 가을날 물이 깊은 것은 대기원응이다. 때문에 한 곡조와 두 곡조가 同時가 되고, 비가 온 뒤에 물이 깊어진다. 이것은 일상사의 모습이므로 不同時가 되는데 그것을 아는 사람이 없다. 구멍이 없는 피리인 '무공저'의 경우에 '등한히 한 곡조 불러대니'의 상구는 機인데 무심하게 한 곡조 부르는 것이고, '모두가 태평스런 봄날을 앞다투어 칭찬한다.'의 하구는 用인데 겁외의 본래인 태평가를 불러대니 사람들이 더불어 상찬하는 것이다. 절대 열 수가 없는 자물쇠인 '무수쇄'의 경우에 당겨서 열어주는 것은 用이고, 그 밖의 것은 모두 機이다. 밑바닥이 없는 바구니인 '무저람'의 경우에 '그러나 사방의 바닷물을 모두 끌어담고'의 상구는 用인데 온갖 파도가 다투어 일어나는 것이고, '오방의 수미산을 다 포괄한다.'의 하구는 機인데 모양이 없어지고 명칭이 사라진 까닭이다. 기워 붙이지 않은 "무봉탑"의 경우에 '분명하게 층층이 높은 듯 우뚝하니'의 상구는 用에 즉한 機이고, '그 그림자가 참으로 위풍당당하다.'의 하구는 機에

즉한 用이다. 구멍이 없는 쇠망치인 '무공추'의 경우에 '천수대
비가 잡아당겨도 일어나지 못하지만'의 상구는 곧 機인데 관음
의 신통력으로도 일으켜 세우지 못하는 것이고, '손쉽게 조사
관을 쳐부순다.'의 하구는 用인데 그것은 조사관을 쳐부수기
때문이다.387)

나아가서 六代祖師의 問答388)에 대해서는 감지승찬부터

---

387) 『私記』, pp.94-96. "無爲國 上句大機 下句大用可知 無星秤 上句機無
  星難卜故 下句用斤兩分明故 無根樹 上句大機 下句大用 無底鉢 上句
  機隱藏日月故 下句用滿貯乾坤故也 無弦琴 無聲中有聲 則機中有用故
  莫妄彈 無底缸 上句大用 下句大機也 無生曲 雨過夜塘大用直截 秋水
  深大機圓應故 爲一曲兩曲之同時 而雨過水深也 是常事故爲不同時無
  人會也 無孔笛 上句機以無心吹一曲故 下句用吹起劫外本太平歌與人
  共賞故也 無鬚鎖 掣開爲用 餘皆機也 無底籃 上句用千波競起故 下句
  機相盡名亡故也 無縫塔 上句卽用之機 下句卽機之用也 無孔鎚 上句卽
  機也 以觀音神力提不起故 下句用也 雖然能破祖師關故也"

388) 『禪門五宗綱要』, (『韓國佛教全書』9, p.466下). 이것을 『人天眼目』 卷6,
  (『大正新脩大藏經』 48, p.331下)에 의하여 내용을 보충하면 다음과
  같다. "달마조사의 문답은 一隻履이다. 구년의 面壁 冷坐에도 아는 자
  없네. 五葉의 꽃 피니 遍界에 향 가득하다. 또 말했다. '鐵圍山을 밟
  아 부수어버린다.' 혜가조사의 문답은 一隻臂이다. 세 척만큼 높이 쌓
  인 눈발을 보아라. 사람들의 毛骨까지 한기가 스며든다. 또 말했다.
  '천하를 提攜한다.' 승찬조사의 문답은 一身罪이다. 나병 죄의 성품을
  끝내 찾지 못했다. 그 죄는 본래 허물과 흠이 아니었네. 또 말했다.
  '눈동자에 힘줄이 생겨 꽃이 피어나는 것에 견주었다.[捩目强生花]'
  도신조사의 문답은 一隻虎이다. 위엄과 웅혼은 시방세계에 떨쳐냈네.
  설법과 자태는 삼세우주에 요동친다. 또 말했다. '眼光이 百步에까지
  威를 떨친다.' 홍인조사의 문답은 一株松이다. 경계 및 풍모 애써 드
  러내지 않는다. 더욱더 무위가풍을 굳세게 요구한다. 혜능조사의 문
  답은 一張碓이다. 유위의 關棙마저 밟아 부수어버리네. 이에 바야흐

대감혜능에 이르는 경우를 모두 다음과 같이 機와 用에 대
비시켜 설명한다.

　　제삼조 감지승찬의 '일신죄'의 경우 '나병 죄의 성품을 끝내 찾
　　지 못했다. 그 죄는 본래 허물과 흠이 아니었네.'의 두 구도
　　또한 殺到의 상태를 설명한 것이다. 때문에 대기로서 온갖 소
　　리가 들려와 번뇌를 통어한다. 제사조 대의도신의 '일척호'의
　　경우 '위엄과 웅혼은 시방세계에 떨쳐났고, 설법과 자태는 삼
　　세우주에 요동친다.'의 두 구는 모두 活到의 상태를 설명한 것
　　이다. 때문에 대용이므로 震動 역시 직절의 뜻이다. 제오조 대
　　만홍인의 '일주송'의 경우 '경계 및 풍모 애써 드러내지 않는
　　다.'의 상구는 잘못을 가려내는 것이고, '더욱더 무위가풍을 굳
　　세게 요구한다.'의 하구는 사시가 불변한 까닭에 대기이고 覆
　　義가 있는 까닭에 대용임을 여법하게 설명한 것이다. 제육조
　　대감혜능의 '일장대'의 경우 '유위의 關梛마저 밟아 부수어버
　　리네.'의 상구는 대기가 원응한 것이고, '이에 바야흐로 有와
　　無를 알게 된다.'의 하구는 대용(有)이 직절(無)한 것이다.[389]

　　로 有와 無를 알게 된다. 六祖問答 達磨一隻履 九年冷坐無人識 五葉
　　花開遍界香 又云 踏破銕圍山 二祖一隻臂 看看三尺雪 令人毛骨寒 又云
　　提攜天下 三祖一罪身 覓之不可得 本自無瑕類 又云 抾目强生花 四祖一
　　隻虎 威雄震十方 聲光動實宇 又云 眼光百步威 五祖一株松 不圖標境致
　　且要壯家風 六祖一張碓 踏著關梛(捩)子 方知有與無
389) 『私記』 pp.93-94. "一身罪二句亦明殺到底故爲大機 類音來塵統也
　　 一隻虎二句皆明活到底故爲大用而震動亦是直截義也 一株松上句揀非
　　下句正明四時不變故爲大機有履義故爲大用也 一張碓上句大機圓應下
　　句大用(有)直截(無)也一身罪二句亦明殺到底故爲大機也 類音來塵統也

한편 조주종심의 삼문390)에 대해서도 예외가 아니다. 곧 "문수는 대기원응을 문으로 삼고, 보현은 대용직절을 문으로 삼으로, 관음은 기용제시를 문으로 삼는다."391)고 말한다. 구체적으로는 다음과 같다.

'문수보살의 면목'에 대해서는 "'만약 문수의 모습을 말하자면 두 가닥으로 머리카락 땋았고'의 두 구는 대기의 면목이 두두에 드러나 있지만 조금도 阿曲된 도리가 없음을 가리킨다."고 말하고, 또한 "'東林에는 푸른 숲이 빽빽하며 南岳은 푸르게 우뚝 솟아있고'의 두 구는 機와 用을 여법하게 설명한 것이다. 상구는 대용이고 하구는 대기이다. 이것은 대용에 즉한 機이기 때문이다."고 말한다. 또한 "'하늘가엔 달이 매달려 있으며 마당엔 비맞은 베짱이가 있네.'의 두 구는 기와 용이 회호하고 방참한 연유를 설명한 것이다. 상구는 殺 가운데(하늘의 허공) 活이 갖추어져 있다.(매달려 있는 달) 때문에 대기원응이다. 하구는 活 가운데(마당에 내리는 비) 殺이 갖추어져 있다.(비 맞은 베짱이) 때문에 대용직절이다. 상구의 내용은 그대로 알 수

一隻虎二句皆明活到底故爲大用而震動亦是直截義也　一株松上句揀非下句正明四時不變故爲大機有履義故爲大用也　一張碓上句大機圓應下句大用(有)直截(無)也"

390) 『禪門五宗綱要』, (『韓國佛教全書』 9, p.467上-中) ; 『五家宗旨纂要』卷中 [洞宗三解脫門], (『卍續藏』 65, p.276中) 참조.

391) 『私記』, p.97. "文殊大機圓應 普賢大用直截 觀音機用齊施爲門"

가 있다. 하구에서 마당은 곧 목전에 드러난 경계이므로 用이고, 비 또한 만물을 潤生하므로 用이다. 베짱이는 광명이 없고 또한 무기력하므로 機이다. 이 중간의 사구 이하에 있는 이구도 모두 이 뜻과 동일하다."고 말한다. 또한 "'또다시 현묘한 모습을 찾자면 화살이 이미 신라를 지났다네'의 두 구는 일체색의 경계를 벗어나서는 다시 대기의 현묘한 면목이 없음을 결론적으로 드러낸 것이다. 때문에 이것을 벗어나서 달리 문수의 면목을 찾는다면 곧 어그러지고 만다."고 말한다.[392]

'관음보살의 묘창'에 대해서는 "관음보살의 묘창은 원통법문을 증득하였기 때문에 機用齊施이다."고 말한다. 또한 "'圓通의 문을 두드리고자 하나 圓通의 문은 잠겨있지 않다네'의 두 구는 機와 用이 구족된 원통법문이다."고 말한다. "'성루엔 기상 나팔소리 울리고 岳寺에는 저녁 종소리 들리네'의 두 구는 機와 用을 여법하게 설명한다. 상구는 用이고 하구는 機이다. … 때문에 機用齊施이다."고 말한다. 또한 "'학은 맑디맑은 밤중에 우는데 碧峰을 흐르는 샘물 소리라네'의 두 구는 기와 용이 회호하고 방참한 연유를 설명한 것이다. 상구는 대용직절이고, 하구는 대기(푸른 산봉우리)원응(샘물 흐르는 소리)이다."고

---

392) 『私記』, pp.97-98.

말한다.[393)]

　'보현보살의 묘용'에 대해서는 "보현보살의 묘용은 묘용이기 때문에 대용이다."고 말한다. 또한 "'보현의 진면목 알고자 하려면 우뚝 솟았지만 걸려있지 않네'의 두 구는 대용은 늘상 일상사에 작용하고 있어서 본래부터 멀리 떠난 적이 없음을 가리킨다."고 말한다. 또한 "'담쟁이덩굴 정상에 걸쳐 있고 항아리 들고서 祥蓮을 딴다네'의 두 구는 機와 用을 여법하게 설명한 것이다. 상구는 機이고 하구는 用이다. 이것은 대기에 즉한 用이기 때문이다."고 말한다. 또한 "'野老는 관솔로 등불을 밝히고 山童은 달빛섞인 물 길어오네'의 두 구는 기와 용이 회호하고 방참한 연유를 설명한 것이다. 상구는 대기(野老)원응(松火)이고, 하구는 대용(山童)직절(月泉)이다. 불은 밝은 까닭에 원응이고, 달은 차가운 까닭에 직절이다."고 말한다.[394)]

　이와 같이 백파는 대기와 대용을 바탕으로 오가의 전체에 걸친 교의를 해석하고 있다.[395)]

---

393) 『私記』, pp.98-99.
394) 『私記』, pp.99-100.
395) 백파긍선은 기타의 저술에서 나름대로 하나의 원칙을 정하여 해석을 가한다. 가령 56세 때 저술한 『修禪結社文』은 수많은 인용문헌을 바탕으로 하여 수선의 원칙을 기준으로 하였고, 60세 때 저술한 『禪文手鏡』은 本分과 新熏을 기준으로 삼았으며, 79세 때 저술한 『六祖大師法寶壇經要解』는 眞空과 妙有를 기준으로 하였다.

2. 臨濟宗旨의 정통성에 근거한 해석

1) 『선문오종강요사기』와 임제의 삼구

백파는 『선문오종강요』를 비롯한 『인천안목』 등에 근거하면서 오가의 교의를 그대로 수용하기보다는 나름대로 안목을 통하여 임제종지를 중심으로 새롭게 평가하였다. 때문에 직접적인 『선문오종강요』에 대해서도 가령 功勳五位에 대하여 다음과 같이 비판적인 입장을 취한다.

이 공훈오위에 대한 본래의 주석[396]은 대혜의 해석과 비교하면 약간 다른데 그 의도는 또한 드러나 있지 않다. 무슨 까닭에 환성지안 노사는 대혜의 해석을 활용하지 않은 것인지에 대해서는 차라리 알다가도 모를 일이다.[397]

그런가하면 삼처전심의 교의에 근거하여 '삼요'에 대하여 다음과 같이 말한다.

삼요와 사조용 등을 구족한 까닭에 살·활을 구비한 잡화포로

---

396) 『禪門五宗綱要』, (『韓國佛敎全書』 9, p.464上-下) ; 『人天眼目』 卷3, (『大正新脩大藏經』 48, pp.315下-316上)
397) 『私記』, p.73. "此五位本註與大慧釋小異 而意亦不現 何以喚醒老不用大慧釋乎 乍可不知也"

서 조사선이라 말하는데 이것은 곧 염화미소의 소식이다. 이
삼요는 곧 사조용으로서 특별히 명칭이 다를 뿐이다.[398]

나아가서 '삼현'에 대해서는 다음과 같이 말한다.

權에 즉하여 實을 설명한 것이다. 또한 權을 實의 입장에서 설
명한 것이기도 하다. 때문에 단지 살인도 · 진금포 · 여래선으
로서 분반좌의 소식일 뿐이다.[399]

이것은 임제의 삼구를 해석함에 있어 삼구와 일구가 모
두 원융하거나 모두 민절하는 경우는 결코 없다고 간주한
것이다. 이것이 곧 달마가 전승한 無文印字로서 제일구에
있는 경우는 삼요라 말하고, 제이구에 있는 경우에는 바꿔
서 삼현이라 말하지만, 제삼구에 있는 경우에는 다시 삼구
라 말한다. 때문에 삼구 가운데 제일구와 제이구는 격외선
이고, 나중의 제삼구는 의리선이다. 격외선 가운데서도 제
일구는 살 · 활을 겸전하여 끝내 沒把鼻하기 때문에 조사
선이다.

---

398) 『私記』, p.19. "具足三要四照用等 故爲殺活具備 雜華〈貨?〉舗 名祖師
禪 卽拈花消息也 此三要卽四照用特名異也"
399) 『私記』, p.19. "卽權明實 又明權實上 故但爲殺人刀眞金舗如來禪卽分
座消息也"

그런데 백파는 임제종의 경우 三과 一을 투과하여 향상과 존귀를 터득하였기 때문에 다시 삼구400)를 갖추어 대기의 원응은 긍정하지 않지만 대용의 직절은 긍정한다. 이처럼 대기와 대용을 모두 베풀었는데[機用齊施] 이것이 곧 摠得이다. 이와 같이 살·활을 구족한 까닭에 또한 잡화포라 말한다. 이로써 불조의 스승이 되어 곧 삼처전심을 원만하게 구족한 정맥이라 말한다.

운문종지의 경우에 대해서도 또한 三과 一의 頭角401)을 투탈하였기 때문에 제일구에 도달하여 무릇 截斷의 측면만 설명하였다. 그러나 아직 삼요를 구족하지 못한 까닭에 임제종에는 미치지 못한다. 때문에 마조의 방전이라 평가한다.402) 또한 조동종의 경우에 대해서는 다음과 같이 말한다.

제이구는 향상과 존귀의 朕迹을 투탈하지 못한 경우이다. 곧 그 朕迹이란 여래가 설한 만법은 일심이라는 말과 완전히 동일하다. 그래서 여래선이라 폄칭하였지만 조사문중에도 동일한 여래의 설법이 들어있다. 때문에 이 여래선에도 또한 세 종류의 深·淺이 있다. 첫째, 조동종의 경우는 향상을 설명한다.

---

400) 大機大用, 大用直截, 機用齊施를 가리킨다.
401) 頭角은 범부의 有所得心을 가리킨다.
402) 『私記』, p.9. "雲門宗亦透脫 三一之頭角故能到第一句 而但明截斷則三要未具 故不及臨齊宗 故爲馬祖之傍"

곧 완전하게 공겁을 초월하기 때문에 여래선이 아니다. 다만 부득불 今時에 떨어지는 까닭에 여래선일 뿐이지, 향상과 존귀에 합치되지 않는다고 해서 조사문중이 못되는 것은 아니다. 그렇지만 아직 존귀라는 頭角이 남아있는 까닭에 아직 제일구의 조사선에 들어가지 못하고 다만 제이구인 여래선에 머물러 천상과 인간의 스승이 될 뿐이다. 이것은 무릇 살인도의 전심인 까닭에 진금포로서 삼처전심 가운데 다만 분반좌의 일처전심의 소식 뿐이다. 그래서 육조의 방전이다. 둘째, 위앙종의 경우는 단지 體·用만 설명한다. 때문에 삼현의 규모를 벗어나지 못하여 향상을 설명하지 못한다. 그래서 금시와 본분이 대적하는 상태이다. 이에 진금포에도 미치지 못한다. 때문에 또한 조동종에도 미치지 못한다. 그래서 백장의 방전이다. 셋째, 법안종의 경우는 단지 유심만 설명할 뿐이다. 곧 오직 用만 섭수하여 體로 돌아가는 까닭에 또한 위앙종에도 미치지 못한다. 때문에 설봉의 방전이다.[403]

그러므로 오가 가운데 임제종과 운문종의 두 종파는 제

---

403) 『私記』, pp.10-11. "第二句未脫向上尊貴之朕迹 則完同如來所說 萬法一心之言 故貶云如來禪 以祖師門中 亦有同如來之說 故也此如來禪 又有三種深淺 一曹洞宗明向上 則全超空劫 故不伊麼也 不得不落今時 故伊麼也 不得合爲總不得也 然猶滯尊貴頭角 故未入第一句祖師禪 但得第二句如來禪 而爲天人師也 此但殺人刀傳心 故亦名眞金舖 卽三處傳中 但得分座一處消息 故爲六祖傍傳也 二爲仰宗但明體用 故未脫三玄之規模 未明向上 則今本性敵 猶未盡眞金舖 故亦不及於曹洞宗也 故爲百丈傍傳也 三法眼宗 但明唯心 則唯攝用歸體 故亦不於潙仰宗也 故爲雪峰傍傳也"

일구의 조사선이고, 조동종과 위앙종과 법안종의 세 종파는 제이구의 여래선이다. 그리고 제삼구의 의리선은 오종파 가운데 들어가지도 못한다. 이에 따르자면 조사선과 여래선의 두 선을 깨친 자는 모두 불조의 적자이고, 두 선을 깨치지 못하여 무릇 의리선에만 투득한 자는 단지 서자일 뿐임은 분명히 알 수가 있다.

때문에 『선문강요집』과 『인천안목』에는 모두 이와 같이 뛰어난 종파부터 하열한 종파에 이르는 것으로 편록되어 있다고 평가한다. 그러면서 『선가귀감』에서 운문종을 조동종 뒤에다 편집한 것[404]은 약간 의아한 일이라고 간주하면서도 고금의 전설에서 혹 조동종을 조사선으로 간주한 적이 있기는 하였다고 평가한다.

그리고 임제의 삼구에 대하여 처음부터 "自救不了"에 이르기까지는 개별적으로 모두 삼구를 언급한 것인데 그 낱낱의 일구는 所量의 法體에 해당하는 것으로 간주한다. 곧 佛은 마음이 청정하기 때문에 淨體이고, 法은 마음이 광명이기 때문에 用이며, 道는 원통무애하기 때문에 중간이다. 이것은 곧 신훈삼구이다. "셋이 곧 하나가 되는 것은 모두 공이어서 실유가 아니다."[405]는 것은 本分의 一句에

---

404) 『禪家龜鑑』, (『韓國佛教全書』 7, pp.644中-645下)에서는 임제종, 조동종, 운문종, 위앙종, 법안종의 순서대로 설명하였는데, 이것은 『선문오종강요』의 순서와는 다르다는 것을 가리킨다.
405) 『人天眼目』 卷1, (『大正新脩大藏經』 48, p.301中)

즉한 것으로서 삼구가 일구에 즉한 것이다. 때문에 삼구 밖에 별도로 일구가 있다는 것이 아니다. 여기에서 三과 一은 곧 所量의 法體이고, 제목에 있는 삼구는 곧 能量의 秤衡이다.

이 경우에 三과 一이 제일구에 있으면 삼요 및 향상일규라 말하는데 上士가 그것을 듣는다. 마치 도장을 허공에다 찍는 것과 같기 때문에 불조의 스승이 된다. 그리고 三과 一이 제이구에 있으면 삼현 및 향상일로라 말하는데 中士가 그것을 듣는다. 마치 물에다 도장을 찍는 것과 같기 때문에 인천의 스승이 된다. 또한 三과 一이 제삼구에 있으면 역시 삼구라 말하는데 下士가 그것을 듣는다. 마치 진흙에다 도장을 찍는 것과 같기 때문에 자기도 구제하지 못한다.

나아가서 "산승은 오늘" 이하 대목406)은 근기의 深·淺에 따라서 비록 三印의 차별이 있을지라도 임제의 본의는 실로 제일구에 담겨 있다고 보아서 삼요에는 곧 사조용이 구족되어 있는데 그것이 곧 말후구의 원만한 성취로서 다시는 부족함이 없다. 때문에 불조와 더불어 차별이 없다고 간주한다. 그리고 뒤에 이어지는 "만약 제일구" 이하에서는 위

---

406) 『人天眼目』 卷1, (『大正新脩大藏經』 48. p.301中) "山僧今日見處 若第一句薦得 堪與佛祖爲師 若第二句中薦得 堪與人天爲師 若第三句中薦得 自救不了"

의 제목에서 말한 能量三句를 설명한 것이다. 그 가운데서 광명삼구는 得·失의 입장을 말해주는 '三'과 '一'이다. 때문에 "만약 제일구에서 깨치면 불조의 스승이 된다."고 말한다. 제일구에서는 영원히 三·一의 頭角을 벗어나는 까닭에 불조의 스승이라 말한 것이다. 그러나 제이구에서는 三·一의 朕迹조차 벗어나지 못하는 까닭에 인천의 스승이 된다고 말한 것이다. 그리고 제삼구에서는 단지 신훈삼구만 이해할 뿐이지 본분일구는 이해하지 못한다. 때문에 자기조차 구제하지 못한다고 말한다.

2) 『선문오종강요사기』와 임제의 사요간

백파는 이하의 四料揀에 대해서도 삼구의 교의에 근거하여 해석을 가한다.

이 사요간도 또한 삼구를 벗어나지 않는다. '人'은 본분의 일구이고, '境'은 금시의 삼구이다. 또한 범부의 생각(境)과 성인의 견해(人)라고도 말한다. 첫째의 탈인불탈경은 하근기를 기다리는 것으로 일구는 남겨두지 않고 다만 삼구만 남겨둔다. 이것은 무릇 건화문으로서 횡설수설한 것이다. 때문에 제삼구 가운데서 삼구로 사람을 제접한 즉 의리선이다.[407]

---

407) 『私記』 p.28. "此亦不出三句 人者本分一句 境者今時三句也 亦名凡情

그런가하면 둘째의 탈경불탈인의 경우는 중근기를 相待한 것으로 삼구는 없고 다만 일구만 있기 때문에 이것은 곧 제이구로서 위앙종과 법안종의 종지라고 간주한다.[408] 셋째의 인경양구탈의 경우는 상근기를 相待한 것으로 삼구와 일구가 모두 없기 때문에 제이구로서 조동의 종지로서 위의 위앙종과 법안종과 더불어 여래선으로 간주한다.[409] 또한 넷째의 인경구불탈의 경우에는 上上人을 相待한 것으로 삼구와 일구가 모두 있기 때문에 제일구로서 조사선으로 간주한다.[410]

四賓主에 대해서도 "賓은 三句이므로 유설이고 主는 一句이므로 무설이다. 그러나 이 또한 삼구를 벗어난 것은 아니다."[411]고 하여 삼구에 근거한 해석을 가한다. 한편 四照用에 대해서는 "사조용은 삼요와 단지 명칭만 다를 뿐이지 뜻은 같다. 그래서 要 곧 제삼요[412] 가운데는 遮와 照의 두 가지 뜻을 지니고 있기 때문에 사실은 단지 셋일 뿐이다."[413]고 말하여 삼구 가운데 하나로서 삼요에 비추어

(境)聖解(人) 初奪人不奪境 待下根 不存一句但存三句 此但建化門橫說竪說 故爲第三句中 三句接人 卽義理禪也"

408) 『私記』 p.29.
409) 『私記』 p.30.
410) 『私記』 pp.30~31.
411) 『私記』 p.31. "四賓主 賓三句故有說主一句故無說也亦不出三句"
412) 第三要는 四照用의 경우 제삼 照用同時와 제사 照用不同時의 두 가지에 해당한다. 따라서 여기에서 要에 遮와 照의 두 가지 뜻이 있다는 말은 사조용 가운데 제삼 照用同時의 照와 제사 照用不同時의 遮를 가리킨다.

해석을 가한다.

한편 운문종지414)에 대하여 다음과 같이 말한다.

截과 斷을 설명한 것이다. 일구가 삼구에 즉해 있기 때문에 그
것을 일구라고만 말할 수는 없다. 삼구가 일구에 즉해 있기 때
문에 그것을 삼구라고만 말할 수는 없다. 저 신통·변화와 같아
서 方과 隅를 확정할 수가 없기 때문이다.415) 그리고 그 뜻도
大用現前不存軌則416)에 있기 때문에 또한 제일구로서 조사선
이지만, 아직은 대기와 대용을 드러내지 못하는 까닭에 임제
종에는 미치지 못한다.417)

이에 대하여 운문종을 조사선으로 삼는 것은 단지 이런
규칙에 의거한 까닭에 삼구(삼현)와 일구(향상)가 모두 남
아 있지 않으므로 조동종의 존귀라는 교의를 아득히 벗어
나 있다고 평가한다. 한편 조동종지418)에 대해서는 다음과

---

413) 『私記』 p.35. "四照用 與三要但名異義同 要則第三中有遮照二義故但
爲三也"
414) 『禪門五宗綱要』, (『韓國佛敎全書』 9, p.461下)
415) 『禪門綱要集』, (『韓國佛敎全書』 6, p.859上)
416) 殺活自在하고 無爲無作한 작용은 궤칙을 초월하여 종횡자재한 활동
이다. 스승이 제자를 접화할 경우에 일정한 궤칙을 내세우지 않고 與
와 奪의 경우를 따라서 强과 弱의 변화를 구사하여 종횡자재하게 활
용하는 뛰어난 수완을 가리킨다.
417) 『私記』 p.42. "明截斷者 一句卽三句故不可謂之一句 三句卽一句故不
可謂之三句 如同神變 莫定方隅 故意在大用現前不存軌則 故亦爲第一
句祖師禪 而未能現說大機大用 故不及臨濟宗也"

같이 말한다.

조동의 종지를 총체적으로 서술한다. 이하 조동종·위앙종·
법안종의 삼종은 모두 여래선에 해당하며, 그 경지가 깊은 것
으로부터 얕은 것에 이른다. 이것은 향상을 설명한 것이기 때
문에 여래선의 정맥이다. 위앙종은 體와 用을 설명하고, 법안
종은 體만 설명하고 향상은 설명하지 못한다. 때문에 각각 조
동종에는 미치지 못한다.[419]

이 조동종에 대하여 백파는 "향상을 설명한다."는 것은
공겁마저 全超[420]하고 新熏의 今時에도 얽매이지 않기 때
문에 제이구 운문종에서 말하는 소위 天中一句[421]에 해당
한다고 말한다. 그렇지만 아직 일구라는 존귀에 얽매여 있
기 때문에 삼구와 일구가 모두 없어져 끝내 朕迹조차도 없
는 운문종에는 미치지 못한다고 판별한다. 이로써 우·열
이 분명한데도 불구하고 『선가귀감』에서는 이 조동종을
운문종의 앞에 내놓았는데 잘 이해가 되지 않는다[422]고 그

---

418) 『禪門五宗綱要』, (『韓國佛教全書』 9, p.462下) ; 『人天眼目』 卷3,
　　(『大正新脩大藏經』 48, p.313下)
419) 『私記』 p.51. "摠敍宗旨 此下三宗皆如來而從深至淺也 此明向上故爲
　　如來禪正脉 潙仰明體用 法眼唯明體而未明向上故 不及曹洞宗也"
420) 全超는 일체의 집착도 없이 자유로운 모습을 가리킨다.
421) 『禪門五宗綱要』, (『韓國佛教全書』 9, p.461下)
422) 『禪家龜鑑』, (『韓國佛教全書』 7, pp.644中-645下)에서는 임제종, 조동종,
　　운문종, 위앙종, 법안종의 순서대로 설명하였는데, 이것은 『선문오종

차제를 논한다. 또한 위앙종지[423])에 대해서는 다음과 같이 말한다.

위앙종지를 총체적으로 서술하면 "체·용을 해명한다."는 것이다. 곧 임제의 삼구 가운데 제이구의 권·실삼구에 해당한다. 대략적으로는 緣을 언급하여 用을 설명하는 것으로 機을 잊고 體를 터득하는 것이다.[424]) 곧 權과 實의 무애에 대해서만 설명하고 향상에 대해서는 설명하지 못하기 때문에 조동종에 미치지 못한다.[425])

이 경우에도 또한 오가를 평가하여 그 차제를 부여하고 있다. 마지막의 법안종지[426])에 대해서는 다음과 같이 말한다.

법안종지를 총체적으로 서술하면 "유심을 해명한다."는 것이다. 곧 임제의 삼구 가운데 제이구의 權에 상대한 實에 해당한다. 무릇 權에 즉하여 實을 드러낸 것으로 權과 實의 무애가 되지 못한다. 때문에 위앙종에 미치지 못한다.[427])

강요』의 순서와는 다르다는 것을 가리킨다.

423) 『禪門五宗綱要』, (『韓國佛教全書』 9, p.465下)

424) 이 대목의 해석에 대하여 『天如惟則禪師語錄』, (『卍續藏』 70, p.833 中-下)에서 "大約的으로 機를 잊고 體를 터득함에 있어 緣을 언급하여 用을 설명한다 大約忘機得體擧緣明用"고 표현한 것을 참조.

425) 『私記』, p.80. "總敍宗旨 明體用者 卽臨濟三句中 第二句權實三句 大約擧緣明用 忘機得體 則但明權實無碍未明向上故 不及曹洞宗也"

426) 『禪門五宗綱要』, (『韓國佛教全書』 9, pp.465下-466上)

427) 『私記』, p.83. "摠叙宗旨 明唯心者 卽臨濟三句中 第二句對權之實也

이처럼 백파는 임제종지만을 正傳으로 간주하고 각각 등급을 부여하여 나머지는 모두 傍傳으로 간주하였다. 이것은 일찍이 청허유정의『선가귀감』에서 영향을 받은 것이지만『인천안목』내지『선문오종강요』에서는 보이지 않는 것으로 임제종지라는 자파의 우월의식이 더한층 부각되어 있다.

但明卽權顯實　而未能權實無碍　故不及潙仰宗也"

제10장 마치는 말

중국의 당나라 말기 및 오대 초기에 형성되었던 소위 선종오가에 대한 교의를 많은 강요서를 통하여 전승되어 왔다. 그 가운데서도 송대에 회암지소가 그 기본적인 교의를 집대성한 『인천안목』은 후대에 큰 영향을 주었다. 그것을 계승한 것으로 보이는 『선문강요집』과 조선후기 환성지안에 의한 『선문오종강요』는 바로 선종오가의 교의에 대한 것으로는 우리나라에서 출현한 몇몇 안되는 선전이다. 백파는 곧 환성지안의 『선문오종강요』에 대한 『사기』를 통하여 기존의 임제종 정통의 입장을 재차 확인하고 임제종 교의에 의하여 오가의 종풍을 평가하였다.

백파는 우선 임제의 삼구에 대하여 전체적인 의미에서는 양중삼구의 구조에 입각하였다. 먼저 온총삼구를 내세워 그것을 본분일구로 간주하고, 다음으로 삼구의 개별적인 의미에서는 본분삼구로 간주하였다. 때문에 삼구의 낱낱에는 다시 각각의 삼구가 들어 있는데, 제일구와 제이구와 제삼구에 대하여 각각 삼요와 삼현과 신훈삼구라는 의미를 부여하였다.

또한 삼구에 대해서는 수직적인 양중삼구로 간주하여 본분삼구와 신훈삼구로 분류하고, 다시 수평적인 양중삼구로 간주하여 이·사삼구와 권·실삼구로 분류하였다. 또한 임제삼구를 중심으로 임제의 다른 교의인 삼현과 심요와 사요간과 사조용과 사빈주 등을 판별하였다. 나아가서 임제삼구의 제일구와 제이구와 제삼구의 교의에 대하여 선종오가를 각각 조사선과 여래선과 의리선으로 평가함으로써 임제종 우위의 입장을 노골적으로 강조하였다. 『사기』의 이와 같은 관점은 이후에 출현하는『선문수경』의 삼종선 평가의 바탕이 되었다.

백파는 운문의 종지에 대하여『인천안목』과『선문강요집』의 내용에 바탕하여 '截과 斷을 설명한다.'는『선문오종강요』를 충실하게 계승하면서 나름대로 독특한 견해를 부여한다. 우선 운문의 삼구와 일구에 대해서도 일구가 삼구에 즉해 있기 때문에 그것을 일구라고만 말할 수는 없고, 삼구가 일구에 즉해 있기 때문에 그것을 삼구라고만 말할 수는 없다는 입장을 취하였다.

운문삼구의 원형은 그 어록에 의하면 함개건곤·목기수량·불섭춘연이고, 삼구를 아우른 총구로서는 한 개의 화살로 세 관문을 뚫는다는 도리를 天中으로 설명하였다. 그러나 덕산연밀은 거기에 각각 계송을 붙이면서 함개건곤·절단중류·수파축랑으로 확정하였다. 이후에는 덕산이 확정한 용어가 그대로 전승되어 왔다.

그러나 이후에도 함개건곤·절단중류·수파축랑 각각의

입장에 대해서는 임제삼현의 교의와 관련해보면 다양한 해석들이 출현하였다. 이와 같은 도리에 대하여 백파는 임제사현의 교의를 수용하여 운문삼구의 원형을 이해하여 중·용·체로 간주하였고, 덕산이 확정한 운문삼구의 입장에 대해서는 체·용·중의 순서로 나열하였으며, 보안도 선사의 경우는 중·체·용의 순서로 나열한다. 기타 장령수탁 및 유정과 청산수 선사의 견해까지도 수용하여 그것은 저 신통변화와 같아서 方과 隅를 확정할 수가 없기 때문이라고 말한다.

백파는 운문삼구에 대하여 이와 같이 여러 견해가 혼란스럽게 언급된 것은 납자들로 하여금 정해진 規·模에 매이지 않도록 한 것으로 당처에서 바로 파악하게 한 것이라고 설명한다. 또한 운문삼구의 뜻은 大用現前不存軌則에 있기 때문에 또한 제일구로서 조사선이지만, 아직은 대기와 대용을 드러내지 못하는 까닭에 임제종에는 미치지 못한다고 판별하였다.

궁극적으로 백파는 운문삼구에 대하여 "한 개의 화살로 세 관문을 꿰뚫어버렸다."는 일구를 수용하여 이 삼구의 명칭[名]은 비록 제이구이고 三玄이지만, 그 의미[意]는 실로 제일구이고 三要라고 말한다. 이에 다양하게 제시된 삼구의 름과 句에 따르지 않고 막힘이 없이 운문의 골수를 철견할 것을 요구하고, 이를 바탕으로 하여 운문종지를 임제종과 더불어 조사선으로 간주하였다.

백파는『선문오종강요사기』를 통하여 조동오위에 대해서도 신선한 견해를 피력하고 있다. 조동오위를 대표하는 편정오위는 동산양개로부터 유래된 것으로서 이후 출현했던 자신의 공훈오위, 조산본적의 군신오위, 석상경제의 왕자오위 등의 근원이 되었다. 여기에서 백파는 4종의 오위를 언급하고, 모두 일률적으로 정중편 ◐, 편중정 ◑, 정중래 ◉, 겸중지 ○, 겸중도 ● 등 다섯 개의 동그라미의 형상을 공통된 것으로 적용하고 있다.

또한 백파는 조동오위에 대한 대혜의 견해를 적극적으로 수용하여 자신의 견해를 옹호하는 근거로 활용하고 있다. 나아가서 백파는『선문오종강요』에 대하여 몇 가지 오자를 지적하기도 하였다. 백파는 기존의 조동종 계통에서 정통으로 주장해 오던 오위사상의 중심 곧 제오위의 겸중도 중심의 견해를 임제종에서 주장하는 견해 곧 제삼위 정중래 중심으로 내세우고, 또한 그에 상응하여 제사위의 용어를 조동종 계통의 편중지에 상대하여 겸중지로 내세우고 있다.

그러나 무엇보다도 백파가 중시하는 조동오위에 대한 견해를 처음부터 조사선이 아닌 여래선의 범주에 포함시킴으로써 임제종지보다는 어디까지나 하열하다는 견해를 주장한다는 점에 있다. 이것은『선문오종강요사기』에서 백파가 보여준 선종오가에 대한 견해가 그대로 적용된 것으로 파악할 수가 있다. 이것은 비단 백파 혼자만의 입장은 아니다. 조선후기에 출현한 대부분의 선서가 임제종 계통의 정통을 주장하는 데에서 보이는 일반적인 모습이기도 하다.

위앙종에 대하여 백파는 "체·용을 해명한다."는 환성지안의 견해를 그대로 수용한다. 그리고 위앙종지에 대하여 '임제의 삼구 가운데 제이삼구인 권·실삼구에 해당한다.'고 말한다. 곧 임제의 兩重三句 가운데 제일삼구는 理·事三句를 가리키고, 제이삼구는 權·實三句로 간주되어 있다. 이에 백파는 大約的으로는 緣을 언급하여 用을 설명하는 것으로 機를 잊고 體를 터득하는 것으로[428] 간주한다. 곧 權과 實의 무애에 대해서만 설명하고 향상에 대해서는 설명하지 못하기 때문에 조동종에 미치지 못한다는 것이다. 때문에 백파는 그 순서에 대하여 임제종, 운문종, 조동종에 이어서 네 번째로 위앙종을 설명한다.

법안종지에 대하여 백파는 '유심을 해명한다.'는 환성지안의 견해를 그대로 수용하고, 六相 및 四料揀에 대하여 설명한다. 그리고 법안종은 곧 임제의 삼구 가운데 제이구

---

428) 이 대목의 해석에 대해서는 『天如惟則禪師語錄』, (『卍續藏』 70, p.833中-下)에서 "대략적으로 機를 잊고 體를 터득함에 있어 緣을 언급하여 用을 설명한다. 大約忘機得體擧緣明用"을 참조.

에 해당하는 것으로 權에 상대한 實에 해당한다고 평가한
다. 무릇 權에 즉하여 實을 드러낸 것으로 權과 實의 무애
가 되지 못한다. 때문에 위앙종에 미치지 못한다고 하여
선종오가 가운데 가장 낮게 간주한다. 그러면서도 백파는
법안종의 종풍에 대해서 자리행과 이타행의 측면에서 사
요간을 해석하고 있다.

백파는 『사기』를 통하여 오가의 내용을 大機・大用이라
는 하나의 機關을 통하여 전개하고 있다. 임제종의 종지는
물론이고, 운문종과 조동종과 위앙종과 법안종의 교의까
지도 대기와 대용의 기관으로 일관하고 있는 것은 백파의
안목이 어디에 있는가를 분명하게 보여주고 있다.

대기와 대용의 출현에 대하여 '三要' 부분에서는 다음과
같이 말한다. 곧 제일요는 선조후용이고, 대기는 원응으로
써 義를 삼는데 이것은 곧 대용의 機이다. 제이요는 선용
후조이다. 대용은 직절로써 義를 삼는다. 지금 全彰이라
말한 것은 단지 用의 義만 설명한 것으로 이것은 대기의
용이다. 그러므로 대용을 벗어나서 다시 대기는 없다.

또한 '四照用' 부분에서는 선조후용은 大機圓應이고, 선
용후조는 大用直截이며, 조용동시와 조용부동시는 機用齊
施로 각각 해석하고 있다. 때문에 대기와 대용은 임제종지
를 한마디로 정의한 용어이기도 하였다. 이에 근거하여 백
파는 오가종요에 대하여 붙인 원오극근의 해석에 대해서

도 임제종지에 대해서는 완전한 대기와 완전한 대용이야말로 삼요를 언급한 것이라고도 말한다.

나아가서 '六代祖師의 問答'에 대해서는 감지승찬부터 대감혜능에 이르는 경우를 모두 機와 用에 대비시켜 설명한다. 조주종심의 삼문에 대해서도 문수는 대기원응을 문으로 삼고, 보현은 대용직절을 문으로 삼으로, 관음은 기용제시를 문으로 삼는다고 하여 대기와 대용으로 회통하고 있다. 이와 같이 백파는 대기와 대용을 바탕으로 오가의 전체에 걸친 교의를 해석하고 있다.

한편 백파는 『사기』의 전체를 통하여 일관된 해석의 입장을 보여주고 있다. 그것은 곧 임제종지의 정통성에 근거한 해석이라는 점이다. 때문에 백파는 『선문오종강요』를 비롯한 『인천안목』 등에 근거하면서 오가의 교의를 그대로 수용하기보다는 나름대로 안목을 통하여 임제종지를 중심으로 새롭게 평가하였다. 때문에 직접적인 『선문오종강요』에 대해서도 가령 功勳五位에 대하여 '이 공훈오위에 대한 본래의 주석은 대혜의 해석과 비교하면 약간 다른데 그 의도는 또한 드러나 있지 않다. 무슨 까닭에 환성지안 노사는 대혜의 해석을 활용하지 않은 것인지에 대해서는 차라리 알다가도 모를 일이다.'고 비판적인 입장을 보여주고 있다. 그런가하면 삼처전심의 교의에 근거하여 '삼요'에 대해서도 '삼요와 사조용 등을 구족한 까닭에 살·활을 구비한 잡화포로서 조사선이라 말하는데 이것은 곧 염화미소의 소식이다. 이 삼요는 곧 사조용으로서 특별히 명칭이 다를 뿐이다.'고 하고, '삼현'에 대해서도 '權에 즉하여 實을 설명한 것이다. 또한 權을 實의 입장에서 설명한 것이기도 하다. 때문에 단지 살인도 · 진금포 · 여래선으로서 분반좌의 소식일 뿐이다.'고 하여 임제의 삼구를 해석함에 있어 삼구와 일구가 모두 원융하거나 모두 민절하는 경우는 결코 없다고 간주한다.

이처럼 백파는 임제종의 경우 三과 一을 투과하여 향상과 존귀를 터득하였기 때문에 다시 삼구⁴²⁹⁾를 갖추어 대기의 원융은 긍정하지 않지만 대용의 직절은 긍정한다. 그리고 대기와 대용을 모두 베풀었는데[機用齊施] 이것이 곧 擒得이다. 이와 같이 살 · 활을 구족한 까닭에 또한 잡화포라 말한다. 이로써 불조의 스승이 되어 곧 삼처전심을 원만하게 구족한 正脈이라 말한다.

운문종지의 경우에 대해서는 또한 三과 一의 頭角을 투탈하였기 때문에 제일구에 도달하여 무릇 截斷의 측면만 설명하였다. 그러나 아직 삼요를 구족하지 못한 까닭에 임제종에는 미치지 못한다. 때문에 마조의 傍傳이라 평가한다.

---

429) 大機大用, 大用直截, 機用齊施를 가리킨다.

또한 조동종의 경우에 대해서는 여래선이라 폄칭하였지만 조사문중에도 동일한 여래의 설법이 들어있다. 때문에 이 여래선에도 또한 세 종류의 深·淺이 있다.

첫째, 조동종의 경우는 향상을 설명한다. 곧 완전하게 공겁을 초월하기 때문에 여래선이 아니다. 다만 부득불 今時에 떨어지는 까닭에 여래선일 뿐이지, 향상과 존귀에 합치되지 않는다고 해서 조사문중이 못되는 것은 아니다. 그렇지만 아직 존귀라는 頭角이 남아있는 까닭에 아직 제 일구의 조사선에 들어가지 못하고 다만 제이구인 여래선에 머물러 천상과 인간의 스승이 될 뿐이다. 이것은 무릇 살인도의 전심인 까닭에 진금포로서 삼처전심 가운데 다만 분반좌의 일처전심의 소식 뿐이다. 그래서 육조의 방전이다.

둘째, 위앙종의 경우는 단지 體·用만 설명한다. 때문에 삼현의 규모를 벗어나지 못하여 향상을 설명하지 못한다. 그래서 금시와 본분이 대적하는 상태이다. 이에 진금포에도 미치지 못한다. 때문에 또한 조동종에도 미치지 못한다. 그래서 백장의 방전이다.

셋째, 법안종의 경우는 단지 유심만 설명할 뿐이다. 곧 오직 用만 섭수하여 體로 돌아가는 까닭에 또한 위앙종에도 미치지 못한다. 때문에 설봉의 방전이다.

이처럼 백파는 오가 가운데 임제종과 운문종의 두 종파

는 제일구의 조사선이고, 조동종과 위앙종과 법안종의 세 종파는 제이구의 여래선이다. 그리고 제삼구의 의리선은 오종파 가운데 들어가지도 못한다. 이에 따르자면 조사선과 여래선의 두 선을 깨친 자는 모두 불조의 적자이고, 두 선을 깨치지 못하여 무릇 의리선에만 투득한 자는 단지 서자일 뿐임은 분명히 알 수가 있다.

이처럼 백파는 임제종지만을 正傳으로 간주하고 각각 등급을 부여하여 나머지는 모두 傍傳으로 간주하였다. 이것은 일찍이 청허휴정의 『선가귀감』에서 영향을 받은 것이지만, 『인천안목』 내지 『선문오종강요』에서는 보이지 않는 것으로서 임제종지라는 자파의 우월의식이 더한층 부각되어 있음을 고찰할 수가 있다.

『禪門五宗綱要私記』430)

(1)

禪門五宗綱要私記

臨濟宗

總敍宗旨 明機用者 標擧宗旨 旣明大機大用則具足三要
故爲第一句祖師禪正脈 也 大機殺人刀大用活人劍也 文中
初二句但明機也 次二句合明機用 古今卽機用也 上句明三
玄三要 以玄要皆辨古今而深淺不同 以古今在玄名爲體用
而各未到底故 爲第二句在要名爲機用 而各能到底 故爲第
一句也 下句明四賓主 卽驗人手段賓中主 主中主爲龍 賓中
賓主中賓爲蛇也 次二句明四喝 上句金(2)剛寶劍喝 劍有二
種 一未出匣寶劍機也 二出匣寶劍用也 今則未出匣寶劍爲
主 而亦具出匣劍 以大機圓應故也 旣大機劍故能除凡小之
精魄也 竹無心故比小無我 木有心故比凡有我也 下句踞地
獅子喝 獅子亦有二種 一出窟金毛用 二入窟金毛機也 今以

---

430) 이하 『私記』의 原文에서 ( ) 안의 일련번호는 편의상 쪽수를 표시한
것이고, 〈 〉 안의 글자는 脫草하면서 교감한 것이다. 본 『私記』에 대
한 한글번역은 김호귀, 『선과선리』, (하얀연꽃. 2013) 참조.

出窟爲主 而亦具入窟以大機直截故也 旣直截故能裂外道之
心識也 故首山念云 若作金剛寶劒時 天王(波旬)也須腦裂
若作踞地獅子野干也須屎尿出始得431) 合上二喝則爲餘二喝
也 要識〈麼+?〉下結顯宗旨 上句大機(靑天)圓應(下三字) 下
句大用(平地)直截(下三字)(3)也 四照用攝 於三要 四喝 四大
式 卽三玄 四料揀 四賓主 八棒等 亦攝在於三要等也 早已
括盡當宗語句也

三句

卽能量秤衡也 中精法海禪師 各爲蘊總 三句例(佛祖受用
不出此三句) 自初至不〈了+?〉 別具擧三句一句爲所量法體
佛是心淸故淨體也 法是心光明故用也 道是圓通無碍故中間
也 此是新熏三句也 三卽一皆空 而無實有者卽本分一句 三
句卽一句 非三句外別有一句也 此之三一卽所量法體 題中
三句卽能量秤衡 此之三一(4)在第一句名爲三要及向上一竅
上士聞之 如印印空 故爲佛祖師 在第二句名爲三玄及向上
一路 中士聞之 如印印水 故爲人天師 在第三句亦名三句下
士聞之 如印印泥故 自救不了也 山僧今日下 隨機深淺 雖有
三印之別 師之本意 實在第一句 三要則具足四照用 爲末后
句圓成 更無餘事故與佛祖不別也 後若第一句下 正明題中
能量三句 於中光明三句得失上之三一 若於第一句中薦得云

---

431)『人天眼目』卷1, (『大正新脩大藏經』48, p.302下) ;『禪林僧寶傳』卷3.

云也 第一句永脱三一之頭角故爲佛祖師 第二句未免三一之
朕迹故爲人天師 第三句但知新熏三句未(5)知本分一句 故自
救不了也 後僧問下 正明三句行相第一句明三要不施戈甲單
提無文印也 上句大機圓應即殺到底也 上四字用 下三字照
也 以照爲主而亦不離用 故爲先照後用 下云有人在則尤明
也 下句大用直截即活到底也 上四字照 下三字用也 以用爲
主而亦不離照 故爲先用後照 下云有法在則尤明也 人爲照
法爲用 故也 二句合則爲機用齊施也 此中若機用 俱存則爲
照用同時 俱泯則爲照用不同時也 此是上所量中一句也 此
四照用亦如(6)次是四喝也 上所量三句 在此第一句中直名三
要要不在多 則一一要無不圓具 更無餘事 而如印印空了無
朕迹也 第二句明三玄 爲物作則故施設三玄戈甲特完〈宛?〉
成規模即分析未容擬議之處隨之便用之句也 上句一句實也
本分也 家裡也 以寒山老人邊看則人人脚下壁立千仞 故不
容無着禪師之問 以生佛齊平故也 下句三玄 權也 新熏也 途
中也 漚和此云方便以方便途中間則不可負無着絕流之機也
以迷悟懸殊故也 二句合爲權實三句 體用相對成敵兩立(7)故
但云體用及權實云云 不可謂之大機大用 以機用是殺活之異
名故也 盖體中具用 方爲大機 用中具體 方爲大用也 故諸
處若言機用照用殺活則爲第一句消息 若言體用權實今本則
爲第二句消息 幸勿相濫可也 上所謂三句在此轉名三玄三皆
混然可見而不可辨 如印印水 故一句到此 爲權實向上是爲

宗門向上也　第三句明三句卽頓悟漸修也　落草爲人隨病與藥
〈乃+?〉事不獲已也　上句三句傀儡各不相　是故爲但今之隔別
三句　下句指本分一句　是臨濟老漢故也　此中(8)雖有本分那
人而諸人　但執所出之言頭不知本分如彼但看傀儡　而不見裡
頭人　故但權無實也　故一愚云　須知裡頭人豈臨濟老漢耶　然
且不是稱凡聖淨穢　又向甚句中討臨濟老漢　凡聖淨穢三句
老漢一句也　羅漢聖也　餓鬼凡也　又羅漢無生故爲理　餓鬼面
靑故爲事也　又本文則羅漢　上又有逢佛說佛則入三眼國土說
三身佛　故爲中間也　此則但釋上句以下句非此中所要故也
上所量三句一句　至此亦名三句一句　而但三一不相卽也　如
印印泥痕縫全彰也(9)蓋三句一句　俱圓俱泯　定當不得　是達
摩所傳無文印字　在第一句名三要　在第二句轉名三玄　在第
三句亦名三句也　上三句中　前二句爲格外禪　後一句爲義理
禪也　格外中第一句殺活兼傳　了沒巴〈把?〉鼻　故爲祖師禪　於
中又有二種　臨濟宗透過三不得之向上尊貴故還具三得大機
圓應不伊麼也　得大用直截伊麼也　得機用齊施總得也　如是
具足殺活故亦名雜華〈貨?〉舖　而能爲佛祖師　卽三處傳心圓
具之正脈也　雲門宗亦透脫　三一之頭角故能到第一句　而但
明截斷則三要未具　故不及臨濟宗　故爲馬祖之傍(10)傳也　第
二句未脫向上尊貴之朕迹則完同如來所說萬法一心之言故貶
云如來禪以祖師門中亦有同如來之說故也　此如來禪又有三
種深淺一曹洞宗明向上則全超空劫故不伊麼也不得不落今時

故伊麼也不得合爲總不得也　然猶滯尊貴頭角故未入第一句
祖師禪但得第二句如來禪而爲天人師也　此但殺人刀傳心故
亦名眞金舖卽三處傳中但得分座一處消息故爲六祖傍傳也
二爲仰宗但明體用故未脫三玄之規模未明向上則今本成敵
猶未盡眞金舖故亦不及於曹洞宗也　故爲百丈傍(11)傳也　三
法眼宗　但明唯心　則唯攝用歸體　故亦不及於潙仰宗也　故爲
雪峰傍傳也　然卽五宗中臨濟雲門二宗爲第一句祖師禪　曹洞
潙仰法眼三宗爲第二句如來禪　第三句義理禪　不得入於五宗
中也　準此則悟得祖師如來二禪者皆爲佛祖之嫡子　未悟二禪
而但義理透得者只爲孽子　斷可知矣　荷澤是南頓而猶爲孽子
則北秀唯漸尤何可論如此明之則五宗深淺煥然無疑也　故綱
要及眼目中皆如是從勝至劣而編錄也　龜鑑中以雲門宗編於
曹洞之下者乍不可知也　且古今傳說或以曹洞宗爲祖師(12)禪
又或但以曹洞爲如來禪　以潙仰法眼二宗爲祖師禪者何哉　潙
法二宗果爲祖師禪　則先賢何編於曹洞之後乎　且詳其所說法
體　則尤無可疑也　問　潙法二宗亦爲如來禪　則何以派出於南
嶽門下耶　答南嶽門下殺活兼傳潙法二宗不善其宗旨皆分得
其殺故俱爲臨濟傍傳也　例如靑原但得殺人刀而爲六祖傍傳
也　此蘊總三句是佛祖受用之標準禪門語句之秤衡故　徧探古
說而說之願　諸學者留神思察詳其可否

三玄(13)

卽權明實　又明權實上　故但爲殺人刀　眞金舖如來禪卽分

座消息也　師云　大凡云云　先說示法之標準初句標指第三句
新熏途中以出來化門　師資唱和故也　一句中須具三玄門者
第三句但新之三句　每句中須具第二句三玄　而說之可也　一
玄中須具三要者第二句　三玄中　每一玄中　亦須具第一句　三
要　而說之可也　盖第一句　三要不落今本故　須在第二句三玄
而影顯三玄旣是權　則似有說而亦卽權明實　則不存今時故
亦在第三句　而影顯也　然則具如第三句中　已具三句　而每句
中　各具三玄　每玄中　各(14)具三要　故第三一句中具三句　具
三玄　具三要　而更無餘事也　又第二句中　具句玄要　而更無餘
事也　第一句中　具句玄要　而更無餘事也　三句旣爾三玄　亦然
每玄中　各具三句三玄三要　三玄旣爾三要　亦然每要中　各具
三句三玄三要也　直下無　本末　無背面無巧拙　畢竟喚什麽作
三玄　喚什麽作三句也　須知句要玄三事畢竟　冥然摠一機　此
是一切衆生熱惱海中淸凉法幢也　此幢之立　比如塗毒鼓撾之
則聞者皆死也　此是臨濟宗說法之標準　則何以句要玄深淺本
末擬議計較哉　然卽　以深淺本末分別者隨(15)機利鈍事　不獲
已也　有權有實　結上一句　須具三玄有照有用　結上一玄中　須
具三要　以三玄旣在三句則三玄中所具之三要　亦隨在於三句
中卽此三句元是第三句　建化門中　所具則三句三玄三要　皆
具師資唱和之言頭　故首　標大凡擧唱宗乘六者也　此是學者
留神辨白處　智者詳之　若不委悉　此意則當於禪門語句決未
免盲杖摘432)埴也　汝等作麽生會者令大衆搆取此意也　後正

示三玄名相體中玄等各三世一念等相也　初二體用　爲對明
後一玄　玄於前二實體(一)權用(二)無二圓融故玄中玄　此則
初淺(16)後深也　後二句意爲對明此二玄體中所流也　能詮言
句(二)所詮義意(三)　皆從眞如體中(一)所流故也　此則初深後
淺也　欲人之圓契三玄不使之偏滯一隅故也　若能伊麼則與三
要不別也　故覺範云　以謂惟論三玄遺落三要其失也　深盖第
三句中三句但是理事隔別之新熏三句也　今此第二句中三玄
卽前三句到名爲三玄以卽一句之三句故名玄也　非前三句外
別有三玄也　三玄爲權　一句爲實故　又爲權實三句故　悟彼理
事三句者　爲義理禪　悟此權實三句者　爲如來禪　卽此權實三
句徹悟　三要者爲祖師(17)禪也　卽此兩重三句學者多昧故　今
引明證而辨也　昔雪峰禪師初於鹽官處悟得色空義　卽悟義理
禪此是第三句中三句也　次於洞山處悟　得處處逢渠義　卽悟
如來禪　卽明權實義　此是第二句權實相對之三句　次於德山
棒下(向上正令)　豁然如　桶底脫重悟如來禪中　權實向上義
此是權實前頭宗門向上後於巖頭盖天盖地之言下大悟作禮云
今日鼇山始是成道者卽悟第一句祖師禪三要也　故彼中說話
云鹽官處得所〈所得?〉三十年前事也　洞山處所得一則三十年
前一則三十年後也　一則三十年　前者卽此權實(18)三句望德
山處所得向上故　爲三句也　一則三十年後者　望鹽官處所得

---

432) '摘'의 원글자는 '土+適'으로 간주된다.

第三句中理事三句故以本分爲一句也　然則但一本分且望但
權三句　則爲一句而若望向上一句　則還爲三句故也　然則一
鏃破三關之言　亦有兩重一則　以向上一鏃破權實三句關即曹
洞宗旨　二則以本分一鏃破但權三句關　即潙仰法眼二宗旨也
彼話又云　德山處所得三十年後也者　望洞山處所得之權實三
句故　又云　巖頭處所得還是三十年前也者　盖天盖地　是照用
同時　故望後不同時本分一句故也　此是學者銘心不忘之龜
(19)鑑　故委引對辨　切莫嫌煩見十九〈七?〉卷頭說話也

　　三要

　　具足三要四照用等故爲殺活具備雜華〈貨?〉舖名祖師禪即
拈花消息也　此三要即四照用特名異也　第一要先照後用大機
以圓應爲義是大用之機故大機外更無大用也　故百丈得大機
而更無餘事也　第二要先用後照　大用以直截爲義今云全彰
但明用義也　是大機之用　故大用外更無大機也　故黃蘗〈檗?〉
得大用　而更無餘事也　第三要即後二照用一時　雙照則爲照
用同時　雙泯無迹則爲不同時　以機用既一時(20)齊施則必有
遮照二義故也　隨得一要便　乃超第二句三玄　越第三句三句
也　然此三要如印印空了無朕迹馬祖一喝此其證也　即一喝不
作一喝用喝也上來畧明三句三玄三要已畢也　風曰下三句與
玄要料揀重什也　初釋摠名三句前前深後後淺　故云　句詮差
別也　三玄即權實幽玄難知故云　玄不可辨也　三要既云　省要
則一外無餘故云　要不在多也　玄要在句下　次摠相料揀權勿

相濫也　此句無文印名爲玄要在於第三句三句中如下第三句
問答權實在玄無文印在於三玄名爲權實(21)如下第二句問答
照用在要無文印在於三要名爲照用如下第一句問答也　故云
各有收當後月禪客下隨句別釋第一句問答明上照用在要也
初定位指定三要是第一句位也　其實下出體或提下示相月問
下得名喝則一喝不作一喝用喝同馬祖一喝也　此機下辨益威
(色)音(聲)是三句則威音已前爲一句也　卽第二句向上也　毘盧
離二邊之中道故　同上威音已前向上透過尊貴處　故爲第一句
三要也　故得大摠持堪爲佛祖師也　又忠國師答肅宗帝曰　檀
越踏毘盧頂上話云　十二時中往還千聖(22)頂顚[433]頭故然則
同上威音已前得大摠持方爲三要也　第二句問答明上權實在
玄也　初定位指定三玄是第二句位　非實也權也者　以此三玄
施設戈甲　故分析第一句未容擬議處隨之便用故　非實而是權
也　若據第一句則不施戈甲單提無文印字　故是實而非權也
就此權門立三名者出體三要無文印就此第二句施設戈甲之權
門轉名三玄如臨明鏡形影相對形之與影與小缺剩然影是假形
是眞而眞卽影故轉要名玄也　故此權中　亦具實也　以是卽實
之(23)權故也　此義乍難辨白幸勿錯會以三玄爲但權非實也
月問下示　相玄雜下　釋名變字疑辨也卽其下辨意立此三玄權
門者　意在於卽其權門正明其三要之實也　於此下躡前辨益宗

---

433) ‘顚’의 원글자는 寧+頁로 간주된다.

師卽權明實故學者當於此三玄權門辨得其三要之實則但見實
性外無權事(初玄) 權事外無實性(二玄) 具正偏知覺(三玄)
然猶滯權門故但爲人天師也 第三句問答明上玄要在句也 初
定位師資問答是今時三句 故爲第三句位也 如將下示相而三
要印亦是出體也 玄要在其中者因指摠料揀中玄要在(24)句
之言也 以末后句中三玄三要等一切言句皆在此第三句中新
熏三句內故也 月問下得名午說猶正說也 問意云上來無文印
字在第一句名三要在第二句名三玄 此則能量名句所量名要
名玄 故能所不相濫矣 至此第三句所量無文印復名三句豈不
相濫乎 有所以然而然耶 答意云 上云句言句之句句詮差別
則能量三句豈非此第三句中師資唱和之言句乎故 此第三句
中三句卽能量之摠三句也 盖能量三句雖深淺不同而意皆色
含難思不必以此第三句中所量之體用〈中+?〉三句同一商量
而大意(25)亦不出此體用中三句也 何以知其然耶 以第一印
空句了無朕迹 故爲體也 故宗門三印中如空印石門聰[434]云
舌柱上顎 玉泉達[435]云 萬象收歸一〈古?〉鑑中豈非體耶 第
二印水句混然可見而不可辨則具體用故爲中間也 故聰云 說
話對聾人似語而非語也 達云秋蟾影落千江裡似有而非有也
明是爲中也第三印泥句痕縫彰故爲用也 故聰云 頭上喫棒
(體)口裡喃喃(用)卽體之用 達云 好看文彩未彰時勸人卽用

434) 石門聰은 石門蘊聰을 가리킨다.
435) 玉泉達은 玉泉思達을 가리킨다.

而會體明是用也　故此第三句中空水泥三印句即是能量三句也　大抵第一印空祖師禪　第二印水(26)如來禪　皆出義理格外故　但達者相逢密意傳受則何有三要三玄之名印空印水之喻故玄要之名空水之印　皆在第三句此是義理禪　故始有玄要及三印之深淺義理也　以〈而?〉宗師但以無文字印看驗學者時或云我法如印印空了無朕迹　或云如印印水混然可見而不可辨或云如印印泥痕縫全彰則上士聞之直入印空第一句　中士聞之能入印水第二句此二入不滯空水泥深淺之義理直入於義理不及之格外之玄要也　若是下士未脫義理知〈解+?〉故雖聞印空印水之法亦滯他所出之言頭認他義理知解之(27)光影　但成痕縫全彰之印泥三句也　然則空水泥三句　并在第三句內也故此第三句中所量　復名三句也　然則無文印字　但爲印泥三句　此印泥三句中　體爲空印　中爲水印　用爲泥印　及三印但爲印泥三句而體用中隔別　不融深淺差別　故復名三句也　此玄要在句之義　若非箇人　則實進體會　及結云　此皆此句中事　切莫錯會　此字指空水泥三印　此句者此第三句一句也　願諸學者　如上　上中二士　不滯言句　莫認光影　徹到宗師本意　所指三玄三要可也　及上云大凡擧唱宗乘　一句中須具三玄　一玄中須具三要(28)若如是徹見　則此第三句功益　亦能無以可也其或不然　則終未免自救不了　可不惜哉　凡看禪門語句者　若不能卞〈辨?〉明此三句本來　則當於拈頌等語句　實未免塗糊穿鑿　而大有謗祖謗法之愆也　願諸學者若欲着讀禪文　先着

此三句子〈仔?〉細尋究　當無疑然後方着禪文　則如物得枰衡
而銖鐵莫迯矣

　四料揀

　此亦不出三句　人者本分一句　境者今時三句也　亦名凡情
(境)聖解(人)　初奪人不奪境　待下根　不存一句但存三句　此但
建化門橫說竪說　故爲第三句中　三句接人　卽義理禪也(29)上
句存境　初四字擧境　人人愛着　三句如愛向　照日〈發生+?〉下
三字　存也　下句奪人　上四字擧人思議　不及如嬰兒但竪髮
無知而多多[436]和和)也　下三字　奪也　兒髮白則非兒故也　二
奪境不奪人待中根不存三句但存一句也　上句奪境天下是境
而王令遍天下則王令外無天下故奪境也　下句存人將軍是人
而能於塞外討賊平亂故存人也　　王令將軍一句實天下烟塵三
句權也　王令遍天下將軍絶烟塵卽權明實　此是第二句潙法二
宗旨也　注下奪作存(30)三人境兩俱奪　待上根三一俱不存也
汧汾是人境絶信二州迥絶不通信息故　爲不存奪境不落今時
奪人全超空劫故　爲第二句曹洞宗旨也　上二合爲如來禪也
四人境俱不奪待上上人　三一俱存也　王登寶位而御天下故爲
大機圓應野老謳歌而頌王德故爲大用直截上句人下句境也
是第一句祖師禪也　南院下明說四料揀所以凡情三句聖解一
句也滯凡情者義理禪得入者墮聖解者如來禪得入者幷爲學者

---

436) '多多'의 원글자는 '口+多 口+多'이다.

大病故臨濟先聖悲之爲說四料揀初以義(31)理禪出凡夫無明
楔中二以如來禪出義理楔後一以祖師禪出如來禪尊貴楔也
故結云如楔出楔

四賓主

賓三句故有說主一句故無說也亦不 出三句 一賓中賓 此但
今時故學人有問師家有答非但學人無鼻孔(本分)師家亦無鼻
孔故臨濟云 或有學者擔枷帶鎖出善知識前知識更加枷鎖學
者歡喜彼此不辨喚作賓勘賓然則師資俱無鼻孔故云終日云云
紅塵三句家珍一句也 又華嚴孜云 客路如天遠卽第三句義理
禪也(32)二賓中主師家無鼻孔而但學者有臭孔故臨濟云或有
眞正學人便唱先拈出膠盆子善知識不知是境便上他境上作模
他樣被學人又喝前人不肯放下收乃膏肓之病不堪醫治喚作賓
勘主然則有主有法但約學人邊以但唱無言故也 不同上有問
有答分配師資也 汾陽云云 但約學人也華嚴云侯門如海深此
第二句如來禪故 汾陽又云對面無儔侶黃龍云 長年不出戶穴
云入市雙瞳瞽卽權實向上也 上二但明學人有龍(二)蛇(一)也
三主中賓士家實有臭孔而但出來化門故云無鼻(33)孔非全抑
也 學者實無鼻孔也 臨濟云 或有善知識不拈出物隨學人問
處卽奪學人被奪抵死不放此是主勘賓然則學人有問師家隨奪
不答也 有問在者出師家無鼻孔所以出來化門令學人有問而
但隨問卽奪欲明本分亦未免拖泥故 爲無鼻孔也 汾陽上句出
來化門下句未免苟且不得祖師禪但以如來禪卽權顯實雖勝義

理禪而猶未免苟且也　如不碍日月光明但以玉燭續燈明故也
法則不能無問無答而但隨問卽奪故也　然則本分祖師禪如日
月卽權顯實如來禪　如玉燭但今義理禪如燈明也(34)又克符云
高提祖印當機用利物應知語帶悲普明云　垂手入紅塵亦爲第
二句如來禪也　四主中主　無問無答　故不但師家有臭孔學人
亦有臭孔也　無問無答而言外相見故不妨奇特也　臨濟云　或
有學人印一个淸淨境界出善知識前知識辨得境把得住抛向坑
裡學人云大好善知識知識云　咄哉　不識好惡學人便禮拜喚作
主勘主故知師資皆有鼻孔汾陽上句大機(上四字)圓應(下三
字)下句大用(上四字)直截(下三字)以是思鄕歌　故也克符云
橫按鎭邪行正令太平寰宇斬頑痴亦上句卽用之機下句(35)卽
機之用也　此是第一句祖師禪也　若華嚴則第三云塞外將軍領
第四云寰中天子勑此則三爲大用四爲大機三四合爲祖師禪
也　顯義無妨故耶

　四照用

　與三要但名異義同　要則第三中有遮　照二義故但爲三也　如
一介烽火上　有一邊警急　於城中之義　有一邊與戎於塞上之
義　則烽火非彼城塞　而能令城塞相應此亦如是一念心上有一
邊照通於內義　有一邊現於外義　則一念非照用而能令照用
相應也　一先照後用　有人在大機圓應是人位故也言先後(36)
者但約法體兼(後)正(先)而非約時之先後也黃龍新云　淸風
(照)拂明月(用)　首山念云　南岳嶺頭雲(照)太行山下賊(用)　五

祖演云 王言如絲二先用後照 有法在大用直截 是法光明故
也 新云明月拂淸風 山云 太行山下賊 南岳嶺頭雲 祖云 其
出如綸三照用同時 驅耕奪食 機用齊施 驅耕夫之牛則耕夫
與牛是用 而旣云驅故爲機 此是卽用之機 故爲先照後用 奪
飢人之食 則飢人與食是機 而旣云奪故爲用 此是卽機之用
故爲先用後照 是爲沙門異〈類也+?〉(37)龍云 淸風明月 山雲
收下南岳嶺頭雲 捉住太行山下賊 祖云 擧起軒轅鏡蚩尤失
却威謂胡來胡現(照)漢來漢現(用) 元無一點邪念(蚩尤)也 四
照用不同時 有問有答 亦機用齊施 盖齊示中有遮照二義 故
雙照爲第三 雙遮爲第四也 是爲宗門異類也 永脫機用之規
模故 物物拈來 一一端的着衣喫飯也 是常事故能有問有答
立主立賓 和泥合水 應機接物也 四種異類 元是曹洞宗義 亦
通於餘宗 故下五宗後別錄也 龍云 非淸風非明月 山云 昨日
晴今日雨 謂晴雨不同時也 祖云 金將火試上列(38)名略指瑯
瑘下 正示其相獅子爲照而露瓜牙故亦有用象王爲用而縱威
猛故亦有照也 如龍得水爲照致雨興雲爲用也 嬰兒赤子是照
用而提獎撫憐之人非嬰兒非赤子故爲照用不同也 諸仁者下
設關權透初都結上四是建化門事也 若合如是此外更無餘事
如紀信似漢王而實非漢王故不可卽此而會也 不合如是此外
更有餘事 如項王而失騅而身死故不可離此而會也 旣離卽俱
非則拄杖但喚作拄杖可也 是爲透關也 然亦無伊麼 指示處
故下 座直得(39)無限也

四大式

初面壁正令故爲軆中玄　二平常許多故爲用中玄三四爲玄中玄也

四喝

如次是四照用　而第四卽馬祖一喝是也

八棒

一觸令返玄　如德山云　今夜不答話問話者　三十棒有僧纔禮拜　山便打乃罰棒也　二接掃從正　如德山打僧云　某甲未問爲什麼打(40)山云　汝是什處人　曰　新羅人　山云　未踏船(舡=)舷合與三十棒　更待問話亦乃罰棒也　三靠玄傷正　如大禪佛到仰山翹足云　西天二十八祖亦如是東土六祖　亦如是和尙亦如是　某甲亦如是　仰山便四棒罰棒也　盖翹足獨一無伴義故爲票正位而未免尊貴知解　山依靠於玄妙　難測處毀傷其正位同有四節故與四棒也　四印順宗旨　如主問僧應答時深有大契主便打乃是賞棒也　五考驗虛實　如僧入門師便打僧有話至極則處師(41)亦打辨眞僞也　六盲枷瞎煉　如長老自錯打棒學人云　出棒出棒主更無酬對是瞎棒也　七苦責愚痴　如學人來參長老種種開示學人終不會長老便打罰奉也　八掃除凡聖　如道得也　打三十棒道不得也　打三十棒　此乃名爲正棒以道得大用道不得大機故也　上三句云云　編集時言都結臨濟宗法是諸人分上事故若離此說法皆是妄語云云　則凡欲參者禪門語句者若不委悉臨濟語句宗趣而但以　文字學解(42)隨文涉獵者那

免謗祖謗法之愆哉今日日山僧之伊麼畫足實爲赤心片片而塵
培華岳果何益哉徒切杞憂而已

　　雲門宗　摠紋宗旨
　　明截斷者　一句卽三句故不可謂之一句　三句卽一句故不可
謂之三句　如同神變　莫定方隅　故意在大用現前不存軌則　故
亦爲第一句祖師禪　而未能現說大機大用　故不及臨濟宗也
文中初二句正明宗旨　一句卽三句　故似有去來之路(上句)　三
句卽一句　故(43)實無出入之門(下句)也　次二句明此三一相卽
處　言思不及　故一一言句　言語路斷(上句)　心行處滅(下句)也
露布戰勝告衆之辭可知　次二句此三句相卽處　迅速難追　故
纖粟不停也　要識下　結顯宗旨　上句三句卽一句　拄杖是指東
劃西　故爲三句而上天　故卽一句也　下句一句卽三句　盞子裡
故爲一句　而諸佛說法　故卽三句也　故圜悟云　三句可辨一鏃
遼空
　　三句
　　此三句言雖同於三玄意實同於三要　故爲第一句祖師禪天
中云云　一句卽三句自代云云　三句卽一(44)句也　天中標擧一
句函蓋下　一句中所具之　三句中用體爲次也　中爲玄中玄　用
爲用中玄　體爲體中玄也　一句作麼生道者三一相卽無二之一
句作麼生道也　衆無語者無上上根　故不能窺覤雲門本意也
一鏃破三關者　三關破則一鏃　亦亡故三一俱泯摸搩〈索?〉不

着 是爲明截斷也 大意如此也 一函蓋云云 此是普安之定次
則應是誤編也 盖雲門如上則中用體爲次圓明云 一截斷衆流
二函蓋乾坤 三隨波逐浪 即體用中爲次 普安卽此所列卽中
體用爲次也 三師如是亂學者直欲學者不存規模當下 構取耳
(45)若諸方之體用中三句自末(體用) 趨本(中) 曲被中下故未
出規模 今次雲門則不然 不存規模從本起末親提祖印直爲上
根大智此是雲門見大機大用地時節也 故圓明 普安互相回互
而永脫規模深明雲門意旨克肖之子孫也 又此三句有三種義
一長靈卓云 以體用雙照智訂函蓋乾坤義以示照用同時對機
以體用雙泯智訂截斷衆流義以示照用不同時 對機然雙照雙
泯旣無前後故 無私一句現前豈非隨波逐浪耶 卽以函蓋乾坤
截斷衆流爲左右以隨波逐浪 爲中間此是(46)普安定次而正爲
第一句消息也 二惟精禪師云 絶〈截?〉斷衆流攝用歸體 隨波
逐浪從體起用 函蓋乾坤體用相會 卽爲截斷衆流隨波逐浪爲
左右 以函蓋乾坤爲中 此是三玄之次也 又函蓋乾坤爲體 體
具萬德故目機銖兩爲用隨輕重故不涉春緣爲 中體用皆春緣
故此是雲門之次也 三句互爲中間如同神變定當不得信謂劍
鋒有路鐵壁無門也 一鏃破三關亦有三義 一返照智爲一鏃說
時有三名字返照時不作三一解 故二三句中一句爲一鏃句句
無定次第擧一全收絶諸對故三別置一句爲(47)一鏃也 故此三
句名雖第二句三玄而意實第一句三要也 故云能不承言滯句
徹見雲門骨髓者幾希除非嫡子眞孫豈非以三要爲雲門骨髓耶

以雲門宗爲祖師禪者只據此節也　三句(三玄)一句(向上)都亡
故迥出曹洞宗尊貴窠窟也　注有三節初指三一語句之所據二
然則天中下配屬法喩皆可知三當試論之下正明意旨　又二初
正明雲門本意三一俱不得故　摸搩〈索?〉不着也　二學者泥他
下明但執言句之失若或泥　他三句執認一句則失旨甚遠埋沒
雲門也　不少也　泥他云云但滯泥言(48)頭則返以雲門爲謾他
而不能透得雲門本意故雲門此語實爲難透之關也　若有上上
根則直下承當可謂知見音相而旣無其根故不得已而更言三句
卽一句也　若執一句與前泥三句者爲病一也　三明徹見骨髓者
雖圓明普安二師也　南嶽與天台正是山山水水之意故爲不同
時機(天台)用(南岳)義不無故亦有時意以雲門宗爲祖師之義
到此益明也

抽顧

　師每見僧必特顧之曰鑑僧擬議則曰咦此是無慈味答話是爲
截斷常情見解今人溱泊不得也　門人錄爲顧鑑咦其子圓明密
刪去顧字但曰鑑咦(49)故謂之抽顧兒孫失其旨當接人之際以
怒目直視名爲提撕名爲擧處便薦相傳以爲道眼北塔祚禪師
嘗歎之故作偈有任是張良多智巧到頭於此也　難施之語也　一
字關　此亦無味答話截斷見解溱泊不得也　巴陵三句　名顯鑑
嗣雲門叢林號曰多口正同　雲門三句　初提婆宗卽同截斷衆流
句銀椀盛雪則純潔無塵寒威威地而旣云盛故爲大機圓應也
提婆此云天(50)初見龍樹以針投水欣然相契樹卽爲說法現月

輪相唯聞其聲不見其形　婆語衆曰　今此瑞者師現佛性表說法
非色聲也　卽悟非色聲之佛性故以體句謂提婆宗也　又執赤幡
明無我理伏諸外都故也　二吹毛劍卽同隨波逐浪句是活人劍
故也　珊瑚樹馥蔭義故爲用而又云枝枝撑月則一一用中皆體
具義是爲大用直截也　三禪教同別卽同函蓋乾坤句鷄寒上樹
祖意機也　鴨寒下　水教意用也　故爲照用同時而此是平常事
不是强作故　亦具不同時　此亦徹見雲門骨髓處也(51)雲門聞
此語云云　以巴陵果是嫡子能不承言滯句徹見骨髓故滿口許
他也

曹洞宗　摠敍宗旨

此下三宗皆如來而從深至淺也　此明向上故爲如來禪正脉
潙仰明體用　法眼唯明體而未明向上故不及曹洞宗也　明向上
者　以全超空劫不落今時故卽第二句權實前頭向上一路則雲
門所謂天中一句也　滯在一句尊貴故不及雲門三一俱泯而了
無朕迹也　此乃優(52)劣皎然於龜鑑中以此宗置雲門宗之上
乍可不知也文中初二句意實要明向上而但隨機淺深權開五位
也(上句)　雖開五位而意指向上故上士聞之不滯言頭徹見其意
也　五位有躡等機爲中根又有次第機謂下根也　但以五位普逗
三根故　爲善接也次二句明以向上一路截斷諸見穿鑿也　上句
以向上正令劍斬却三滲漏等諸見也　下句雖設四種五位四賓
主三種墮等萬機穿鑿而一言句皆能挾於本無之妙而弘通於向

上無中之宗旨也 次二句正明向上一路別一乾坤眞得無限也
上句威音是色聲故(53)爲三句而云那畔 故指三句外一句 此
一句分辨不得眞得無限 故眼目云 澄澄乎滿目烟光下句空劫
同上那畔而云已前故爲今本向上此處可謂壺中別一乾坤故
眼目云湛湛乎 一壺風月風月意亦不無則 此向上尊貴處不昧
四臣故也 又威音是最初佛故 爲本分則 威音那畔亦指向上也
要識下 結顯宗旨 上句擧向上佛祖今時未生空劫本分外字正
指向上也 下句不落左右 雖設偏正五位而不落有無之機也

　偏正五位(54)

　有四種五位 初偏正五位洞山所立 而明理事體用直現法體
故此爲通相後三爲別相也 二君臣五位曹山所立而明有爲臣
無爲君故亦明理事法體也 三王子五位明諸祖行相也 四功勳
五位明學人行李也 後二亦洞山所立也 此中五箇圈子四種五
位通相故首標也 別有十節而不出四種五位十節皆以橫者可
也 正中偏云云 及全理卽事云云二節明偏正五位 君臣云云
三節明君臣五位 而下別擧故無釋辭也 發大心云云 一節配
敎乘所說降王宮云云一節配本師化迹此二節雖非此中所要而
欲顯(55)義理圓備故編集時亦以配屬於偏正五位中以此是如
來禪宛同如來所說故也 誕生內紹云云一節明王子五位發明
大事云云向時云云該一切位云云入道初門云云合四節皆明功
勳五位然則君位云云節以t君臣五位間雜於偏正五位中以同
歸理事故誕生內紹云云節以王子五位間雜於功勳五位中以學

人功成卽同諸祖故也學者當如是辨明而隨文看則條然無疑也
已知條列位次今當隨難消文也　一　◗　此圈　上二分黑爲正　下
一分白爲偏　故云正中(56)偏也　大慧云　以二分黑一分白圈子
爲正中偏却來白處說黑底亦不犯着黑字犯着則觸諱矣　洞山
頌云　三更初夜月明前　謂三更是黑初夜是黑月明前是黑是能
回互不觸諱也正中偏者以理爲門體也　故云全理卽事　此節義
現故不釋也該一切位者今初頓悟眞則以五十二位皆爲圓訂此
性故云該一切位而是眞性中位故位是無用亦可知故無釋也
入道初門亦然誕生內紹者嫡生太子也根本智也　本自圓成也
此唐祖之秦王明皇之肅宗則以生帝王家皆有種非以功勳而至
也　內紹者無功之功(57)先聖貴之註〈注=〉末無始云云體以智
云云用也　卽上全理卽事也　以上諸義皆不出正中偏故至此末
梢釋之以該收諸義也　所謂下結例正中偏大意下皆準知　二
◖　此圈上二分白爲偏　下一分黑爲正故云偏中正也　大慧云
以二分白一分黑圈子爲偏中正却來黑處說白底不得犯着白字
洞山云　失曉老婆逢古鏡不言明與白而言失曉與古鏡是能回
互明與白字而不觸諱盖失曉是暗中之明古鏡亦暗中之明老婆
頭白謂言回互白字也　偏中正者以事爲門用(58)也　故云全事
卽理　隨位立功者隨五十二位成立功行此是有用也　行李極則
者從十信極地等覺故也　造詣者省悟後親造詣於作家也　入作
入於作成功行也　朝生者庶生及宰相子也　涉功勳也　有修有
訂也　此如唐郭中令李西平皆稱王然非有種也　外紹者以功勳

而至也　注道前者等覺道前也　不肯肯作背毫忽云云　反賢行
皆無住故無着也　卽此二位下合上二位以成般若德智與住前
位功與行此位也　一卽二二句二卽一一句不一不二雙非句而
一而二兩亦句四句圓融正是般若德也(59)　三　◉　此明理事一
如中央黑分爲正四面白分爲偏也　偏中言句皆從正位唱出一
一挾妙故偏正不可分則三句都泯而唯一句在故理事(三句)一
如(一句)亦名正中來正者黑分來者白分也　與正中偏何異耶正
中偏偏正相對敵立故爲三句此正中來偏中具正　則偏正爲一
故爲一句也　故正中偏上白下黑　此中白中俱黑也　大慧云　正
中來　洞山云　無中有路出塵埃　謂凡有言句　皆無中唱出　便有
挾妙了也　無不從正位中來　或明或暗　或至〈或+?〉到　皆挾妙
通宗　凡一位皆具此五事　如掌之五指　無欠無餘〈剩?〉　釋曰
言句四面(60)白分偏也　無中中央黑分正也偏中所有之言句皆
從正位無中而唱出故一一言句皆能挾妙而無言句之迹旣無偏
位則正何獨立出於偏正三句之外故云出塵埃　又云理事(三句)
一如(一句)或明下明此一位中具足前後四位以餘四位亦不出
挾妙通宗故也　或明初位或暗二位後二可知凡一位下通指五
位一一挾妙通宗非但此一位也盖此五位皆在建化門中則是第
三句中言句而一句中具三玄一玄中具三要故此五位亦能位位
皆具五事一挾妙通宗也　此是五位要節故如是詳記幸勿憚煩
理事一如(61)者第一位理第二位事也　旣有理事則自有中間故
爲三句也　至此第三位則理事一如　故三句相卽爲一句也　卽

一鏃破三關也　第四位從體起用故分明箭後路第五位攝用歸
體則三一融卽了沒把鼻言能及而智不到故摸搩〈索?〉不着也
功位亦如事理而但初二位相反思之沙門果者旣云等覺後則是
妙覺也　透末後句已到本分故也　不滯法身者理事一如功位互
就故不但滯法身也　末生如注搆隱者已到本分家鄕則此是搆
止隱身處故也注就功中者見下功勳五位功功時注妙叶而來卽
挾妙通宗意也(62)此則但出來偏中而具正也　又一鎭靜下偏正
互具也　所謂下正是後意夜半正明正中具偏天曉不露偏中具
正也　文與圈中旣明偏中具正則偏正爲一故亦爲正中具偏故
也　理事一如爲一句故上士則於此徹會更無餘事也　自利下前
二功位相資四句圓融故爲般若德　此位功位一如獨一無伴故
爲法身德也　四　○　此圈全白故爲大用前位卽明白中具黑則
白外無黑故今雖但白而黑在其中盖前位卽權明實故爲一句體
今卽實起權故爲三句用也　大慧云兼(63)中至謂兼白兼黑　兼
偏兼正而至。何謂至　如人歸家未到而至　別業乃在中〈中-?〉
途爲人邊事　亦能回互　妙在體前　又寂音曰　道愈陵遲　至於列
位之名件　亦訛亂不次。如正中偏偏中正又正中來偏中至　然
後以兼中到總成五位　今乃易偏中至爲兼中至　不曉其何義耶
以〈而?〉老師大衲　亦怡〈恬?〉然不知怪　〈爲+?〉可笑〈也+?〉
其義爲正故眼目中多云偏中至也功位齊彰者亦三句宛然義也
沙門異類者　此是大用故爲異類全偏也裂大網者布列大網也
註以前位者　不捨體而起用故也　化生者　化現而生也不拾拾

作捨妙叶通塗者　前位爲(64)體故通宗　此位爲用故通塗也
叶同協也　敲唱雙擧者　敲正唱偏　兼偏兼正　故爲　兼中至也
見下唱道三綱要　五　● 　此圈全黑　偏正俱泯　故云攝用歸體
也　盖初三位中以理事爲偏正者　卽臨濟第三句中但今三句
後二位以體用爲偏正者　卽第二句權實中三玄也　故此五位但
爲第二句如來禪也　永脫體用及向上之朕迹　故然後方入第一
句祖師禪而爲大機大用也　大慧云　兼中到謂兼前四位　皆挾
妙而歸正位故洞山頌云　折合終〈還?〉歸炭裏坐　亦是說黑字
處而回互(65)黑字　故言炭也　盖五位皆從無中(向上)　唱出故
今於五位之末還歸無中之　正位　而不欲把觸　故云炭裏坐也
以向上一路言思　不及故也　盖在向上　而以君臣偏正言者　不
欲把中故　但約偏正之四臣以明主中主之向上尊貴處也　言雖
偏正而意在向上故五位中皆黑白回互而不敢斥言黑白也　以
黑白元是無中唱出　則向上自在黑白中故也　大慧擧曹山君臣
五位了卽曰　說理說事敎有明文敎外別傳直指之道　果如是否
若果如是討甚好曹山耶　攝用歸體功位齊泯可知註濟作齊　宗
門異類者　此功位齊泯處(66)言能及而智不到故也　歸大處者
此是諸佛歸宿處故也　內生不出者歸體故也　權實雙收萬機寢
息者意指向上而云　羚羊掛角者　此在自宗中言　若據臨濟宗
則未必如是以猶有尊貴頭角故也　虛玄無着云云　以下語勢似
乎　皆明向上決非臨濟大機大用之法體也　且臨濟宗中何有
三德之義相乎　然則四異類本是曹洞宗語句　而臨濟宗諸師或

引配於四照用中以沙門異類爲照用同時　以宗門異類爲不同
者　或可曹洞宗法擴而充之則爲臨濟宗旨耶　抑亦在宗師拈弄
則無淺深耶故乍可不知也(67)

洞山功勳五位

明學者參學功位至於非功位也　向時作麼生云云隨一一位
欲令學者參究而立地構取也　一向時該一切位位者眞身位無
用而通一切位也　須有云云明見尊貴人故名向他他指尊貴人
也　又向云云　若據尊貴人分上有甚麼趣向分也　中三位例知
喫飯時凡着衣云云　一切時不昧尊貴人始得若或不然則只養
色身也　大慧云　向時謂趣向此事喫飯時謂此事不可喫飯時無
功勳而有間斷也(68)二奉時隨位立功功者修行功用即有用也
註皆可知背時亦可知　大慧云奉乃承奉之奉如人奉事長上先
致敬而後奉事向乃功勳之所立纔向即有承奉之意背時謂此事
無間斷奉時既爾而背亦然言背即奉義　盖背奉皆功勳也　三功
時轉功就位轉位就功前二位功位別立故非大功也　今則放下
前功而爲無功之功故方爲大功故將功位故將功位回互也　放
下钁頭時可知　大慧云　功即用也　把鋤頭是用放下鋤頭是無
用師之意謂用與無用皆功勳也　盖二位把鋤頭此位放下(69)鋤
頭　四共功時功位齊彰此名一色者謂功與位合成一色故云露
地白牛云云　此處非餘人識心所到境則當云不共而云共功者
語忌十成故意實不共識心之功勳也　不得色者脫時字謂世間
元無與此相似之色也　鷺鷥立雪可謂同色而不可喩於此處故

云非同色也　明月蘆花　雖曰的似而亦不可喩故云不似他也
故云喩之不齊意云世間不得同此處之色也　大慧云　共功謂法
與境適法功也　境位也　功位齊彰成敵兩立故云　共功也　不得
色者乃法與境不(70)得成一色正用時是顯無用底無用卽用也
若作一色是十成語洞山宗旨語忌十成故曰　不得色乃活語也
意云　無用卽用則當云一色名不得色者語忌十成故也故洞山
頌云素粉難況迹〈沈跡?〉長安不久居　正是不成一色意豈非
活語耶　無用卽用故爲功位齊彰也　五功功時功位齊泯盡却今
時　上功字盡却上四位功勳也　始得成立　下功字功勳盡處不
功之功　自然成立也　位中功者今時功終則圓合尊貴那人位故
云　位中功也　就他他指尊貴人也　從向時以來只欲(71)親訂
〈證?〉那人而今乃功成故云功成之處故祖師云末後句至於圓
極則與最初句何以異哉　不共時佛祖二乘但今時故不能到此
處也　不功功作共亦出功勳外事者盡今時功勳故却也　大慧云
功功　謂法與境皆空　謂無功用大解脫　以功位齊泯故永脫功
位之頭角而解脫自在也　如拄杖上立關云　喚　作拄杖則　觸不
喚拄杖　則背若透背觸關則但喚作拄杖可也　此亦如是一介功
勳上喚作功則觸　不喚作功則背　若透功位之朕迹則　但喚作
功可也　故還云功功也　如理事圓融後但云　事事無碍也　不共
時　大慧云(72)不共乃無法可共　不共之義　全歸功勳邊　如法
界事事無礙是也儞面前無我我面前無儞　所以夾山道此間無
老僧目前無闍梨是也　釋曰無法可共以但喚作功故也　旣但喚

作功則豈非不共耶 旣但功功則全是功勳邊如事事無碍是也
老僧但喚作老僧故我面前無儞也 闍梨但喚作闍梨故儞面前
無我也 此是山但山水但水也 若五位合論則向時但位奉時但
功功時功位一如無碍回互共功時功位齊彰故爲照(位)用(功)
同時 功功時功位齊泯故爲照用不同時也 大慧說功勳五(73)
位了乃云 儞道他古人果如是乎 若如只此有甚奇特只傳心授
之葛藤旣不如是且古人意作麽生 釋曰但以功勳五位言者不
欲犯中故不敢斥言則學者須不泥他五位之言句而徹見洞山骨
髓可也 豈非向上一路耶 此五位本註與大慧釋小異 而意亦
不現何以喚醒老不用大慧釋乎 乍可不知也

　曹山君臣五位

　君是無爲 臣是有爲 雖明爲無爲而意在不干爲無爲之向上
也 一 君正位 但無爲理也 頌曰 妙德尊寰宇 高明朗太(74)虛
二 〈臣+?〉偏位 但有爲事也 頌曰 靈機弘聖道 眞智利群生
偏下脫位字三 臣向君 偏中正也 頌曰 不墮諸惡趣 凝情望聖
容四 君視臣 正中偏也 頌曰 妙容雖不動 光燭本無偏上二位
明理事回互而三則偏中正故 更無眞理四則正中偏故 不立事
相也 向作視五 君臣道合偏正兼帶 兼帶者理事一時 兼帶故
應緣而不墮諸法也 偏卽正故非染非偏 正卽偏故非淨無正
旣定當不得故 謂之虛玄大道無着眞宗也(75)空作宗 頌曰 混
然無內外和融上下平曹山又云 以君臣偏正言者 不欲犯中故
臣稱君不敢斥言是也 此吾法之宗要因作偈曰 學者先須識自

宗莫將眞際(向上)雜頑空不欲犯中者不欲觸犯於向上尊貴之
中也　臣稱君者臣謂四臣則指君臣　五位也　君謂向上則主中
主也　謂不敢斥言向上尊貴處故但以君臣偏正之四臣爲言也
此是曹洞宗旨故云吾法之宗要

　曹山三墮

　一　尊貴墮　此是着倒意須知那邊了却來這邊　雖在(76)這邊
不昧那邊故終日喫飯云云也　若不來這　邊但着那邊　則未免
着倒於尊貴處是爲學者大病也　二　類墮　此是故意全偏也　以
第三沙門果太孤危故轉身入於兩種異類也　三　隨墮　此亦着
意也　須知聲色本空了却來聲色裡則雖有聲色不昧本空之體
故不妨向聲色裡睡眠云云　若不識聲色本空　但坐聲色則未免
隨境亂走故爲着倒於聲色也　此註類墮是故意故爲藥而前後
二墮皆着意故爲病也　然此釋不合於常說盖常說則三墮皆是
故意(77)墮之一尊貴墮　雖在這邊故意墮於那邊故終日喫飯云
云　二類墮同此註　三隨墮　以知聲色空故　亦故意墮之故向聲
色裡云云也　見眼目中寂音百丈頌　洞山三種滲漏

　三種皆於理事二邊不能圓轉滯在一邊偏枯不圓故爲滲漏也
一　見滲漏　見謂知見當人所見機不離位機是理機若所見滯在
理境不能離理位而轉身向事則墮在無爲深坑故謂之滲漏也
妙在轉位者通指下二種註語中語字眼目作可與簡同故爲是也
可中謂理(78)機中卽坐一色理邊故不盡善也　若順卽事之至理
而言則盡善也　須辨來蹤者雖在理中須辨卽事之蹤方爲玄機

妙用也 二 情滲漏 情謂偏愛卽於理事常有取捨之情故爲偏
枯也 須知理事相卽永絶取捨之情方能盡善也 三 語滲漏 語
謂所有語句也 體妙失宗者當於語時但欲體盡其妙失於無語
之宗也 機昧終始者機則卽理卽事今乃但有語而昧其無語故
云昧終始也 始有語終無語也 濁智下摠結三種無非濁智流轉
也 雖皆濁智流轉而三種不無小異見則 執着情則(79)取捨語
則心苗故昧終始也 謂所見執着於一邊故常有取捨之情旣見
與情如是不圓故所發言句亦只在語中而失於無語之宗也 前
二自行滲漏後一利他滲漏也

洞山唱道三綱要

全明利他之要術也 一敲唱俱行 理事明暗齊彰故爲大用也
烏飛海上烏本飛空故爲理 而今飛千波之海上故爲卽事之理
兔走天中兔本行地故爲事而今走 無形之天中故爲卽理之事
也 是爲理事齊彰也 二金鎖玄路 提卽鼓義謂唱事攝理而能
令理事相(80)卽血脈不絶故爲鉤鎖玄路如上烏飛兔走是也 三
不涉理事 理事明暗俱泯故爲攝用歸體前二五位中第四位一
卽第五位也

潙仰宗 總敍宗旨

明體用者 卽臨濟三句中 第二句權實三句 大約擧緣明用
忘機得體 則但明權實無碍未明向上故 不及曹洞宗也 文中
初對 標指體用同是 一家之事 師與父爲體 資與子爲用 唱

和與一家同爲一家事也　次一對　明體用去離不得　上句用中
有體書字　二字(81)潙山僧靈祐　是尊貴那人　故爲體餘六字
皆用也　下句體中　有用室中腰折體也　驗人師子用也　次一對
正明體用　上句體　四句百非是用　而旣云離絶故云一槌〈搥?〉
粉碎也　故云當機　要辨〈識?〉宗猷〈麼?〉　下句用　有兩口　具體
用　而父子投機故　無一舌者　無別向上一句　而師資唱和父子
一家　體用無碍　故云九曲珠通也　故云爲人頗多落草　然則上
句妙喜豈容無着問　下句漚和爭負絶流機也　上第二對　卽如
教中　所謂色不異空(上句)　空不異色(下句)　此對卽　色卽是空
(上句)　空卽是色(下句)也　要識下　結顯宗旨　卽體用無二也
上句體卽用　斷(82)碑古三字爲體　無文可考　故横路二字爲用
也　下句用卽體　鐵牛爲用眼　少室爲體也

三種生

潙山謂仰山曰　吾以鏡智爲宗要　出三種生　所謂想生　相生
流注生　楞嚴經云　想相爲塵　情識〈識情?〉爲垢　二俱遠離　卽
汝法眼　應時淸淨〈明?〉　云何不成無上正〈知=〉覺　想生見分
也　相生相分也　流注生　自訂〈證?〉分　業相也　以動作爲義故
也　此三生　若能淨盡　則爲大圓鏡智　故云方得自在　兔子望月
遙想月精　而懷胎故也　此是情想之想　餘可知(83)

圓相之作　始於南陽忠國師　以授侍者　耽源承讖記　傳于
〈於?〉仰山　故〈故-?〉遂目爲潙仰宗法〈風?〉也　餘見眼目

法眼宗　摠敍宗旨

明唯心者　卽臨濟三句中　第二句對權之實也　但明卽權顯實
而未能權實無碍　故不及潙仰宗也　文中初對　約現身明唯心
上句言前　獨露眞身　下句句裡已彰自已也　次一對　約現身明
唯心　上句徧應塵勞纔攝利海　故觸體常于涉於世界　下句一
動一靜　無非彰露眞身　故鼻孔磨觸本分家風也　次一對　通約
(84)萬法明唯心　上句聲(風)與色(月)法　全是眞心　下句　常
(竹)與無常(花)　無非妙法也　要識下　結顯唯心　以智慧風吹
送情解之無明雲　永無蹤跡(上句)　故得心月和定水　而來現
(下句)也

六相

初別相〈等+?〉六相　義相可知　於壞相壞字異也　後此六相
者下摠顯六相所以關一不可故也　擧同別以影摠異成壞也〈後
此六相者下　摠顯六相　所以關一不可故也　擧同別以影摠異
成壞也+?〉文殊下　訂〈證?〉上不可一向同也　普賢下　訂〈證?〉
上不可一向別也　又眼目云　六相者〈一總二別三同四異五成
六壞　總相者+?〉譬如一舍是摠相椽等是別相〈椽等+?〉諸緣
和合作舍　各不相違　非作餘物　故(85)名同相　椽等諸緣　遞互
相〈相互?〉望　一一不同故〈故-?〉名異相　椽等諸緣　一多相成
名成相　椽等諸緣　各住自法本無〈不?〉作　故名壞相　則知眞如
一心爲摠相　能攝世〈間+?〉出世間法　故〈約攝諸法+?〉得摠
名　能生諸緣成別號　法法皆齊爲同相　隨相不等稱異門　建立

境界故稱成　不動自位故〈而?〉爲壞也〈也-?〉

四料揀

應斷約利他應則建立化門　全身落草故云放也　斷則所有言
句　皆顯眞心　則亦無言句可得故云收也　智理約自行智則聲
色浩浩處　終日自徘徊則無念(86)智自在故云明也　理事俱忘
了無縫罅　不容度量　故云瞎也

雜錄[437]

圓悟五家宗要

上來別列五宗家風義理浩瀚難可頓見故圓悟老師　老婆心切
撮其宗要欲使學者　一時頓見也

臨濟　初句標擧三要二句四唱八棒　無非機用　三句　向接足
不得　處求人得入　四句向迅速難追處垂手接人也　雲門(87)初
句三句卽一句故法王法令獨一　無伴二句截斷衆流　之祖意當
處現露也　三句一句卽三句故三句可辨四句三句卽一句故一
鏃遼空也　曹洞　上二句明五位　上句君臣五位　下句偏正五位
也　下二句明向上　上句向上一路　了沒朕迹　下句尊貴御路四
臣不昧也　潙仰　初二句　明體用同是一家事也　後二句　明暗
語默皆體用　異稱體用回互　交馳故不露體用之朕迹也(88)法
眼　初二句　諸法唯心　故見色聞聲無非明心悟道處也　後二句

---

437)　'雜錄'의　명칭은　脫草하는　과정에서　보입하였다.

言句唯心 故句裡已彰自己(上句) 言外獨露全身(下句)也 上別擧五宗家風 五家下 揔顯五宗大意盡向無方便中唱出方便曲爲 初機則各其本意不在 語句之限故若是俊流能不留滯於言句朕迹 徹見五家宗師之骨髓也 改聲換調云云 或以機用或以截斷或以向上或以體用 或以唯心故也 移風易俗應病與藥 故也 千兵易得滯言句者 多也一時難求徹見骨(89)髓者少也 此二句結歎俊機難得也 上正明五宗大意 入草下 仍明自家亦向無言說中唱出 言說草欲求個中人故 聊通一線也 此向標也 機前下入草救人 初二句自家所擧之法機與言句一一無私而有常準故若 或擬心動念則未免華宗而成識心窠臼也 此二句正示自家門風卽大機 大用也 劍有二種一未出匣劍卽大機也 故天柱靜云如今朝代無人問翠巖芝云 切忌道着 二出匣劍卽大用也 故云 靜萬里山河道太平芝云 天魔膽裂 此之機用正是自家門風 故以此通一線也 末二句此亦無中唱出故(90)亦未免 建化門中言句也 學者若但迷滯於機用之封殼不能堪當於今此所種草以自家意亦不在此限故也 是什麼孔竅歸堂喫茶去

三種師子話

看驗學者眼目也 超宗異目者 宗師出來化門盖欲卽權顯實若有眞正學者 不滯權實 直入向上 則見過於師故云超宗異目 然後方堪宗師所種之言草可以德齊於師也 此第一句薦得堪爲佛祖師也 是過是作見齊眉共躅者不能直入向上而但知

權實三玄故云齊眉共躅見 雖齊師而德則減師也 此第二句薦
得(91)堪爲人天師也 上二可云師子也 影響音聞者 但泥所聞
之言頭而不知所顯之本分故卽第三句薦得自救不了也 是爲
野干入師子窟何謂師子也

汾陽三句

卽同臨濟三句而但首尾相換故從淺至深也 着力句卽臨濟
第三句謂打就一尊大功德像以鎭嶺頭故猶云成佛不動本位卽
裡頭人不是頓悟漸修之傀儡三句也 以大庾嶺南走故鑄成大
悲像以鎭之(92)轉身句卽臨濟第二句牛丑類也 灌鑄鐵牛以鎭
路頭則同他行路之牛然而本是鐵牛故不涉途中行李也 以喩
同凡不染諸塵也 卽實起權故 雖同於悟修而卽權是實故亦不
染於悟修三句之塵也 丸作凡親切句卽臨濟第一句如人蒙假
面師子東走西走弄來弄去意云起倒自在隨處得活也 卽五大
機大用縱橫自在隨處快活也 但臨濟別明上中下三士入處故
從勝向劣爲次汾陽唯明一人得相故從劣向勝爲次也如是回互
者卽深卽淺卽淺卽深烏可(93)得而擬議哉是可謂一句中具三
玄一玄具三要須知三句三玄要畢竟 冥然在一機也

嚴頭四藏鋒

謂就事而隱藏事鋒 就理而隱藏理鋒云云 初二用體後二中間
三照四遮也入就者雙入於就事就理出就者起出於就事就理也

六祖問答

一隻履上句無傳携履下句傳受留履也 亦可及此以途中携

去山中櫟留故也 一隻臂二句皆明寒威威地故爲殺到底三尺
意不(94)無 故具足三要也 一身罪二句亦明殺到底故爲大機也
類音來塵統也 一隻虎二句皆明活到底故爲大用而震動亦是直
截義也 一株松上句揀非下句正明四時不變故爲大機有履義故
爲大用也 一張碓上句大機圓應下句大用(有)直截(無)也

十無問答

增數十也 無爲國 上句大機 下句大用可知(95)無星秤 上
句機無星 難卜故 下句用斤兩分明故無根樹 上句大機 下句
大用無底鉢 上句機隱藏日月故 下句用滿貯乾坤故也 無弦
琴 無聲中有聲則機中有用故莫妄彈無底舡上句大用 下句大
機也 無生曲 雨過夜塘大用直截秋水深大機圓應故爲一曲兩
曲 之同時而雨過水深也 是常事故爲不同時無人會也 無孔
笛 上句機以無心吹一曲故 下句用吹起劫外本太平歌與人共
賞故也(96)無鬚鎖 掣開爲用餘皆機也 無底籃 上句用千波競
起故 下句機相盡名亡故也 無縫塔 上句卽用之機 下句卽機
之用也 無孔鎚 上句卽機也 以觀音神力提不起故 下句用也
雖然能破祖師關故也

四異類

異正也 類偏也 元是曹洞法 而餘宗通用也 從〈往?〉來約一
切衆生 菩薩約菩薩化迹 沙門約宗師轉身語 宗門直約法體也

趙州三門(97)

文殊大機圓應 普賢大用直截 觀音機用齊施爲門如是而妙

在傍參故一一皆具三要也　文殊面目　大智故爲機是人人本具
之面目也　卽一切色法明之靑林碧岳空月雨莎皆色也　文中初
二句標指大機面目頭頭現露而少無阿曲之處以明明百草頭明
明祖師意故也　次二句正明機用上句大用下句大機是卽大用
之機故也　二句因明機用回互傍參上句殺中(天際空) 具活(懸
月) 故爲　大機圓應　下句活中(庭中雨)具殺(帶莎)故爲大用直
截　上句可知下　句庭中是(98)目前現境故爲用雨亦潤生萬物
故爲用也　莎無光明又無氣力故爲機也　此中間四句下二門皆
同　此意也　二句結顯此一切色境界外更無大機玄妙之面目故
理此別覓則差過也　觀音妙唱　訂〈證?〉圓通法門故爲機用齊
施也　卽一切色法以明之曉角昏鐘鶴唳泉聲皆色也　文中初二
句機用具足之圓通法門八字打開故一切處披露分明也　次二
句正明機用上句用下句機也　　城樓是鬧處而又鳴曉角則添處
些子添岳寺是靜處而又起昏鐘則減(99)處些子減故爲機用齊
施也　次二句因明回互傍參上句大用直截　下句大機(碧峰)　圓
應(泉聲)　此二句文雖相似而義必然也　思之末二句結顯圓通
法財人人分上也　普賢妙用　大用故大用也此是人人日用運爲
之常然大用也　卽蘿攀〈攣?〉登山瓶挈採蓮燈松火汲月泉皆目
前平常事也　文中初二句　標指大用常在日用而本不懸遠也
次二句正明機用上句機下句用也　卽大機之用故也　次二句因
明傍參回互　上句大機(野老)圓應(松火)(100)下句大用(山童)
直截(月泉)火　煥故爲圓應月冷故爲直截也　末二句結顯此等

機(縱)用(橫)常在動用中而如未直下通曉則 對面千里也 此三
門中色聲及日用等事一一是目前平常事則元是照用不同消息
而時一一皆有機用面目亦故具照用同時同時傳受不同時無傳
受故末後句圓滿無缺此是三菩薩面目而亦是諸人分上事也
趙州以此三門勸人得入也

　道光四年 甲申七月日 白坡老衲亘璇 識

　禪門五宗綱要私記 終